W0044638

Michael Kraske / Christian Werner

... und morgen das ganze Land

Michael Kraske
Christian Werner

…und morgen das ganze Land

Neue Nazis, „befreite Zonen"
und die tägliche Angst – ein Insiderbericht

HERDER

FREIBURG · BASEL · WIEN

Originalausgabe

© Verlag Herder GmbH, Freiburg im Breisgau 2007
Alle Rechte vorbehalten
www.herder.de
Umschlaggestaltung und Konzeption:
R·M·E München/Roland Eschlbeck, Liana Tuchel
Umschlagmotiv: © Corbis
Satz: fgb · freiburger graphische betriebe
www.fgb.de
Gedruckt auf umweltfreundlichem,
chlorfrei gebleichtem Papier
Herstellung: CPI Moravia Books, Pohorelice
Printed in Czech Republic

ISBN 978-3-451-03004-8

Inhalt

Vorwort

Wehret den Anfängen. Das war der Konsens der alten Bonner Republik. Die drei Wörter standen für eine gesellschaftliche Übereinkunft als Konsequenz aus dem Nationalsozialismus. Sie bedeuteten: Nie wieder. Sie standen auch für Wachsamkeit gegenüber Ausländerfeindlichkeit, Antisemitismus und Verharmlosung der Naziverbrechen. Wie das aussehen konnte, zeigt ein Beispiel aus dem beschaulichen westfälischen Iserlohn. Am dortigen Märkischen Gymnasium fanden sich in den 80er Jahren an den Wänden der Turnhalle eines Morgens Hakenkreuze und antisemitische Beleidigungen einer Schülerin. Die Reaktion war eindeutig: Fast tausend Schüler solidarisierten sich mit der Geschmähten, trugen Transparente durch die Innenstadt, wehrten den Anfängen. Die Täter wurden nie gefasst. Es ist nicht mal sicher, ob sich nicht persönlicher Hass hinter der Nazi-Schmiererei versteckte. Aber die Reaktion der Schüler zeigt, was sich bis heute verändert hat. Sie mag voreilig, naiv und plakativ gewesen sein, aber sie war ein Zeichen, das Wirkung zeigte. Danach gab es keine Hakenkreuze mehr am Märkischen Gymnasium.

Deutschland kann den Anfängen heute nicht mehr wehren, die Grenzen rechts außen sind bereits deutlich überschritten. Die Berliner Republik hat sich an den Rechtsextremismus gewöhnt, hat ihn als Alltag akzeptiert. Hakenkreuze, rechtsextreme Ideologie und selbst brutale Gewalt lösen häufig keine Reaktion mehr aus. Öffentlich diskutiert wird in periodischen Wellen Wahlerfolge der rechtsextremen NPD, oft genug verharmlost als bloßer Ausdruck von Protest. Eine genaue Berichterstattung erfolgt in konjunkturellen Schüben, ausgerichtet an Sensationen. Was dabei übersehen wird, ist, dass die neuen Nazis in vielen Städten und Dörfern dabei sind, die Alltagsmacht zu erobern. Das hat bisweilen fatalere Folgen als ein Einzug ins Parlament. Die Kameraden entscheiden an manchen Orten mit ihrem systematisch verbreiteten Schrecken darüber, wer sich auf die Straße traut und wer nicht, wer sich frei bewegen kann und wer nicht. Jeden Tag werden in Deutschland Ausländer, Dunkelhäutige und Jugendliche, die sich nicht anpassen, brutal zusammengeschlagen. Für viele Menschen ist es in Deutschland lebensgefährlich geworden, sich frei zu bewegen. Das bleibt für den Normalbürger unsichtbar, weil die rechten Schläger ein festes Feindschema haben: Ausländer, fremd Aussehende, Schwule, Obdachlose. „Gruppenbezogene Menschenfeindlichkeit" nennt das der Soziologe Heitmeyer. Aber schon, wenn der Sohn des Normalbürgers die falsche, weil undeutsche Kleidung trägt, kann er zum Opfer werden. Diese Opfer erzählen unglaubliche Geschichten. Von Gewalt, Rückzug und Angst. Von ihrem traurigen deutschen Alltag.

Es gibt fatale Irrtümer über den Rechtsextremismus. Einer besteht darin, von spontaner Gewalt auf die Ziellosigkeit unorganisierter Einzeltäter zu schließen. Das ist falsch. Wer spontan einen Schwarzen angreift, hat vorher entschieden, wer der Feind ist? Die Gewalt gegen Schwarze oder Minderheiten ist ideologisch motiviert. Sie ist die radikalste Möglichkeit, den Kern des Rechtsextremismus, die Ideologie der Ungleichheit, in die Tat umzusetzen. Im Kopf des Täters gibt es, diffus oder gefestigt, ein Leitmotiv: Ausländer raus. „Minderwertiges Leben" bekämpfen. Mit seiner Gewalttat versucht der Täter, rechtsextreme Fakten zu schaffen. Befreite Zonen der Angst. Selbst wenn beim Typ des rechten Schlägers in der Regel kein geschlossenes politisches Weltbild erwartet werden darf, sind die Folgen für die Opfer nicht weniger drastisch. Anders gesagt: Wer aufgrund seiner Hautfarbe halb totgeschlagen wird, dem ist es egal, ob der Täter Mitglied einer rechten Partei ist. Zumal die rechte Szene arbeitsteilig vorgeht. Die NPD liefert völkische, rassistische und ausländerfeindliche Ideologie. Das Spinnennetz der rechten Kameradschaften schlägt auf der Straße mit brutaler Gewalt zu. Die eher schwach organisierten Kameradschaften wurden ja gerade gegründet, um Parteiverboten zu entgehen, sie sind gleichwohl Brutstätten von Straftaten und Gewalt. Die Zusammenarbeit zwischen NPD und freien Kameraden lässt sich belegen. Genauso wie interne Dokumente keinen Zweifel an den Zielen der NPD lassen: Die NPD will Ausländer abschieben. Die Demokratie soll zerschlagen werden. Mit dem Nationalsozialismus wird auf wenig subtile Weise geflirtet.

Es ist wichtig, weitere Irrtümer über den Rechtsextremismus zu korrigieren, weil sie dazu führen, zu verharmlosen und die Gesellschaft in trügerischer Sicherheit zu wiegen. Rechtsextremismus ist zwar zu einem mächtigen Teil der Jugendkultur geworden, aber nicht allein ein Jugend-Phänomen. Auch ist es nicht allein ein Problem Ostdeutschlands. Zwar zeigt der Rechtsextremismus vor allem im Osten sein aktionistisches, gewalttätiges Gesicht, weil sich hier verschiedene Entstehungsursachen zu einer explosiven Mischung verdichten, aber das rechtsextreme Potential ist im Westen zum Teil größer, wie neueste Studien belegen. Der Osten zeigt vielmehr, was passieren kann, wenn soziale Probleme nicht gelöst werden. Auch das Klischee vom arbeitslosen Nazi-Skinhead hat immer weniger mit der Wirklichkeit zu tun. Rechtsextreme Einstellungen und Handlungen finden sich immer häufiger in Schulen, Firmen und Vereinen. Die vielbeschworene Mitte der Gesellschaft ist nicht mehr immun, wie das Beispiel der Gewerkschafter zeigt. Rassismus und Antisemitismus sind vielerorts deutscher Alltag. Diese Einstellungen will die NPD zu Wählerstimmen machen, nicht nur diffusen Frust. Zugleich wird die Mitte attackiert. Feuerwehren und Fußballvereine werden von ideologisch gefestigten Kameraden unterwandert. Die Grenzen verwischen. Sogar rechte Gewalttäter betreiben heute Mimikry und tarnen sich im modernen Gewand anderer Jugendkulturen. Der Kapuzenpulli hat die Bomberjacke abgelöst. So werden Täter für die Mehrheit unsichtbar, für Minderheiten bleiben sie auf brutale Weise spürbar.

Die gesammelten Erkenntnisse von Verfassungsschützern, Spezialeinheiten, Aussteigern, Opfern und Sozialarbeitern sind alarmierend, aber dies ist kein alarmistisches Buch. Es schildert lediglich Aspekte einer deutschen Wirklichkeit, die viele nicht bemerken. Die arbeitsteilige extreme Rechte verändert Deutschland. Umgekehrt gibt es aber auch Beispiele dafür, dass der rechte Vormarsch kein Naturgesetz ist, dem die Gesellschaft hilflos ausgeliefert ist. Überall da, wo energisch gegen den Rechtsextremismus vorgegangen wird, kann die rechte Dominanz gebrochen werden: in Schulen, Betrieben, Vereinen. Dazu gehört der Wille von Lehrern und Bürgermeistern, aber auch staatliche Repression, wie die Erfolge von Spezialeinheiten wie der Soko Rex zeigen. Zugleich zeigen die Ermittlungen gegen Nazi-Organisationen wie „Blood and Honour" oder die Kameradschaft „Sturm 34", wie ernst es die rechtsextreme Szene meint. Neonazis sind dann bereit, aus der Szene auszusteigen, wenn sie Konsequenzen spüren: Hausdurchsuchungen oder die drohende Entlassung durch den Arbeitgeber. Verleugnen und Beschwichtigen hingegen bereitet den Boden für eine rechte Alltagskultur, die weitere politische Erfolge erst möglich macht. Das braune Netz in Deutschland ist eng geknüpft. Rechte Gewalttaten haben im vergangenen Jahr einen neuen Höchststand erreicht. Für viele Menschen ist die Würde in Deutschland antastbar geworden. Es reicht nicht aus, den Aufstand der Anständigen nur zu verkünden.

Michael Kraske und Christian Werner

Alle Aussteiger-Namen in diesem Buch wurden geändert

1. Deutscher (Fußball-)Alltag: Rassismus und Antisemitismus

Der Spießrutenläufer

Wenn er sich zwischen Gegenspieler und Ball schraubt, sieht Adebowale Ogungbure aus wie ein austrainierter Sprinter, der sich an einer Pirouette versucht. Athletisch und ästhetisch zugleich. Das Lokalderby zwischen dem FC Sachsen Leipzig und dem Halleschen FC zeigt hingegen eindrucksvoll, warum die beiden Fußballvereine, die einst in der ersten DDR-Liga spielten, heute nur noch viertklassig sind. Sie stolpern und verändeln, spielen Fehlpässe und flanken ins Niemandsland. Im geschwungenen Leipziger Zentralstadion verbreiten nicht nur die leeren Sitze zwischen den wenigen Tausend Zuschauern Tristesse. Zur WM gab es noch den Fußballzauber von Argentinien gegen Mexiko. Jetzt schreien die Fans in den Blöcken hinter den Toren ab und zu bessere Zeiten herbei.

60 Minuten lang ist der Leipziger Verteidiger Adebowale Ogungbure ein Künstler unter Handwerkern. Der afrikanische Fußballer läuft den Gegenspielern die Bälle ab, wie er es als Profi beim 1. FC Nürnberg gelernt hat. Als er an der Seitenlinie gefoult wird, sinkt er auf den Rasen und muss sich am Knie behandeln lassen. Aus der Fankurve der Hallenser meldet sich ein dumpfer Chor: „Uh, uh, uh, uh." Die Affenlaute sind bis auf die Haupttribüne zu hören. Von der Gegenseite kontern die Leipziger Fans: „Nazis raus!" Eine Stunde

lang hat Ade versucht, die Rufe aus dem Gästeblock zu ignorieren: Scheiß-Nigger. Bimbo. Nicht schon wieder, denkt er. Schon wieder Halle. Er rappelt sich hoch, spielt weiter, mit Schmerzen im Knie und Wut im Bauch. 90 Minuten sind um, als er im eigenen Strafraum den Ball nicht richtig trifft. Sein Gegenspieler passt zur Seite: Tor. Halle gewinnt mit 1 : 0. Für Leipzig rückt der Aufstieg in die Regionalliga in weite Ferne. Ein Spieler hat die Niederlage verschuldet: der Nigerianer Adebowale Ogungbure.

Die Fans des Halleschen FC sind Wiederholungstäter. Am 25. März 2006 jagten Zuschauer in Halle den schwarzen Leipziger Spieler über das Spielfeld. Sie traten und spuckten nach ihm, versuchten ihn zu würgen, während die Ordner tatenlos zusahen. In seiner Ohnmacht streckte Ogungbure später den rechten Arm zum Hitlergruß aus. Es wurde ermittelt. Aber nicht gegen die Schläger, sondern gegen den Gejagten, weil der ein verfassungsfeindliches Symbol gezeigt hatte. Der Vorfall ging durch die Medien. Bilder von einem rassistischen Mob in deutschen Fußballarenen konnte aber niemand gebrauchen. Die Ermittlungen gegen Ogungbure wurden eingestellt, der Nordostdeutsche Fußballverband, in dessen Zuständigkeit das Spiel fiel, verhängte eine Geldstrafe gegen Halle. Allerdings nicht wegen der Menschenjagd, sondern weil Fans Feuerwerkskörper abgebrannt hatten. Ogungbure wurde als Zeuge geladen, wartete Stunden vor dem Tagungsraum und wurde unbefragt wieder nach Hause geschickt. Der Verband beschwichtigte die Medien, der Vorfall würde für Halle noch ein Nachspiel haben. Dabei blieb es.

Der Fall Ogungbure ist der nicht enden wollende Spießrutenlauf eines afrikanischen Fußballers in Deutschland. Zugleich ist er das Musterbeispiel für halbherzigen Umgang mit Rassismus im deutschen Fußball. Er zeigt, dass der Rassismus der Stadien bislang vor allem mit Sonntagsreden bekämpft wird, weniger mit rigiden Sanktionen. Und er belegt, dass das Interesse an dem Thema konjunkturellen Schwankungen unterliegt. Zur Fußball-WM wurde er zu Talkrunden eingeladen. Sogar die New York Times rief bei Ogungbure an und fragte, wie das so ist mit dem Rassismus in deutschen Stadien. Nach dem Spiel gegen Halle geht es in der Lokalpresse nur noch um das Ergebnis und seinen Patzer.

Das Ergebnis des laxen Umgangs mit kollektivem Rassismus muss Adebowale Ogungbure wie ein alptraumhaftes Déjà-vu vorkommen. Halle ist nicht abgestraft worden, also machen die Fans weiter. Die Hallenser Clubfunktionäre haben die Affenlaute, die wie ein dumpfer Rhythmus hallten, auf ihrer Tribüne nicht gehört. Das sagt Vizepräsident Rüdiger Sachse. „Ich persönlich habe nichts mitbekommen. Das hängt wahrscheinlich mit der Größe des Stadions zusammen. Außerdem gibt es da so einen Schlachtruf. Der heißt ‚alle gegen Halle, uh, uh, uh‘. Den stimmen die Hallenser Fans immer an. Vielleicht ist ja alles nur eine dumme Verwechslung. Oder ein Fall für den Ohrenarzt."

Rüdiger Sachse sitzt im Büro seiner Konzertagentur in Halle an der Saale. Hinter ihm an der Wand prangen große Fotos von Mick Jagger und Keith Richards. Die Konzertagentur von Rüdiger Sachse holte 1998 die Rolling Stones nach Deutschland, auch nach Leipzig. Rüdiger Sachse ist Kosmopolit, kein Rassist, er will nichts beschönigen. Er sagt, dass Rassismus und Gewalt in den Fußballstadien seit Jahren zunehmen. Aber er ist auch Vizepräsident des Halleschen FC und will seinen Verein schützen, ihn aus den Schlagzeilen bekommen. Um fast jeden Preis. Das ist das Wichtigste. Der Nordostdeutsche Fußballverband glaubte nicht an einen missverständlichen Schlachtruf. Er verhängte eine Strafe: Halle musste nach den wiederholten rassistischen Tiraden ein Heimspiel vor leeren Rängen absolvieren. Für Adebowale

Ogungbure ist das nicht genug. Würde es nach ihm gehen, müssten dem HFC Punkte abgezogen werden. „Die Fans müssen merken, wie sehr sie mit ihrem Verhalten dem Verein schaden", sagt Ogungbure, „wenn der Verein deswegen nicht aufsteigt oder sogar absteigt – das kann den Rassismus aus den Stadien vertreiben." Punktabzug wegen Rassismus? Das klingt unerhört für den deutschen Fußball. Aber nichts anderes hat der Weltfußballverband FIFA beschlossen.

Wenn der junge Ade mit seinen Jungs zurücklag auf einer staubigen Straße in Lagos, dann haben sie sich gegenseitig beschworen: Lasst uns spielen wie die Deutschen! Rennen, kämpfen, nie aufgeben. „Deutsche Maschinen!", riefen sie, wenn sie eines dieser verlorenen Spiele doch noch gewannen. Deutschland, das waren für Ade Beckenbauer, Littbarski und Matthäus. Seit acht Jahren spielt der 25-jährige Nigerianer jetzt in Deutschland Fußball. Seit er für Leipzig in der ostdeutschen Oberliga spielt, hat sich das Paradies in einen Alptraum verwandelt. Sicher, die Leipziger Fans haben sich solidarisiert. „Wir sind Ade", heißt ihre Aktion. Die Mitspieler haben sich dafür schwarze Farbe ins Gesicht geschmiert. Aber vor den Wochenenden kann Ade schlecht schlafen, wenn er auf das Spielfeld läuft, ringt er nach Luft, weil sie wieder rufen könnten: „Nigger, Bimbo". Ades Hitlergruß versuchte sein Präsident damit zu erklären, dass Afrikaner wie Kinder seien. Nach dem Spießrutenlauf von Halle forderte er Ade auf, sich professionell zu verhalten. Aber wie lässt man sich professionell ins Gesicht spucken?

Als Adebowale Ogungbure im April 2006 ins Leipziger Zentralstadion einläuft, guckt er als Erstes zu den Fans von Energie Cottbus II. Die tragen keine Trikots in den Vereinsfarben Rot und Weiß. Auch keine Fan-Schals. Nur weiße T-Shirts. Auf ein Plakat haben sie geschrieben: „Ihr seid Ade, wir sind weiß." Sie sehen aus wie Karikaturen vom Ku-

Klux-Klan – nur die Kapuzen fehlen. Die Cottbuser haben offenbar keine Scham, sich als Rassisten zu zeigen. Ade will nicht spielen. Nur weg. Trainer und Mitspieler reden auf ihn ein. Er erinnert sich daran, was ihm seine Mutter beigebracht hat: „Wo dein Bett steht, ist dein Zuhause." Er spielt. Zur Pause marschieren die weißen Männer ab. In Ade lassen sie ihr Gift zurück. Der filigrane Techniker drischt gegen den Ball, als trage der die Schuld. So wie gegen Cottbus geht es ihm immer wieder. Schmähungen, Beleidigungen, erstickte Wut. Und die Entscheidung: bleiben oder gehen. Das rassistische Schmierentheater bleibt für Energie Cottbus ohne Folgen.

Ade sitzt in seiner kleinen Wohnung in Leipzig, in ein buntes Gewand gekleidet. Draußen auf der Straße sieht er mit weiten Hosen, Base-Cap und Handtuch auf der Schulter aus wie ein Rapper, hier wie ein Afrikaner im Exil. Er holt stapelweise Fotos aus Plastiktüten. Auf den Fotos trägt er weiße, grüne oder blaue Trikots. Immer wieder steht er da für ein Mannschaftsfoto, aufrecht und stolz. Über dem großen Fernseher lächelt er aus einem Bilderrahmen im Trikot der nigerianischen Nationalmannschaft. Es sieht aus, als habe sein Leben immer nur aus Fußball bestanden. „Andere in Lagos nahmen Drogen oder liefen irgendwann mit Waffen herum", erzählt er. Ade spielte Fußball. So schaffte er es zum 1. FC Nürnberg. Fußball ist für Ade nicht mehr nur Spaß. Er ist der Ernährer der Familie. Für den kleinen Bruder bezahlt er die Schule. Als sein Vater in Lagos die Bilder von seinem Sohn sah, gegen den die Polizei wegen des Hitlergrußes ermittelte, bekam er es am Herzen und musste ins Krankenhaus. Ade zahlte die Arztrechnungen. Er sagt, dass er viel gelernt hat in Deutschland. Dass man besser schon um fünf vor da ist, wenn man zur vollen Stunde verabredet ist. Dass man diszipliniert sein muss, um etwas zu erreichen. Aber er lernte auch das andere Deutschland kennen, nicht nur im Fußball-stadion. „Einmal habe ich an einer Kreuzung gehört, wie eine ältere Frau sagte: ‚Wie kommt der Neger zu so einem Auto?‘". Sie konnte sich offenbar nicht vorstellen, dass er es sich verdient haben könnte. Vor seiner Lieblingsdisco wurde er von der Polizei kontrolliert. Die suchten nach Drogen. Solchen Situationen will Ade aus dem Weg gehen. Also ist er häufig hier in seiner Wohnung, kocht etwas Afrikanisches, zieht afrikanische Gewänder an und sieht dabei zu, wie schwarze Models auf MTV tanzen.

Er träumt vom AC Mailand und San Siro. Aber sein Alltag heißt Meuselwitz und Plauen. Den meistert er mit einer Mischung aus Pflichtgefühl und Trotz: „Ich kann doch nicht wegen ein paar Idioten das Land verlassen", sagt er, wenn er gefragt wird, wie lange noch. Doch die rassistischen Schmähungen hören nicht auf. Seine Haut ist immer wieder Zielscheibe, sie ist dünn geworden über die Monate. Bei einem Spiel gegen den VFC Plauen im November 2006 schlägt er einen gegnerischen Spieler. Ade sagt, er sei wieder beleidigt worden: Nigger, Bimbo. Der andere bestreitet das. Adebowale Ogungbure wird für vier Spiele gesperrt.

Rassismus und Reaktionen

Der Weltverband beschloss im März 2006, hart gegen Rassismus in den Fußballstadien vorzugehen. Vorausgegangen waren rassistische Vorfälle in italienischen und spanischen Stadien. Die FIFA verabschiedete einen umfassenden Strafenkatalog. Unternehmen die Vereine nichts gegen fremdenfeindliches Verhalten ihrer Fans, drohen Spielsperren und Punktabzug. Die FIFA-Regeln gelten auch für den DFB. Doch der Deutsche Fußballbund ignoriert wichtige Teile der Vorgaben. Hohe Geldstrafen für die Clubs und Stadionverbote für einzelne Fans gab es vereinzelt, aber nicht Punktabzüge für die Vereine. Damit verzichtet der DFB auf eine der härtesten Strafen. Punktabzug mindert Aufstiegschancen, oder es droht gar der Abstieg. Die Fans würden dem eigenen Verein schaden. Doch oberste Priorität haben unverfälschte Tabellen, erst dann geht es um sauberen Sport.

Hans-Georg Moldenhauer ist Vizepräsident des DFB und gleichzeitig Präsident des Nordostdeutschen Fußballverbandes (NOFV). In einem dieser schmucklosen Bürogebäude in Magdeburg, wie sie nach der Wende überall im Osten aus dem Boden schossen, empfängt er seinen Besucher im Besprechungsraum des Fußballverbandes Sachsen-Anhalt. Lange Flure, rechts und links Büros, nüchtern und funktional. In der Verwaltung ist nichts von Fußball-Leidenschaft zu spüren. Hans Georg Moldenhauer aber besitzt diese Leidenschaft, er war Torwart beim 1. FC Magdeburg. 1990 wurde er zum Spitzenfunktionär gewählt. Heute beantwortet er Fragen routiniert. Seit der Wiedervereinigung verwaltet er das schwierige Erbe des DDR-Fußballs. Gewalt gehörte auch in der DDR zum Alltag in den Stadien.

Die Randale von Lok Leipzig, als Hunderte Hooligans auf Polizisten losgingen, sowie die rassistischen Pöbeleien gegen Adebowale Ogungbure fallen in seinen Zuständigkeitsbereich. „Ich ganz persönlich bin der Auffassung, dass es die schlechteste Lösung ist, Punkte abzuziehen oder Spiele unter Ausschluss der Öffentlichkeit stattfinden zu lassen", sagt er. Das treffe die falschen Leute. Gerade bei den Vereinen in den unteren Ligen werde viel ehrenamtliche Arbeit geleistet. Hinzu kommen die Jugendmannschaften, ein Freizeitangebot für Kinder und Jugendliche, das nicht hoch genug eingeschätzt werden könne. Geldstrafen bringen einen kleinen Verein schnell an den Rand der Existenz, argumentiert Moldenhauer. Dass die FIFA-Vorgaben nicht einfach ignoriert werden können, weiß auch er. „Der DFB hat sich den Regeln der FIFA angeschlossen und wir haben vereinbart, dass man das sehr modifiziert nach unten machen muss."

Modifiziert nach unten heißt: Der Hallesche FC bekam im Fall der wiederholten rassistischen Schmährufe gegen Ogungbure eine Geldstrafe von 2000 Euro aufgebrummt plus Verfahrenskosten und musste ein Spiel unter Ausschluss der Öffentlichkeit absolvieren. Außerdem sollte der Verein ab sofort „jegliche Bekundungen seiner Anhänger, die geeignet sind, fremdenfeindliche und rassistische Assoziationen im Zusammenhang mit der Austragung von Fußballspielen zu erzeugen bzw. zu schüren oder als solche gedeutet werden können, unterbinden". Gegen das Urteil ging der Verein in Berufung und hatte vor einem Sportgericht Erfolg. Das Strafmaß wurde auf 1100 Euro reduziert. Auch die Verfahrenskosten drückte das Gericht um die Hälfte. Nur eine Strafe aus erster Instanz hatte Bestand: das Spiel unter Ausschluss der Öffentlichkeit. Vielleicht wäre auch das zurückgenommen worden, wäre es zum Zeitpunkt der Revision nicht schon gespielt worden. Zu einem Punktabzug konnten sich die Funktionäre, den FIFA-Vorgaben zum Trotz, wieder nicht durchringen.

Das widerspricht den Beschlüssen des DFB vom März 2006. Damals, kurz vor der Weltmeisterschaft in Deutschland, entschied der Verband, härtere Strafen bei rassistischen Vorfällen zu verhängen. Bezeichnend für die zögerlichen Reaktionen auf Rassismus sind die Gründe für den Start der Task Force gegen Gewalt und Rassismus, die DFB und Deutsche Fußballliga im Oktober 2006 ins Leben rufen.[1] Bei den Spielen zwischen FC Augsburg und TSV 1860 München (2. Bundesliga) und Hertha BSC Berlin II gegen Dynamo Dresden (Regionalliga Nord) kommt es zu schweren Ausschreitungen. Polizisten werden angegriffen und verletzt. Erst die massive Gewalt, die auch auf die Städte übergreift, schreckt nun die Fußball-Funktionäre auf. Dabei gibt es seit langem beunruhigende Entwicklungen, die kaum zur Kenntnis genommen werden. Wenn sich etwa die Fans von Lok Leipzig bei einem Jugendturnier zu einem menschlichen Hakenkreuz aufstellen. Oder wenn die Anhänger von Energie Cottbus die gegnerischen Fans als „Juden" beschimpfen.

Die Task Force soll alle Gewaltvorfälle mit rassistischem Hintergrund erfassen und Maßnahmen gegen Fremdenfeindlichkeit koordinieren. Die Verbände werden verpflichtet, alle Vorfälle zu melden. Die WM mit ihrer entspannten und fröhlichen Gastfreundschaft überstrahlte für einige Monate diese andere Seite des deutschen Fußballs. Doch Krawalle und rassistische Beleidigungen sind 2006 in deutschen Fußballstadien fast schon Alltag. Im September wird der dunkelhäutige Nationalspieler Gerald Asamoah von Rostocker Fans rassistisch beschimpft. In Aachen kommt es beim Bundesligaspiel zwischen Alemania Aachen und Borussia Mönchengladbach zu einem regelrechten rassistischen Wettstreit zwischen den Fanblöcken.[2] Aachener Fans beleidigen den brasilianischen Gästestürmer Kahe. Die Gladbacher rächen sich mit Schmährufen an Aachens Verteidiger Moses Sichone aus Sambia. Aachen erhält mit 50 000 Euro die bislang höchste Geldstrafe, Gladbach muss 19 000 Euro bezahlen. Bei einem Oberliga-Duell in Zwickau werden die farbigen Spieler während des gesamten Spiels gedemütigt. Den skurrilsten Fall von Rassismus produzieren Anhänger vom Hamburger SV. Vor dem Spiel in der Champions League gegen ZSKA Moskau beschimpfen sie den Kameruner Timothee Atouba als Nigger, Kanacke und Affe. Traurige Besonderheit: Atouba spielt nicht für Moskau, sondern für den HSV.

Atouba bedankt sich später bei den Fans mit einem gereckten Mittelfinger, wofür ihn die Bild-Zeitung an den Pranger stellt. Der Rassismus gegen den eigenen Spieler macht selbst die UEFA ratlos. Ein Sprecher kommentiert die Hasstirade mit den Worten: „Das gab es noch nie."

Im neuen Jahr geht es weiter. Beim EM-Qualifikationsspiel der Nationalelf in der Slowakei zeigen deutsche Fans Fahnen mit rechtsextremistischen Symbolen und skandieren Parolen wie „Zick-Zack-Zigeunerpack". Trauriger Höhepunkt ist der 10. Februar 2007 in Leipzig. Nach der Begegnung Lok Leipzig gegen die 2. Mannschaft von Erzgebirge Aue jagen Leipziger Hooligans 300 Polizisten durch die Straßen. Es kommt zu bürgerkriegsähnlichen Szenen. Ein Zivilfahnder feuert in Todesangst einen Warnschuss ab, 42 Beamte werden verletzt. Die hektische Reaktion seitens des Fußballverbandes: 76 Spiele werden abgesagt. Der Fußball nimmt eine kurze Auszeit, um sich von dem Schock zu erholen. Die Erkenntnis aus dem Gewalt-Exzess ist beunruhigend. Offenbar hat sich in vielen Fankurven ein explosives Gemisch entwickelt. Ein Bestandteil ist brutale Gewalt, die keine Rücksicht kennt. Ein anderer Bestandteil ist Rassismus, der in manchen Stadien zum festen Ritual geworden ist. Die Verbindung von Gewalt und Rechtsextremismus beschäftigt nicht mehr nur die Fußballverbände. So beobachtet der Brandenburgische Verfassungsschutz seit einiger Zeit Anhänger des Verbandsligisten Viktoria Frankfurt.[3] Regelmäßig fällt die Gruppe bei Auswärtsspielen durch Schmährufe auf. „Zug, Zug, Zug, Zug Eisenbahn, wer will mit nach Auschwitz fahren." Das ist einer ihrer Schlachtgesänge. Die Täter gelten als Kern der rechtsextremen Szene in Frankfurt/Oder. Immer wieder treten sie auch als prügelnde Hooligans auf.

Schleichende Übernahme

Die Stadien werden immer mehr zum Tummelplatz für Rechtsextreme. Richtig ist zwar, dass Hooligans eine Szene mit eigenen Regeln und Ritualen bilden. Ihre Motivation, ins Stadion zu gehen, ist Gewalt. Die Ultras rekrutieren zum Teil an den Bahnhöfen wahllos Jugendliche für die späteren Faustkämpfe, die abseits der Stadien auf Wiesen und in Wäldern stattfinden. Doch die Grenzen zwischen Hooligans und Neonazis verwischen. Nach Schätzungen des Sächsischen Verfassungsschutzes, der auch die berüchtigten Hooligans von Dynamo Dresden und Lok Leipzig im Blick hat, liegt der Anteil von Rechtsextremisten unter den Hooligans zwischen 15 und 20 Prozent. Also fast jeder fünfte Schläger sieht sich zugleich als Kämpfer für ein rechtes Deutschland. DFB-Präsident Theo Zwanziger spricht in einem Interview von einer „Unterwanderung durch Neo-Nazis".[4] Die Staatsanwaltschaft Dresden hat Erkenntnisse, dass rechte Kameraden die Prügeleien im Umfeld der Stadien als Training für den politischen Straßenkampf verstehen. So werden etwa verschiedene Angriffsformationen auf Polizisten ausprobiert: Angriff in Wellen, Einkreisen von Gegnern. Am 16. September 2006 etwa kommt es aus Anlass des Spiels von Dynamo Dresden gegen den 1. FC Magdeburg zu schweren Ausschreitungen. Rund 200 Hooligans stürmen auf Polizisten zu. Allein 50 Gewalttäter können identifiziert werden, ohne dass ihre Ausweise kontrolliert werden müssen, weil die meisten bereits aus rechtsextremen Kreisen bekannt und in einer Datei gespeichert sind. Die Ermittler stoßen auch auf einen alten Bekannten. Auf einem Überwachungsvideo ist ein Aktivist aus dem Kern der verbotenen Kameradschaft „Skinheads Sächsische Schweiz" (SSS) zu erkennen, wie er eine Flasche auf Polizisten wirft. Das ist schwerer Landfriedensbruch, auf frischer Tat ertappt. „Die rechtsextreme Szene ist mit den Hooligans personell eng verzahnt", sagt der Dresdner Staatsanwalt Ingolf Wagner.

Die Gewaltorgien sind nur die sichtbare Oberfläche. Darunter breitet sich rechte Ideologie schleichend aus. „Der offene Rassismus ist zur Ausnahme geworden. Durch intensivere Gegenmaßnahmen hat eine Verlagerung des verbalen Rassismus in das Umfeld der Stadien und in die unteren Ligen stattgefunden", fasst der Hannoveraner Soziologe Gunther Pilz die Kernaussage einer Studie zusammen, die er mit Wissenschaftlern im Auftrag des Bundesinstituts für Sportwissenschaften verfasst hat.[5] Wo die Medien über Fußball berichten, herrscht meistens Ruhe. Immer häufiger wird diese Ruhe jedoch gestört, wie die Vorfälle der Spielsaison 2006/2007 zeigen. Rassismus ist aus den Stadien der Ersten Bundesliga nicht verschwunden. Da ist er lediglich subtiler geworden, so das Urteil von Gunther Pilz. Wer nicht zu den jeweiligen Fangruppierungen gehört, bekommt oft nichts mit. Die latente Ausländerfeindlichkeit äußert sich etwa so, dass Schwarze und Osteuropäer schneller ausgepfiffen werden als Deutsche oder Westeuropäer. Sie müssen mehr Leistung bringen, um anerkannt zu werden. Offene ausländerfeindliche und rassistische Verhaltensweisen sind vor allem bei der Ab- und Anreise der Fans zu beobachten. Das ist etwa in Zügen zu hören, in denen die Fans von Borussia Dortmund zu Heimspielen in den Westfalenpark fahren. Da wird dem Schalker Gerald Asamoah in derben Liedern Sex mit Familienmitgliedern angedichtet. Schmähgesänge sind ein Ritual unter Fußballfans. Sie sind Teil des Spektakels. Aber es macht einen Unterschied, ob ein Gegner für seine Vereinszugehörigkeit angefeindet wird oder wegen seiner Hautfarbe.

Wenig Scheu, ihr rassistisches Weltbild zu zeigen, haben laut Pilz die Besucher der Spiele in den unteren Ligen. Hier gibt es eine geringere Medienpräsenz, weniger Fanprojekte, und auch die Kontrolle durch Stadionordner und Polizei fällt deutlich laxer aus als bei Spielen der Bundesliga. In diesem medialen Loch gehören rassistische und rechtsextreme Aktionen zum Alltag. Ein überraschender Befund der Studie: Auch auf den teuren Sitzplätzen der höheren Ligen fallen Besucher durch rassistische Pöbeleien auf. Rassismus ist kein Privileg von Unterschichten.

Die Wissenschaftler fanden zudem heraus, dass Fans im Osten wesentlich offener ihre rechtsextremen Einstellungen zur Schau tragen als im Westen. Ein Befund, der für den Rechtsextremismus insgesamt gilt. So ist die Fanszene von Lok Leipzig als Sammelbecken für Rechtsextremisten bekannt. Bei einem Spiel zeigte ein Fan ein Spruchband, auf dem stand: „Ruhm und Ehre dem Lok Leipzig". Die Parallele zu dem unter Rechtsextremisten verbreiteten Slogan „Ruhm und Ehre der Waffen-SS" ist nicht zufällig. Die NPD hat die Hooligan-Szene als Rekrutierungsfeld entdeckt, wie ein Verfassungsschützer berichtet. „Ganz konkret findet das bei Lok Leipzig statt", sagt Elke Hermann, Landtagsabgeordnete der Bündnisgrünen in Dresden, „die NPD weiß ganz genau, dass sie dort auf junge Leute trifft, die frustriert sind und die sie mit ihren einfachen Parolen greifen kann." Ihrer Meinung nach wird viel zu wenig dagegen getan. Auch in Sachsen sei die Fanarbeit mangelhaft, obwohl es jetzt Geld vom DFB gibt. (Bisher lag das Hauptaugenmerk auf der Bundesliga, jetzt rücken auch kleine Vereine ins Blickfeld.) Der finanziert Halle ein Fanprojekt. Aber es hängt in den Startlöchern fest, weil sich Innen- und Sozialministerium in Magdeburg nicht einigen können, wer mitbezahlt.

Ein nationales Konzept für Sport und Sicherheit besagt, dass sich DFB, Bundesland und Kommune die Kosten für Fanprojekte teilen sollen. So soll langfristig Sozialarbeit mit Fans ermöglicht werden. In Sachsen, wo die Probleme mit am größten sind, stößt das auf taube Ohren. Die für Fanarbeit beantragten 165 000 Euro wurden von der Staatsregierung in Dresden zunächst nicht bewilligt. Hermann Winkler, Chef der sächsischen Staatskanzlei, vertritt eine eigenwillige Auffassung. „Es kann nicht so sein, dass dort, wo es Krawalle gibt, auch noch richtig Kohle fließt", sagt der CDU-Politiker für die Landesregierung. „Einfach Geld in die Hand nehmen und noch drei Leute einstellen bringt ja nichts", so Winkler. Was aus Sicht seiner Regierung etwas bringt, sagt er nicht. Wochen später werden die Gelder doch noch freigegeben.

Fanprojekte werden auch in der Studie des Bundesinstituts für Sportwissenschaften empfohlen: Da in den neuen Bundesländern viele Traditionsvereine in unteren Ligen spielen, wo sich die Probleme häufen, soll dort flächendeckend die Fanbetreuung gefördert werden. Im Westen nur an Krisenherden. Sonderwege können fatale Folgen haben. Denn die Fan-Forscher um Gunther Pilz kommen im Ergebnis zu einer simplen Gleichung: Die Vereine, die konsequent gegen Rassismus und Gewalt vorgehen, bekommen das Problem in der Regel in den Griff. Wo nichts passiert, wuchert es weiter.

In vielen Regionen Deutschlands fehlen unterklassigen Vereinen also geeignete Mittel gegen Gewalt und Rassismus. Das Fanprojekt für Dynamo Dresden ist eine Ausnahme. Hier sind drei Sozialpädagogen fest angestellt. Im bundesweiten Vergleich eine Besonderheit. Dynamo-Fans sind für ihre Gewaltbereitschaft berüchtigt. So liefern sich Ende 2006 Dynamo-Fans bei einem Spiel in Berlin wüste Schlägereien mit der Polizei. Als eine Woche darauf Union Berlin zu Gast an der Elbe ist, herrscht höchste Sicherheitsstufe. Mehrere Hundertschaften Polizei sollen für einen ruhigen Fußballnachmittag sorgen. Immer wieder ermahnen Beamte die Fans über Lautsprecher, ruhig zu bleiben. Die Straßen um das Stadion sind abgesperrt, überall Polizei in Kampfmontur, die gegnerische Fans auf Abstand hält. Über der gespenstischen Szenerie schwebt mit ohrenbetäubendem Lärm ein Hubschrauber.

Schon nach wenigen Minuten schießt Dynamo das erste Tor. Die Stimmung ist prächtig unter den Fans, sie stimmen lautstarke Gesänge an. Viele der kurz geschorenen Fans stellen ihre Gesinnung unverhohlen zur Schau. Sie tragen Kleidung von Thor Steinar, einer Marke, die bei Neonazis sehr beliebt ist. Vereinzelt werden „Juden-Union"-Rufe laut. Gleich zu Beginn der zweiten Halbzeit treffen die Dresdner zum zweiten Mal. Trotzdem sind die Fans aggressiv gegenüber Journalisten. Wer sich als Reporter zu erkennen gibt, wird beschimpft, bespuckt und getreten. Die Ultras haben drei ausgeprägte Feindbilder: Polizei, Fußballverbände und die Medien.

Die Dynamo-Anhänger fühlen sich ungerecht behandelt. Über die Randale in Berlin sei einseitig berichtet worden. Ist ein Fan dennoch zum Interview bereit, riskiert er, von den eigenen Leuten angegriffen zu werden. So wie Torsten. Der junge Mann distanziert sich von Gewalt und Antisemitismus im Stadion. „Als wahrer Fan kann man bei antisemitischen Rufen, was inakzeptabel ist, natürlich nur pfeifen und auf jeden Einzelnen versuchen einzuwirken, dass …" Weiter kommt er nicht. Ein massiger Typ mit Basecap und der typischen Kapuzenjacke reißt ihn am Kragen weg. Wüste Beschimpfungen folgen, auch Drohungen gegen den Reporter. Der Angreifer ist ein bekanntes Gesicht aus der Ultra-Szene, dem harten Kern der Anhänger. Die ersten seiner

Freunde werden auf den Wortwechsel aufmerksam. Es ist besser, das Interview jetzt zu beenden.

Die Haltung der Vereinsspitze von Dynamo Dresden zu solchen Vorfällen ist gewöhnungsbedürftig. Nach den Krawallen in Berlin erwog der Verein eine Klage gegen die Polizei. Seitens der Berliner Sicherheitskräfte hätte es einen ungeheuerlichen Gewaltausbruch gegeben, erklärte der Verein in einer Stellungnahme und verdächtigte die Polizei, die Krawalle bewusst provoziert zu haben. Kein Bedauern, keine Distanzierung von den Gewalttätern. Nach den ersten kritischen Artikeln in der Presse rudert der Verein zurück. Ein Interview lehnt die Vereinsspitze von Dynamo Dresden ab. Das alles erschwert die Arbeit des Fanprojekts. Die Mitarbeiter haben ohnehin Probleme, den Fans klarzumachen, dass Gewalt und Fußball nicht zusammengehören. Wenn die Vereinsspitze eindeutige Stellungnahmen verweigert, werden sie zu Einzelkämpfern.

Die drei Sozialarbeiter des Projekts haben ihre Büros im Fanhaus, einem großen Wohngebäude mit grauem Putz. Innen werden die Räume nach und nach renoviert. Weit sind sie noch nicht gekommen. Sebastian Walleit und Christian Kabs sitzen in dem karg eingerichteten Besprechungsraum und erzählen von ihrer Arbeit. Walleit ist ein mittelgroßer, hagerer Typ, kurze schwarze Haare, der schnell und energisch spricht. Kabs strahlt schon aufgrund seiner Körperfülle Ruhe aus. Er spricht bedächtig. Begeisterung und Engagement für die Fanarbeit ist beiden anzumerken.

Das Projekt fußt auf mehreren Bausteinen. Da ist zum einen die Arbeit an den Schulen. Hier wächst die nächste Fangeneration heran. Die Botschaft an die Schüler ist simpel: Sie sollen lernen, dass mit Gewalt keine Probleme zu lösen sind. „Wir arbeiten mit Rollenspielen", sagt Sozialarbeiter Walleit. Die Jugendlichen sollen lernen, Konflikte verbal zu lösen, ohne Schläge und Pöbeleien. Wer das verinnerlicht, schlägt auch im Stadion nicht, so das Kalkül. Ein weiterer Baustein ist die Arbeit mit minderjährigen Fans. Der Sozialpädagoge Christian Kabs fährt mit ihnen immer wieder zu Auswärtsspielen. Dort treffen die Jugendlichen Anhänger der gegnerischen Mannschaft. Die Jugendlichen sollen lernen, dass sie in anderen Stadien keine Feinde treffen, sondern Typen wie sie, die das gleiche Hobby haben – Fußball. Alkohol und Zigaretten sind auf diesen Fahrten für Jugendliche unter 16 Jahren strikt untersagt. Die Sozialarbeiter wollen langfristig die Fankultur ändern.

Auf den Fahrten wird auch über Gewalt und Rassismus gesprochen. Antirassismusarbeit ist eine dritte Säule. „Es hat sich eine Gruppe von Fans zusammengetan, die es ärgert, dass es ständig diese ‚uh, uh‘-Rufe und die antisemitischen Pöbeleien in den Stadien gibt", sagt Walleit. Anlässlich der Antirassismuswoche FARE – Football Against Racism in Europe – bauten die Fans eine Homepage zu dem Thema auf und bastelten ein Spruchband, das im Stadion gezeigt wurde.

Bei jedem Spiel von Dynamo Dresden sind Sozialarbeiter vom Fanprojekt im Stadion. Einerseits achten sie darauf, dass Aggression nicht eskaliert und in Krawall ausartet. Dabei kooperieren sie mit szenekundigen Beamten. Diese Polizisten kennen die Fanszene, wissen, wie Randale entsteht. Kommt es in den Fanblöcken zu antisemitischen oder rassistischen Rufen, schalten die Sozialarbeiter auf Null-Toleranz. „Wir gehen direkt auf die Leute zu", erzählt Christian Kabs. „Sagen ihnen, dass so etwas im Stadion nichts verloren hat." Die Sozialarbeiter lassen sich nicht auf Debatten ein. „Wenn jemand eine rechte Einstellung hat, kann man mit ihm an anderer Stelle darüber reden", sagt Kabs, „im Stadion hat das nichts zu suchen." Akzeptierende Sozialarbeit gibt es hier nicht.

Kabs und Walleit geben sich keinen Illusionen hin. Sie wissen: Ob ihre Arbeit Früchte trägt, wird sich erst in Jahren zeigen. Rückschläge gehören zum Alltag. Wie im September 2006 nach dem Spiel gegen den 1. FC Magdeburg, als es zu einer Straßenschlacht zwischen den Fans kam. Die Dynamo-Anhänger attackierten die Magdeburger mit allem, was ihnen in die Hände kam – Holzstangen, Steinen, Flaschen. „Es gibt eine Tradition der Gewalt", sagt Sebastian Walleit. „Die Derbys zwischen Magdeburg und Dresden wurden schon zu DDR-Zeiten von Krawallen begleitet. Das wird von Generation zu Generation weitergegeben."

Die beiden Sozialarbeiter sehen die Ursachen für Gewalt und Rechtsextremismus auch im Hier und Jetzt. „Da ist die Perspektivlosigkeit der Jugendlichen, die gesellschaftlichen Probleme, Jugendarbeitslosigkeit zum Beispiel", sagt Kabs, „auf der anderen Seite die Suche nach dem Kick, nach dem Erlebnis. Selbst wenn die Jugendlichen Arbeit haben, fühlen sie sich nicht wirklich erfüllt." Beim Fußball entlädt sich der Frust über ein leeres Leben.

Die Klientel von Walleit und Kabs hat nichts mit jenem Typ Mensch zu tun, der heute gefragt ist. Die meisten Problem-Fans sind keine exzellent ausgebildeten, hoch motivierten und flexiblen Kräfte, denen die globalisierte Welt zu Füßen liegt. Die meisten leben ganz unten. Sie sind oder fühlen sich als Verlierer, kämpfen mit Drogenproblemen, Schulden oder Familienkonflikten. „Die ganze Palette, die man sich vorstellen kann", sagt Kabs. Ist ein Besucher bei den Spielen auf Krawall gebürstet, machen sie ihm klar, dass er damit dem Verein und sich selbst schadet. Der Verein kann zu Geldstrafen verdonnert werden. Der Randalierer könnte einen Eintrag im Führungszeugnis kassieren. Er gilt dann als straffällig. Kein Empfehlungsschreiben auf einem Arbeitsmarkt, auf dem viele ohnehin schlechte Chancen haben.

„Wir reden hier in Dresden über zirka 300 Problemfälle",
schätzt Walleit, „ständigen Kontakt haben wir zu 40 bis 50
Fans." Mehr können die drei Sozialpädagogen nicht bewälti-
gen. Ebenso wenig erreichen sie die 50 Prozent Dynamo-
Fans, die von außerhalb kommen.

Trotz dieser ernüchternden Zahlen und immer neuer
Vorkommnisse, in die Dynamo-Anhänger verwickelt sind,
wollen Walleit und Kabs weitermachen. Die beiden lieben
den Tanz um den Ball und wollen ihn weder Schlägern noch
Rechtsextremisten überlassen. Seit über einem Jahr arbeiten
sie jetzt in dem Fanprojekt. Sie wissen: Die Öffentlichkeit will
Ergebnisse sehen, am liebsten gleich. „Es reicht nicht aus,
dass ein Bewusstsein für die Probleme vorhanden ist", sagt
Walleit, „man muss auch mal warten können. Wir können
nicht in einem Jahr die Welt verändern." Die Mitarbeiter
vom Dresdner Fanprojekt wissen, dass Sozialarbeit sehr
schwer messbar ist. Für ihre Kritiker haben sie eine Antwort,
die beunruhigt: Niemand weiß, was passieren wird, wenn es
das Projekt nicht mehr gibt.

„Wir bauen Auschwitz wieder auf"

26. September 2006, Berlin, Altglienicke: Die zweite Mann-
schaft des jüdischen Fußballvereins TUS Makkabi spielt beim
Ostberliner VSG Altglienicke. Es ist ein Kreisligaspiel der
besonderen Art. Etwa 15 Neonazis versammeln sich am
Spielfeldrand, unweit der Trainerbank vom VSG Altglieni-
cke. Beim Auflaufen der Spieler gröhlen sie judenfeindliche
Lieder, dann gibt es Sprechchöre wie: „Wir bauen euch eine
U-Bahn nach Auschwitz, wir bauen Auschwitz wieder auf,
hier regiert nicht der DFB, hier regiert die NPD. Heil Hitler!"
Keiner greift ein. Nicht der Schiedsrichter, nicht die Trainer,

Betreuer oder Vorstandsmitglieder vom VSG Altglienicke, die nur wenige Meter entfernt von den Schreihälsen auf ihrer Bank sitzen und angestrengt das Spiel beobachten. Schließlich reißt Rafael Tepmann der Geduldsfaden. Der Spieler vom TUS Makkabi rennt zu den Neonazis und schreit einen an: „Halt endlich deine dumme Fresse!" Dafür sieht Tepmann die gelbe Karte. Einer seiner Mannschaftskollegen kann es nicht fassen, beschwert sich beim Schiedsrichter und – sieht Gelb-Rot. Nach 78 Spielminuten reicht es den Makkabi-Spielern. Sie verlassen das Spielfeld.

Rafael Tepmann steht in der Umkleidekabine des TUS Makkabi. Es ist Winter. Es ist kalt. Auch in der Kabine. Rafael Tepmann und seine Mannschaftskollegen frösteln, als sie in ihre weiß-blauen Trikots mit dem stilisierten Judenstern schlüpfen. Die Kabine könnte eine Renovierung dringend gebrauchen. Die Wände sind schartig, die Sitzbänke vom Alter gebeugt und die Spindtüren zerkratzt. Es riecht muffig, nach Leder und Schweiß. Das hier ist nicht Bayern München. Das ist Kreisliga. Aber die Begeisterung von Rafael Tepmann und seinen Mitspielern vor und nach einem Spiel sieht aus, als habe die Euphorie des WM-Sommers in den Kabinen der Kreisligen überlebt. Auch in denen des jüdischen Vereins TUS Makkabi.

„Die Welt zu Gast bei Freunden" hieß es zur WM, das galt auch in Berlin. „Ich hatte gerade Patriotismus für Deutschland entwickelt", sagt Tepmann, ein hochgewachsener, sportlicher junger Mann, in Erinnerung an diesen unbeschwerten Sommer. Zur WM schwenkte er eine Fahne – Schwarz-Rot-Gold. Das WM-Fieber packte ihn, wie die meisten anderen in Deutschland. Doch die haben keinen Großvater Ilja, der sie fragt, ob sie noch alle Tassen im Schrank haben, wenn sie mit ihren Fahnen durch die Straßen ziehen. Großvater Ilja entkam Hitlers Helfern und überlebte mit knapper Not den Zweiten Weltkrieg, später zog er mit seiner Familie nach Berlin. Für ihn ist es völlig unverständlich, dass sein Enkel sich als Deutscher fühlt, auch wenn es nur um Fußball geht. Rafael entgegnet ihm, dass der Holocaust jetzt über sechzig Jahre her sei und Deutschland sich geändert habe, ein offenes und tolerantes Land geworden sei, in dem eben die ganze Welt zu Gast bei Freunden ist. Das Spiel vom 26. September 2006 in Altglienicke, wenige Wochen nach der fröhlichen WM, verunsichert Rafael und seine Kameraden. Sie haben das Gefühl, nicht als Deutsche, nicht als Juden akzeptiert zu werden. Rafael Tepmann kann seine Wut noch immer schwer beherrschen, wenn er an diesen Septembertag zurückdenkt. Er ist mit dem Spiel noch lange nicht fertig.

Tuvia Schlesinger ist Vorsitzender von TUS Makkabi. Er sitzt im Clubhaus des Vereins. Ein Vereinshaus ohne Geschichte. Denn TUS Makkabi landete erst 2004, nach einer längeren Odyssee, auf dem Gelände, nicht weit vom Funkturm entfernt. In den vergangenen 37 Jahren spielte der jüdische Verein auf sieben verschiedenen Plätzen. Denn als sich TUS Makkabi 1970 wieder gründete, besaß der Verein keinen eigenen Platz. Der war ihm von Hitler genommen worden. Das alte Gelände, wo die jüdischen Spieler in den 20er Jahren – und illegal noch bis in die 40er Jahre hinein-kickten, ist heute ein Landschaftsschutzgebiet.

Das heutige Vereinshaus, ein schmuckloser Flachbau, liegt versteckt in einer Kleingartensiedlung. Die fehlende Tradition versucht der Inhaber mit seiner orientalischen Küche wettzumachen. Tuvia Schlesinger sitzt am Tresen und raucht eine Zigarette. Bevor er die tiefe Bassstimme einsetzt, wählt er sorgfältig die Worte. Er ist kein Mann, der übertreibt. Von dem „Vorfall", wie er ihn nennt, erzählt er sachlich. Es muss Tuvia Schlesinger schwer fallen, seine Emotionen zu verbergen. Die Familie seines Vaters wurde von den Nazis ausgelöscht. Seine Mutter lebt heute in Berlin. Als sie von dem Spiel erfuhr, erschrak sie, fragte: „Um Gottes Willen, geht das schon wieder los? Bei uns war das damals genauso", erzählt Tuvia Schlesinger. Er selbst war in Alt-glienicke nicht dabei. „Wenn ich dabei gewesen wäre, wäre es nicht so weit gekommen", sagt er, „ich hätte schon nach einer Viertelstunde 110 gewählt." Er hätte die Polizei gerufen. Eigentlich sich selbst, denn Schlesinger arbeitet als Hauptkommissar. Er könnte als Fernsehkommissar durchgehen. Dieser glatzköpfige Mann, der sich eine Zigarette nach der anderen ansteckt, könnte gut den Typen geben, der nicht mehr an das Gute im Menschen glaubt. Das wäre auch nicht verwunderlich, nach dem Urteil des Berliner Sportgerichts in erster Instanz. Es erkennt zwar an, dass das Spiel unter menschenverachtenden Bedingungen stattfand. Der Schiedsrichter wird lebenslang gesperrt. Das Spiel muss wiederholt werden – aber auf Kosten beider Vereine. Also wird der jüdische Fußballverein auch noch dafür zur Kasse gebeten, dass seine Spieler antisemitisch beleidigt wurden. Außerdem müssen zwei Spiele des VSG Altglienicke unter Ausschluss der Öffentlichkeit stattfinden. Für Makkabi-Spieler Konstantin Schapiro ist das ein übler Witz: „Spiele unter Ausschluss der Öffentlichkeit sind natürlich eine harte Strafe für Inter Mailand, wo siebzigtausend Zuschauer kommen, wo fehlende Stadioneinnahmen einen wirtschaftlichen Ruin bedeuten können. Aber nicht, wo zehn Leute zum Zuschauen kommen." Resigniert schüttelt der junge Mann den Kopf.

Für den TUS Makkabi war dieses Urteil nicht tragbar. Der Verein ging in Berufung. „Es geht hier nicht mehr um Glienicke und Makkabi, es geht um Rassismus im Sport", sagt der Makkabi-Vorsitzende Tuvia Schlesinger. Der Vorfall dort sei zwar besonders krass gewesen, doch antisemitische Angriffe ist er gewohnt. Ein Beispiel. „Bei einem Spiel sitzen wir auf der Tribüne und sind natürlich klar als Makkabi-Anhänger zu identifizieren", erzählt der Hauptkommissar, „da steht eine Frau im Publikum auf und schreit: ‚Schiedsrichter, haben dich die Juden mit ihrem vielen Geld gekauft?'". Der Antisemitismus sitzt offenbar tief. Tuvia Schlesinger hebt die Stimme nicht, als er das erzählt. Er steckt sich nur wieder eine Zigarette an. Für ihn ist der Kampf vor Gericht zu einer Glaubenssache geworden.

Ebenso für den VSG Altglienicke. Dessen Rechtsanwalt produzierte ein 20-seitiges Dossier, das die Glaubwürdigkeit von Makkabi in Frage stellt. Über die „nationale und internationale Presse" habe der jüdische Verein das Gericht unter Druck gesetzt. Für Rafael Tepmann sind hier alle Grenzen überschritten. Die der fairen Auseinandersetzung zwischen Sportlern und die des guten Geschmacks. „Nach dem Spiel kamen die Spieler und ihre Trainerin zu uns", berichtet er, sie haben sich bei uns entschuldigt. Einer der Spieler hat noch gesagt: ‚Macht euch nichts daraus, das ist hier jedes Wochenende so.'" Doch bei der Gerichtsverhandlung erinnerte sich von den Verantwortlichen bei Altglienicke auf einmal niemand mehr daran. „Das Einzige, was die zugegeben haben, waren diese NPD-Rufe", sagt Rafael Tepmann. „Die wollten das dann so darstellen, als ob die NPD eine gezielte Aktion gestartet hätte." Seine Stimme überschlägt sich fast.

Die Berufung des TUS Makkabi scheitert, aus formalrechtlichen Gründen. Ebenso die Berufung des VSG Altglienicke. Lediglich der Berufung des Schiedsrichters wird stattgegeben. Im Januar 2007 wird die lebenslange Sperre gegen den Schiedsrichter aufgehoben. Er wird bis zum 30. September 2007 gesperrt. Danach darf er wieder pfeifen, in Freizeitligen und bei Spielen auf Kleinfeldern. Trotz allem: Der TUS Makkabi will sich nicht unterkriegen lassen. Als der Verein 1970 in Westberlin wieder gegründet wurde, wollten die Gründungsväter nicht nur an die Tradition der jüdischen Vereine aus der Zeit vor 1933 anknüpfen. Sie wollten auch eine Brücke bauen, zwischen Juden und anderen. Heute spielen in dem Verein nicht nur Juden. Neben anderen läuft an den Wochenenden ein arabischer Libanese für den Verein auf. So soll es bleiben.

König Fußball – einer von vielen

Mit einem hat DFB-Boss Theo Zwanziger recht: Der Fußball ist nicht anders als die Gesellschaft, er ist vielmehr ein Abbild. Die Beispiele aus dem Fußball zeigen, wie tief Ausländerfeindlichkeit und Rassismus in der Bevölkerung verwurzelt sind. In einer aktuellen Studie der Friedrich-Ebert-Stiftung zeigen 26,7 Prozent der Deutschen ausgeprägte Ausländerfeindlichkeit, 8,4 Prozent deutlichen Antisemitismus.[6] Der Soziologe Wilhelm Heitmeyer untersucht in seiner Reihe „Deutsche Zustände" zudem verwandte Einstellungen wie Homophobie und den Hass auf Behinderte oder Obdachlose.[7] So waren im Jahr 2006 von den befragten Deutschen 33,7 Prozent „eher" oder „voll und ganz" der Meinung, dass bettelnde Obdachlose aus den Fußgängerzonen entfernt werden sollten. Er hat für diese Einstellungen den sperrigen, aber treffenden Begriff der gruppenbezogenen Menschenfeindlichkeit geprägt. Danach werden Menschen nicht aufgrund ihrer Persönlichkeit abgelehnt, sondern weil sie Ausländer sind, Schwarze, Schwule oder einfach nur der falschen Jugendgruppe angehören wie Punks und Hiphopper. All diese Einstellungen sind rechtsextremes Gedankengut, die Politikwissenschaft spricht von der Ideologie der Ungleichheit oder Ungleichwertigkeit. Rechtsextremismus ist noch mehr: Führerprinzip, Anti-Demokratismus, Chauvinismus, Sozialdarwinismus, Verharmlosung der Nazidiktatur, Anti-Pluralismus.

Den Kern rechtsextremer Ideologie bildet die Ideologie der Ungleichheit: Menschenrechte werden abgelehnt, der Mensch als ein kollektives Wesen ohne gleiche Rechte angesehen; er ist Deutscher oder Ausländer. Das eigene Kollektiv muss homogen sein, daher müssen Ausländer raus. Die Abstammung, also die Blutsverwandtschaft, bestimmt, wer zum Kollektiv gehört. Deutscher kann man nach dem rechtsextremen Glauben nicht werden. Aus diesem gedanklichen Kern lassen sich die wesentlichen Bausteine des Rechtsextremismus ableiten: Der biologische Rassismus, der die Welt in Rassen einteilt, die nicht vermischt werden dürfen. Das völkische Weltbild, wonach das eigene Volk wichtiger ist als der einzelne Mensch und andere Völker. Der Nationalismus, durch den das Volk seine rechte Form findet.

Ausländerfeindlichkeit, Rassismus und Antisemitismus in der Bevölkerung sind daher für Rechtsextremisten ein entscheidender Treibstoff, um ihre politischen Ziele erreichen zu können. Sie sind eine ideologische Schnittmenge zwischen einem Teil der Mitte und dem rechten Rand. Stimmungen sind noch keine Stimmen. Der Politikwissenschaftler Richard Stöss hat herausgefunden, dass nur ein Bruchteil der Menschen mit einem geschlossen rechtsextremen Weltbild auch rechtsextreme Parteien wählt. Aber die Einstellungen der Normalbürger sind ein Potenzial, das bei sozialen Krisen ausgeschöpft werden könnte. Die Wahlerfolge der NPD in Ostdeutschland lassen erahnen, was möglich wäre, wenn zu den Umständen auch noch passable Spitzenkandidaten, also charismatische Führer kommen würden. Politiker wie Jörg Haider und nicht wie Holger Apfel. Der Versuch der anderen politischen Parteien, die NPD-Erfolge im Wesentlichen auf Protest zu reduzieren, verschleiert, dass die Rechtsextreme auf inhaltliche Sympathie in der Mitte der Gesellschaft treffen. Wahlerfolge und Parlamentssitze sind dabei nur ein Aspekt, wenn auch ein beunruhigender. Eine auch von den Medien viel weniger beachtete Entwicklung ist, wie weit sich der Rechtsextremismus bereits in den deutschen Alltag gefressen hat: in Schulen, Firmen, Vereine, Wohnhäuser. In vielen Städten und Dörfern erobert der Rechtsextremismus die Alltagsmacht, mit brutaler Gewalt, und mit gravierenden Folgen. Die Opfer rechter Gewalt ziehen sich zurück, gehen nicht mehr auf die Straße, verkriechen sich in ihren Wohnungen.

Als Ex-Regierungssprecher Uwe-Karsten Heye anlässlich der Fußball-WM warnte, dass es No-go-Areas gebe, die zu betreten besonders für Schwarze lebensgefährlich werden könne, fielen Politiker von CDU bis SPD über ihn her, weil nicht sein kann, was nicht sein darf. Brandenburgs SPD-Ministerpräsident Matthias Platzeck sprach von einer „Verunglimpfung ganzer Regionen". CDU-Kollege Jörg Schönbohm nannte Heyes Warnung eine „unglaubliche Entgleisung". Außen vor blieben bei diesen reflexhaften Reaktionen die Opfer. Und die beunruhigende Frage, wie sehr rechte Gewalt auf die Zustimmung von Bürgern aus der gesellschaftlichen Mitte hoffen darf. Verfassungsschützer nennen als größte Gefahr, dass die Grenzen zwischen der Mehrheitsgesellschaft und gewaltbereiten Rechtsextreme in einigen Regionen bereits verwischen. Das Spektrum unter Bürgern in diesen deutschen Problemzonen reicht von Gleichgültigkeit bis zu klammheimlicher und sogar offener Sympathie. Rechte Gewalt wird häufig bagatellisiert, weil sie sich gegen Randgruppen mit geringem sozialem Prestige wendet. Einer der renommiertesten deutschen Strafverfolger rechtsextremer Delikte, der Dresdner Oberstaatsanwalt Jürgen Schär, warnt jedoch vor Verharmlosung. Der Ermittler erkennt in der systematischen Gewalt und Einschüchterung durch rechte Kameradschaften einen Angriff auf die Demokratie: „Menschen werden an der Ausübung ihrer verfassungsmäßigen Rechte gehindert."

2. Das Leben der anderen – Opfergeschichten

Mitten in Berlin

Wer am Rosa-Luxemburg-Platz die U-Bahn verlässt und die Treppen hinaufgeht, steht im neuen Berlin. Abends tropfen junge Menschen mit Kapuzenpullis aus den U-Bahn-Schächten. Auch an diesem Freitag im November 2006 lässt die Berliner Straßenmode keine Unterscheidung zwischen Werbern, Studenten und Lebenskünstlern zu, die auf dem Weg in die Cafés und Bars sind, wo Berlin so lässig aussieht wie London oder New York. Die beiden jungen Männer, die Alpha Amadu Bah in der Weinmeisterstraße trifft, sehen aus wie die anderen, die kommen, um auf einer schummrig beschienenen Couch in die Nacht zu gleiten. Sie tragen Boots, Cargohosen mit aufgesetzten Taschen und schwarze Shirts. Alpha Amadu Bah dürfte nicht hier sein. Der kleine Mann aus Sierra Leone sieht nach Student aus, aber er ist geduldeter Asylbewerber. Er darf den Landkreis Rathenow in Brandenburg nicht verlassen. Aber in Rathenow werden immer wieder Asylbewerber verprügelt, er kennt dort niemand, all seine Freunde leben in Berlin, viele kommen wie er aus Sierra Leone. Alpha mag, wie es in der Stadt wuselt, hier ist er nicht der schwarze Asylbewerber, sondern ein junger Berliner.

Er ist schon an den beiden jungen Männern vorbei, da hört er hinter sich Schritte trampeln. Die beiden rennen auf ihn zu. „Was ist los?", fragt Alpha. „Verpiss dich", sagt einer. Dann schlagen die Männer zu. Alpha Amadu Bah stürzt zu Boden. Sie treten auf ihn ein. Alpha reißt die Hände vor das Gesicht. Ein Tritt bricht sein Kinn. Dann verliert er das Bewusstsein. Als er wieder zu sich kommt, sieht er, wie die Menschen auf der anderen Seite herübergucken. Keiner kommt zu ihm. Aber nach etwa drei Minuten halten zwei Polizeiwagen vor dem jungen Afrikaner. Ein Beamter lässt die Scheibe herunter. Alpha ist aufgebracht. Er blutet. Das Kinn schmerzt. „Warum kommt ihr so spät? Was könnt ihr für mich tun?", ruft er den Polizisten zu. Dann dreht er sich um, weil es zu sehr weh tut. Als er sich wieder den Polizisten zuwendet, sieht er gerade noch, wie sich die vier Polizisten in den beiden Autos kurz besprechen. Dann fahren die Polizeiwagen los. Ohne eine Anzeige aufzunehmen. Ohne einen Arzt zu rufen. Eine Viertelstunde nach dem brutalen Überfall steht Alpha Amadu Bah mit gebrochenem Kinn in Berlin-Mitte. Allein.

Der Überfall auf den jungen Afrikaner ist typisch für einen neuen, beunruhigenden Trend in Berlin und anderen Großstädten. Rechte Gewalttäter tragen oftmals nicht mehr Springerstiefel und Bomberjacke, sondern Kapuzenpulli und Turnschuhe, sogar Che-Guevara-Shirts. Sie tarnen sich mit dem Outfit anderer Jugendkulturen. Von Hiphoppern sind die rechten Großstadt-Schläger nicht mehr zu unterscheiden. Die Mimikry hat für potenzielle Opfer fatale Folgen. Sie sehen die Gefahr nicht mehr kommen, können ihr daher auch nicht mehr aus dem Weg gehen. Experten wie die Berliner Opferberaterin Sabine Seyb vom Verein „Reachout" beobachten neuerdings zwei typische Muster von rechter Gewalt: Viele Taten, vor allem gegen Schwarze und vermeintliche Ausländer, werden spontan begangen. „Fast im Vorbeigehen, weil die Gelegenheit günstig ist", sagt Seyb. Das

Opfer wird ausgewählt, weil es in das feste Feindschema der Täter passt: Mögliche Opfer sind Schwarze, Ausländer, Schwule und Obdachlose. Diese Art von Taten wird von den Behörden oftmals nicht als politisch motiviert betrachtet, weil sie spontan und scheinbar wahllos erfolgt. Doch die Einschätzung mancher Polizeidienststellen beruht auf einem Denkfehler. Wer einen Menschen aufgrund äußerer Merkmale attackiert, muss vorher sehr genau festgelegt haben, wer sein Feind ist. Die Gewalttat ähnelt einem Reiz-Reaktions-Schema. Spontan bedeutet nicht wahllos. Den Taten liegt ein rechtsextremer Kern zugrunde: Ausländer raus! Diese Ideologie wird brutal in die Tat umgesetzt. Radikaler kann man rechtsextreme Gesinnung kaum ausleben als mit körperlicher Gewalt. Die Täter schaffen Fakten in ihrer Umwelt.

Neben diesen spontanen Taten beobachten Experten jedoch auch eine gezielte Menschenjagd. So ziehen durch den Bezirk Friedrichshain immer wieder schwarz gekleidete Banden auf der Suche nach Opfern. „Das gezielte Auflauern bestimmter Personen gab es schon immer", sagt Sabine Seyb, „aber die gezielte Suche nach Opfern hat sich in den vergangenen Jahren erst entwickelt." Die Opfer tragen neben körperlichen Verletzungen auch unsichtbare Wunden davon. „Sehr häufig sind die Angegriffenen traumatisiert", berichtet Opferberaterin Seyb. Sie verkriechen sich in ihrer Wohnung, trauen sich allein nicht mehr auf die Straße, nerven ihre Freunde, weil sie immer und immer wieder über das sprechen müssen, was ihr Weltbild und ihre Gewissheit zerstört hat. Sie leiden unter Schlaflosigkeit und Alpträumen. Wie der junge Türke, der am Prenzlauer Berg zusammen mit seiner Freundin von drei Tätern angepöbelt und zusammengeschlagen wurde. Der sich immer als Berliner fühlte, bis die Männer im Alter von Anfang 20 bis Ende 30 den Zweifel in ihn hineinprügelten, dass er ein Fremder in seiner Heimat ist. Die Tat verfolgt die Opfer bis zur Arbeit, wo sie Termine vergessen. Einige sind nicht mehr in der Lage zu arbeiten. Sie werden in Berlin von einer Trauma-Therapeutin behandelt, der Verein Reachout stellt den Kontakt her.

Für Alpha Amadu Bah beginnt nach dem Überfall eine Tortour. Er fährt zurück nach Rathenow, legt sich zwei Tage lang ins Bett. Aber die Schmerzen verschwinden nicht. Am dritten Tag geht er zum Arzt. Die Diagnose: Das Kinn ist gebrochen. Der Arzt sagt, dass Alpha eine kieferchirurgische Operation braucht, für die in Rathenow die Technik fehlt. Alpha fährt zurück nach Berlin und geht in die Charité. Die Ärzte sind entsetzt: Der Bruch muss umgehend versorgt werden. Am nächsten Tag ist die Operation. Ein Freund gibt ihm die Telefonnummer von der Opferberatungsstelle. Dort erstattet der junge Mann Anzeige: gegen unbekannt und gegen die vier Polizisten, die ihn mit gebrochenem Kinn zurückließen.

Alpha Amadu Bah ist ein besonnener junger Mann. Er redet sich nicht in Rage, wenn er von dem Überfall spricht, aber der Ärger ist nicht verflogen, er hat sich lediglich gesetzt. Sein Lachen ist bitter. „Die größte Wut habe ich auf die Polizei, ich hatte unmittelbar nach der Tat das Vertrauen in die Behörden verloren", sagt Bah. Mittlerweile hat er einen Anwalt. Die Opferberater stehen ihm bei. Mit seiner Anzeige geht er ein großes persönliches Risiko ein. Er hat gegen die Aufenthaltsbestimmungen verstoßen. Er durfte nicht in Berlin sein. Aber das ist ihm egal. „Ich habe keine Angst, weil die Klärung dieses Vorfalls wichtiger ist als die Tatsache, dass ich meinen Landkreis verlassen habe", sagt Bah. Er ist bereit, die Konsequenzen zu tragen. Sechs Jahre hoffte er, dass aus der Duldung eine dauerhafte Aufenthaltsgenehmigung wird. Sechs Jahre. Über 2000 Tage der Ungewissheit. Jetzt gibt es keine Hoffnung mehr. Nach einem Prozess will er freiwillig zurückgehen nach Sierra Leone. Aber vorher will er den Polizisten ins Gesicht sehen und sie fragen: „Warum habt ihr mich allein gelassen?"

Die Tritte und Schläge gegen Alpha Amadu Bah sind eine von 150 rechts motivierten Straftaten, die von der Opferberatungsstelle Reachout im Jahr 2006 in Berlin gezählt wurden. Das ist trauriger Rekord. Im gleichen Zeitraum zählt die offizielle Statistik der Stadt lediglich 100 rechte Straftaten. Der Fall Alpha Amadu Bah konnte deshalb nicht in die offizielle Statistik einfließen, weil die Polizei ihre Pflicht verletzte und das Opfer im Stich ließ. Andere Opfer zeigen die Täter nicht an, weil sie fürchten, diese wieder zu treffen. Auch Alpha Amadu Bah hat einen der Schläger wieder gesehen. Ausgerechnet in seinem Lieblingscafé in Berlin-Mitte. Als der Täter ihn bemerkte, drehte er sich um und rannte aus dem Café. Bah hat sich umgehört. Und er hat von einem Freund erfahren, dass auch er zusammengeschlagen wurde. An der gleichen Stelle. Ebenfalls von zwei jungen Tätern.

Längst sind es nicht mehr nur die Ostberliner Außenbezirke wie Mahrzahn und Lichtenberg, wo rechte Täter zuschlagen. Es ist zwar richtig, dass sich viele Ausländer und Menschen mit dunkler Hautfarbe nicht in diese Stadtteile hineintrauen. Es gibt sie – die No-go-Areas im weltoffenen Berlin. Die Sozialarbeiter der Stadt sprechen von Angsträumen, die gemieden werden. Aber das Problem hat sich verlagert. „Es sind nicht die vielbeschworenen Außenbezirke", sagt Opferberaterin Seyb, „es passiert in der Innenstadt, an Verkehrsknotenpunkten. In Prenzlauer Berg hat sich in den vergangenen Jahren eine rechte Infrastruktur mit rechten Läden und Treffpunkten herausgebildet." Das bedeutet: Die rechten Täter sind überall. Sichere Orte gibt es nicht. „Die große Gefahr für potenzielle Opfer besteht darin, dass es zu jeder Zeit an jedem Ort passieren kann", sagt Seyb. Von den 150 rechten Angriffen des Jahres 2006 passierten mit 54 die meisten im Szene-Stadtteil Friedrichshain. Auf Platz drei liegt der heimelige Prenzlauer Berg. In der Hauptstadt vollzieht sich beispielhaft die Entwicklung, die in ganz Deutschland zu beobachten ist: Der Rechtsextremismus rückt in die Mitte. Das bestätigen auch die Prozesse gegen rechte Gewalttäter. Natürlich sind darunter auch die jungen männlichen Verlierer, aber das Klischee vom rechtsextremen Arbeitslosen trifft immer seltener das Profil. Die Täter sind arbeitslos oder haben einen guten Beruf, sie kommen aus zerrütteten Familien oder aus gesicherten Verhältnissen, sind ledig oder haben Kinder, sind jugendlich oder erwachsen, in den Gruppen schlagen und treten Männer, aber zunehmend auch junge Frauen. Rechte Gewalt lässt sich nicht länger als Randphänomen verharmlosen.

Alpha Amadu Bah umklammert seinen Rucksack, als könne er mit dem, was er bei sich trägt, jederzeit aufbrechen zurück nach Sierra Leone, seiner Heimat, die vom Bürgerkrieg entstellt ist. Ein Land, in dem man sogar vor Kindern Angst haben musste, weil auch sie als kleine Soldaten vergewaltigten und mordeten. Wo mit den Opfern auch jedes Gefühl von Sicherheit starb. Alpha Amadu Bah hat in Sierra Leone Freunde und Familie, aber keine Zukunft. Er hofft auf eine Verhandlung in Deutschland. Das ist im Moment der einzige Lebenszweck. Mut macht er sich mit einem Wissen, das sich anhört, als stamme es aus Kriminalfilmen. „Ich bin sicher, dass man die Polizisten finden wird", sagt Alpha Amadu Bah, „schließlich muss der eingegangene Notruf aufgezeichnet worden sein." Wie vielen Opfern geht es ihm nicht um Strafe, sondern darum, dass sein erlittenes Unrecht anerkannt wird. Alpha Amadu Bah sorgt sich, dass ihn die Tritte von Berlin ein Leben lang verfolgen werden. Er tastet sein Kinn ab. Tastet nach den beiden Metall-Platten unter der Haut. „Ich habe noch immer kein Gefühl hier", sagt er.

Zahlenspiele

Zum 1.1.2001 wurde von den Innenministern der Bundes-länder eine neue Zählweise für rechte Straftaten eingeführt. Der Begriff der rechtsextremistischen Straftat wurde ersetzt durch die „politisch motivierte Kriminalität rechts" (PMK-r). Die Reform sollte eine genauere Erfassung rechter Delikte ermöglichen. Der alte Extremismus-Begriff erfasste lediglich Versuche, die freiheitlich-demokratische Grundordnung anzugreifen. Die neue Definition orientierte sich an einem modernen, politikwissenschaftlichen Verständnis, wonach Rechtsextremismus nicht nur ein formaler Gegensatz zur Demokratie ist, sondern für ganz bestimmte Inhalte steht. Damit kann eine Körperverletzung als politisch motivierte rechte Straftat gezählt werden, wenn jemand nur deshalb ge-schlagen wird, weil er Ausländer ist. In der Praxis jedoch ist höchst umstritten, was politisch motiviert ist und was nicht. Regelmäßig übersteigen die Zahlen der Opferberatungsstel-len die offiziellen Zahlen des Bundesinnenministeriums deutlich. Nicht mal bei den Todesopfern durch rechte Gewalt herrscht Konsens. So legten „Tagesspiegel" und „Frankfurter Rundschau" erstmals im Jahr 2000 eine Chronik vor, die 93 Todesopfer durch rechte Gewalt seit der Wende auflistete. Die offizielle Zahl wurde daraufhin um 36 nach oben korri-giert. Strittig waren Fälle wie der des Algeriers, der in Guben in Todesangst in eine Fensterscheibe sprang und starb, weil er von Rechtsextremisten durch den Ort gejagt worden war. Juristisch war das nicht einmal gefährliche Körperverletzung mit Todesfolge, sondern nur Landfriedensbruch. Der Tote war also offiziell kein Opfer rechter Gewalt. Mittlerweile zählt die Wanderausstellung „Opfer rechter Gewalt seit 1990" bis Ende 2005 135 Todesopfer.

Die in diesem Kapitel beschriebenen Opfergeschichten spielen zumeist in Ostdeutschland. Das ist kein Zufall. In der Tat ist der junge, gewaltbereite, aktionistische Rechtsextremismus im Osten stärker ausgeprägt als im Westen. Im Verhältnis zur Zahl der Einwohner liegen die neuen Länder bei den rechtsextrem motivierten Gewalttaten vorn. Arbeitslosigkeit und die Abwanderung gebildeter und weiblicher Bevölkerungsteile mischen sich hier mit fehlender Ausländer-Erfahrung und Demokratiedefiziten vor allem in der Provinz. Es ist also die Häufung sämtlicher Ursachen, die in den neuen Ländern zu einer epidemischen Ausbreitung des Rechtsextremismus führte, die längst den Alltag in Städten und Dörfern verändert hat. Dieser Befund bedeutet jedoch nicht, dass sich der Westen beruhigt zurücklehnen kann. Unterschiede zwischen Ost und West werden noch ausführlich beschrieben, an dieser Stelle nur so viel: Gewalttätigen und sogar tödlichen Rechtsextremismus gibt es auch im Westen:[8] So stach am 28. März 2005 in Dortmund ein 17-jähriger Neonazi den 32-jährigen Punk Thomas Schulz in einer U-Bahn-Station nieder. Das Opfer stirbt wenig später im Krankenhaus. Am 7. Oktober 2003 erschoss der bekennende Neonazi Thomas A. im nordrhein-westfälischen Overath einen Rechtsanwalt sowie dessen Frau und Tochter. A. sah sich auf einem Feldzug gegen das deutsche Rechtswesen, seiner Überzeugung nach müssten alle Juristen vernichtet werden, die Morde bezeichnete er als „Maßnahme zur Gesundung des deutschen Volkes". Das Landgericht Köln verurteilte ihn zu lebenslanger Haft.

Die Erfassung rechter Straftaten ist eine Frage der Bewertung. Die Polizei-Dienststellen müssen den Landeskriminalämtern jeden Fall politisch motivierter Kriminalität melden. Aber was genau bedeutet „politisch motiviert"? Wird ein Ausländer von einem Skinhead geschlagen, weil er Ausländer ist, oder hatten die beiden Streit? Jeder Fall ist anders. Polizeibeamte beklagen, dass es keine einheitliche Definition gibt. Allerdings gibt das Bundesinnenministerium sehr wohl eindeutige Richtlinien.[9] Wenn der Täter im Namen eines Kollektivs handelt, also für Volk, Nation oder Rasse, dann soll die Tat als politisch motiviert gelten. In der Praxis gibt es zahlreiche schwarze Löcher, in denen Fälle eher verschwinden, als dass sie den Weg in die offizielle Statistik finden. Wenn beispielsweise ein Schwarzer als Nigger beschimpft, geschlagen und ihm im Laufe der Gewalttat auch sein Handy und die Geldbörse geraubt werden, konzentriert sich die Justiz auf das schwerste Delikt. Das ist in diesem Fall der gefährliche Raub und nicht mehr nur die rassistisch motivierte Körperverletzung. Bei der Strafverfolgung tritt das rassistische Motiv auf diese Weise in den Hintergrund. Ähnlich ist es, wenn der Täter alkoholisiert ist. Vielfach wird dann der Alkohol zur Ursache der Straftat gemacht, obwohl er oft bestenfalls Auslöser ist. Häufig kann die rechtsextreme Motivation einer Tat nicht nachgewiesen werden. Eine Untersuchung listet für die Jahre 2000 bis 2004 allein 59 Angriffe und Brandanschläge auf Dönerbuden und Asia-Imbisse in Brandenburg auf.[10] In einigen Fällen konnten organisierte Rechtsextremisten wie die Kameradschaft „Freikorps" als Täter ermittelt werden, vielfach ließen sich die Brandstifter aber nicht finden. Den ausländischen Unternehmern wird auf diese Weise oft die Existenz vernichtet, viele ziehen weg. Das Grillhaus des Türken Mehmet Cimeding in Rheinsberg wurde bereits vier Mal angezündet. Ein hartnäckiger, aber schwer zu beweisender Versuch, die Stadt von der verhassten Döner-Kultur zu befreien. Der Verfassungsschutz analysiert, dass rechtsextremistisch motivierte Gewalt in den meisten Fällen spontan geschieht. Das ist richtig, greift aber zu kurz. Denn die Einschüchterung durch Gewalt erfolgt immer dann, wenn sich die Möglichkeit bietet. Das ist in der Tat eine Stufe unterhalb von geplantem Terror, kann aber durchaus als systematischer Schrecken bewertet werden, wie in diesem Kapitel gezeigt wird.

Bisweilen herrscht heillose Konfusion über die Kategorien. So berichtet die Berliner Opferberaterin Sabine Seyb vom Verein „Reachout" von einer denkwürdigen Gerichtsverhandlung: Eine Gruppe hatte in einem Berliner S-Bahn-Wagen einen Ausländer angepöbelt und anschließend zusammengeschlagen. Der Richter schloss in seinem Urteil eine rechte Motivation der Täter aus, weil diese von einem Fußballturnier gegen rechts gekommen waren. Dass an solchen Fußballturnieren auch rechte Jugendliche teilnehmen könnten, kam dem Richter offenbar nicht in den Sinn. Täter- wie Opferzahlen bilden aber nicht nur aufgrund unterschiedlicher Erfassungskriterien und ausbleibender Anzeigen die Realität ungenau ab, sie sind auch Munition in der politischen Auseinandersetzung. Sie dienen als Beleg dafür, wie groß oder klein das Problem mit den neuen Nazis denn nun tatsächlich ist. Und auch als Grundlage, wie viel Geld und Personal der Staat in den Kampf gegen rechts stecken soll. Die Zahlenspiele finden in einer politischen Kampfzone statt. Die Front verläuft nicht allein zwischen Ost und West, SPD und CDU, sondern auch innerhalb der Parteien zwischen den Ministerpräsidenten, die, nicht anders als die Bürgermeister in den Orten, um den guten Ruf ihrer Region fürchten. Steigt die Zahl der Straftaten, kann das für eine genauere Erfassung sprechen, aber auch für mangelnden Einsatz von Ministerpräsidenten, Landräten und Bürgermeistern. Dieser politische Faktor in den Statistiken lässt sich nicht beziffern, aber es gibt ihn.

Nach offiziellen Zahlen hat die rechtsextremistische Kriminalität im Jahr 2006 einen neuen Höchststand erreicht. Bundesweit erfasste das Innenministerium 18142 rechte Straftaten.[11] Das sind 14,6 Prozent mehr als im Vorjahr. Auch die rechten Gewalttaten haben die traurige Rekordmarke von 1047 erreicht, ein Anstieg um 9,3 Prozent. Im Vergleich dazu gab es 5363 links motivierte Straftaten. Dunkelziffer hin oder her – selbst die offizielle Statistik liefert einen erschreckenden Befund: Täglich werden in Deutschland im Durchschnitt drei Menschen von Rechtsextremisten körperlich angegriffen. Immer wieder endet rechte Gewalt tödlich.

Landflucht

Es trifft Martin Haufe im Schlaf. Ein Mann mit kurz geschorenen Haaren und Springerstiefeln tritt ihm zehn, fünfzehn Mal ins Gesicht. Martin Haufe weiß nicht, wie ihm geschieht. Er fährt erschrocken hoch und sackt unter den Tritten gleich wieder zusammen. „Ich wusste gar nicht, was los war", erzählt er. „Wir haben fest geschlafen und auf einmal tritt da jemand wie verrückt auf mich ein." Martin Haufe sieht auf dem linken Auge nichts mehr, die linke Gesichtshälfte ist geschwollen. „Außerdem hatte ich an der Stirn noch drei Platzwunden", erinnert er sich. Den Angreifer erkennt er gerade noch so. Seine Freunde sind noch nicht richtig wach, da ist alles vorbei. Die drei Teenager aus Bischofswerda wollten in einem Servicepoint der Sparkasse in Zittau schlafen. Vorher hatten sie ein Konzert besucht. Ihr Zug nach Bischofswerda fährt erst am frühen Morgen. Also legen sie sich neben die Geldautomaten, um wenigstens ein paar Stunden zu schlafen. Draußen ist es empfindlich kalt, und Geld für eine Pension haben sie nicht. Den drei Gymnasiasten ist anzusehen, dass sie der linken Szene angehören. Der 17-jährige Martin Haufe ist Punk.

Das passt dem Angreifer nicht. Seinem Äußeren nach war der Schläger eindeutig dem rechten Spektrum zuzuordnen, sagt Martin Haufe. „Der hatte dieses typische Aussehen. Nicht die auffällige Bomberjacke, aber zum Beispiel dieses N mit einem Kreis drumherum", erinnert sich der junge Mann. Eines jener Zeichen, von denen viele Bürger nicht wissen, dass dahinter eine klare Aussage steckt: Sympathie für den Nationalsozialismus.

Benommen taumelt Martin Haufe nach dem Überfall, gestützt von seinen Freunden, in den Club zurück, in dem das Konzert stattfand. Sie haben Glück. Er ist noch geöffnet. Sie treffen eine Bekannte, die einen Krankenwagen ruft. Der Täter kann problemlos ermittelt werden. Er ist offenbar nicht mit Weitsicht gesegnet. Bevor er auf Martin Haufe eintrat, hatte er Geld am Automaten abgehoben. Überwachungskameras filmten ihn. Darüber muss Martin Haufe heute grinsen. Bei der Gerichtsverhandlung zeigt sich dann eindeutig das Milieu des Täters. Im Zuschauerraum sitzen seine Freunde, alle tragen Kleidung von Thor Steinar. „Die haben dann auch fleißig Fotos von mir und meinen Freunden gemacht", sagt Martin Haufe. Die Methode heißt bei Rechtsextremisten „Anti-Antifa". Politische Gegner werden registriert, Informationen über sie gesammelt. In rechten Fanzines oder im Internet werden sie dann an den Pranger gestellt und so zu möglichen Zielobjekten für gewaltbereite Rechtsextremisten.

Zwei Monate nach dem Überfall auf Martin Haufe traf es zwei Freunde von Haufe in Bischofswerda in Sachsen. Sie waren zufällig nachts auf dem Heimweg, als plötzlich ein Auto neben ihnen hielt, vier Personen heraussprangen und sie zusammenschlugen. Am Bahnhof von Bischofswerda erwischte es einen anderen Freund. Der Bahnhof von Bischofswerda war vor drei Jahren fest in rechter Hand. Wie es heute ist, kann Martin Haufe nicht sagen. „Wenn wir zu Konzerten gefahren sind, dann sind wir mindestens zu zehnt zum Zug gegangen", sagt er, „alleine konnte man dort nicht entlanggehen." Das Risiko war zu hoch. „Die Rechten waren keine besonders intelligenten Typen", fährt Haufe fort, „die haben sich meist besoffen und sind dann gewalttätig geworden." Eine organisierte Clique oder Kameradschaft sei das nicht gewesen, die jungen Männer entsprachen noch dem Klischee vom alkoholisierten Nazi-Skinhead. Das verbindende Band war dumpfer Hass auf alle, die anders waren. Linke, nicht-rechte Jugendliche und Ausländer waren die Feinde. Aber es gab Ausnahmen. Der Treff der rechten Clique am Bahnhof in Bischofswerda war ausgerechnet eine Dönerbude. Hier tranken sie sich Mut an. Den Mann hinter dem Tresen mit der dunklen Haut verschonten sie. Dafür warfen sie einen Molotowcocktail ins Asylbewerberheim in Bischofswerda. Der Bahnhof war eine Gefahrenzone für Jugendliche, die von der rechten Norm abwichen. „Es war keine No-go-Area", erinnert sich Haufe, „aber wir haben schon unser Verhalten der Bedrohung angepasst." Junge Menschen wie Martin Haufe sind in manchen Orten Freiwild. „Das größte Problem, das wir haben, ist die Gewalt gegen Andersdenkende", sagt Staatsanwältin Petra Frohberg, die in Sachsen rechtsextreme Straftaten verfolgt.

Drei Jahre ist es her, dass Martin Haufe dieses Leben auf der Hut führte. Damals, 2004, war er siebzehn. Heute spricht er gelassen von dem Übergriff. Das Auge ist wieder in Ordnung. Er erlitt keine dauerhaften Schäden, hat Glück gehabt. Das Geschehene ist verarbeitet, Angst hat er nicht mehr, sagt er. Früher, als er noch in Bischofswerda wohnte, war das anders. Martin Haufe ist nach Leipzig gezogen. Er ist einer von den vielen, die Kleinstädte wie Bischofswerda verlassen, um in Großstädten wie Leipzig oder Dresden zu arbeiten oder zu studieren. Viele gehen gleich in den Westen. Es sind die Jungen und Hochqualifizierten, die ihre ländliche Heimat im Osten verlassen. Zurück bleiben junge Männer mit schlechter Ausbildung und wenig Chancen. „Das ist ein Problem", sagt Martin Haufe, „wenn alle gehen, die Abitur haben, dann bleibt nur der Bodensatz, wenn ich das mal so sagen darf." Am Gymnasium von Bischofswerda gebe es beispielsweise keine rechten Jugendlichen. „Dort haben sie keine Chance anzudocken", sagt Haufe. Doch die meisten Gymnasiasten verlassen spätestens nach dem Zivildienst ihre Heimatstadt. Nach dem Studium kehrt kaum einer zurück.

„In Leipzig fühle ich mich schon sicherer", sagt Haufe. Anonymer sei es hier, die Szenen nicht so strikt getrennt. Der Zwanzigjährige ist kein Punk mehr. Mit seiner schwarz gerahmten Brille, der Schiebermütze und seinem Kinnbart sieht er aus wie ein junger Bohemien. Er interessiert sich für Malerei. Oft ist er in der alten Baumwollspinnerei, wo die Maler der „Neuen Leipziger Schule" ihre Ateliers haben. Das ist eine andere Welt als Bischofswerda, bunter, freier. Eine, in der er sich anders als in seiner alten Heimat ausprobieren kann. In Leipzig machte er sein Abitur nach. Haufe hatte das Gymnasium abgebrochen und eine Lehre als Mediengestalter absolviert. Nach dem Zivildienst will er studieren. Was genau, weiß er noch nicht. In Richtung Kunst könnte es gehen. Die Maler in der alten Baumwollspinnerei haben ihm einen neuen Horizont gezeichnet.

Der junge Mann sitzt in einer Szenekneipe im Süden, wo Cafés und kleine Läden einem alternativen Lebensgefühl Raum geben. Während des Gesprächs klingelt sein Handy. Eine Freundin, die gerade in Australien arbeitet, will ihn sprechen. Er verspricht, nach dem Interview zurückzurufen. Seine Gedanken kreisen häufiger um Australien als um Bischofswerda. Das hat er zurückgelassen.

Zuhause

Jeremias hat sich an die Feindseligkeiten gewöhnt. Er rechnet mit ihnen. So wie man sich warm anzieht, wenn der Wetterbericht kalte Tage voraussagt. Seit er 1988 aus Mosambik in die DDR kam, hat er immer wieder den Hass zu spüren bekommen. Hass auf seine braune Haut. Im Kabelwerk Oberspree gab es den Kollegen Frank, der die Bleibarren absichtlich so stapelte, dass sie Jeremias auf den Fuß fielen. Dem Vorarbeiter sagte Frank, dass das nur Spaß sein sollte. Jeremias blutete nach dem Spaß der Fuß. Für Jeremias hatte Frank eine andere Erklärung: „Neger, ab nach Afrika, uh uh." Das war 1991. Jeremias kam es nach der Wiedervereinigung so vor, als gäbe es einen Nachholbedarf an Rassismus in dem neuen Deutschland. Als er kurz nach der Wende mit drei Freunden aus der Nähe von Cottbus zurück nach Berlin fuhr, stieg eine Gruppe in Bomberjacken und Springerstiefeln in den Regionalzug ein. Zuerst sprühten sie vier Flaschen Reizgas vor Jeremias und seinen Freunden aus, dann traten sie zu, in den Bauch, gegen die Brust, an den Kopf. Jeremias versuchte, seinen Freund Joaquin abzuschirmen, der vor einem Monat am Schienbein operiert worden war. Nach dem Überfall musste Joaquin erneut operiert werden. Jeremias war nach dem Angriff zwei Monate lang krankgeschrieben. Nach diesem Tag war nichts mehr wie davor. „Ich hatte ständig Angst, eine Bahn zu benutzen", sagt Jeremias.

Seither ist er auf der Hut. „Ich geh in gar keine Diskothek, in gar keine Clubs, ich gehe selten ins Kino, weil ich

Angst habe, dass ich während des Films im Dunkeln eine wenig nette Begegnung habe", sagt er, „öffentliche Verkehrsmittel meide ich noch immer." Jeremias ist 45 Jahre alt, ein charmanter Plauderer, warme Augen, sanfte Stimme. Seine geschliffenen Formulierungen erzählen von der langen Zeit in Deutschland. Er zählt seine persönlichen Vorsichtsmaßnahmen so routiniert auf, wie es eine Hausfrau mit ihrem Wocheneinkauf tun würde. Er meidet bestimmte Stadtteile. „Das sind die berühmten No-go-Areas", sagt Jeremias, „Lichtenberg, Hohenschönhausen, Marzahn, Hellersdorf, ich würde keinem mit meiner Hautfarbe empfehlen, sich dort frei zu bewegen." Wenn er im Osten der Stadt mit der Bahn fährt, spürt er, wie Beklemmung durch den Körper kriecht. „Bis Friedrichshain fühle ich mich noch zu Hause", sagt Jeremias, „aber im Prenzlauer Berg fängt es an, nach Pankow traue ich mich nicht." Wenn er zurück in den Westen fährt, spürt er, wie die Angst abfließt. „Wenn ich von der Warschauer Straße nach Kreuzberg fahre, habe ich das Gefühl, dass sich ein Tor öffnet."

Jeremias geht es wie vielen, die rechte Gewalt erlebt haben. Die Angst bleibt. Aber seine Vorsicht ist nicht das Ergebnis von Traumatisierung, sie wird durch viele kleine Nadelstiche wachgehalten. „Was ich oft erlebe, ist das Spucken", erzählt Jeremias, „sie gucken mich an, und sofort wird auf den Boden gespuckt." Er imitiert das Ausspucken, sein Gesicht ist jetzt voll Abscheu. Das sind ganz normale Berliner, junge wie alte. Es ist eine lange Liste kleinerer und größerer Gemeinheiten, die sich durch sein Leben zieht. In einem Internetcafé in der Waidlingstraße kriegt er von einem Gast zu hören: „Sprich mich nicht an, du Kohlkasten!" In den Einkaufszentren pöbeln sie ihn mit „Neger" an. Jeremias erinnert sich an das Bierfest am Frankfurter Tor. Gern würde er hinübergehen und mit den Deutschen feiern, aber Feste sind gefährliche Orte. Es wird Alkohol getrunken, die Menge bietet Tätern Schutz. „Man möchte auch die Wärme vom Bierfest spüren, aber statt mich unter die Menge zu mischen, bleibe ich lieber in dem afrikanischen Laden und beobachte, wie die Menschen sich freuen." Was er sieht, bestätigt Jeremias in seiner Vorsicht. Zwei betrunkene Afrikaner torkeln über das Fest. Sie torkeln, aber sie sind friedlich. Ein Weißer spricht die beiden an, im nächsten Moment schlägt der Mann einen der beiden Schwarzen zu Boden. Der andere Schwarze flüchtet. Ein Afrikaner läuft aus dem Laden und stellt den Schläger zur Rede. Auch er wird zu Boden geschlagen. Jeremias verlässt den Laden und geht nach Hause.

Das ist das eine Gesicht, das Jeremias von Deutschland kennen gelernt hat. Das andere hat ihn glücklich gemacht. Zwölf Jahre war er mit seiner deutschen Frau zusammen, als sich die Sekretärin von ihm trennte. Sie hatten viele Freunde. Deutsche und Ausländer. Mit der Trennung beginnt der große Ärger. Jeremias muss schnell ausziehen, er findet eine kleine Wohnung in Lichtenberg, nicht schön, aber günstig und vor allem frei. Ein Nachbar begrüßt ihn im Hausflur: „Warum geben sie dem Neger den Briefkasten?" Im Sommer 2006 bewirbt sich Jeremias um eine frei gewordene Wohnung im selben Haus. Eine größere, in besserem Zustand als seine. Die Hausverwaltung stimmt zu. Nur ein junges Paar will das nicht akzeptieren. Sie beschweren sich bei der Frau von der Wohnungsgesellschaft: „Warum kriegt der Neger die Wohnung und nicht wir?" Jeremias will keinen Ärger. Er sagt die neue Wohnung ab. „Ich dachte, wenn ich Wind mache, werde ich keine Freunde im Haus haben", sagt Jeremias, „ich wollte kein böses Blut." Er glaubt, dass er damit seine Ruhe hat. Das junge Paar bekommt die Wohnung trotzdem nicht.

Er kocht sich gerade etwas, zieht sich an und geht in den Laden, um Farbe zu kaufen. Er will seine alte Wohnung schönmachen, wenn er schon auf die neue verzichtet. Als er zurückkommt, zuckt er zusammen. Das Schloss seiner Wohnungstür ist zerstört, so als habe jemand mit einem Schraubenzieher darin herumgestochert. In die Türritzen ist Klebstoff geschmiert. Mit schwarzem Edding steht auf der Tür: „Hau endlich ab, du Schmarotzer! Kein Wunder, dass Deutschland immer ärmer wird." Jeremias ruft die Polizei. Die beiden Beamten kommen, aber sie machen nicht den Anschein, als seien sie besonders an dem Fall interessiert. „Ich kann Sie nicht verstehen", blafft der ältere Polizist. „Akustisch oder grammatikalisch?", fragt Jeremias. Sein Deutsch ist akzentfreier als der Berliner Dialekt. Der Polizist antwortet, dass er nicht zum Spaß hier sei. Der Fall sollte selbst für Polizeischüler keine allzu große Herausforderung sein. Das Haus kann nur betreten, wer einen Schlüssel hat. Als Täter kommen also nur Bewohner in Frage. Es gibt Tatverdächtige, die ein Motiv haben, weil sie sich rassistisch geäußert haben. Doch die Beamten nehmen keine Fingerabdrücke, sie befragen nicht mal die Nachbarn. Sie händigen Jeremias die Anzeige aus und sind wieder weg.

Es bleibt nicht bei der Sachbeschädigung. Jeremias findet einen Brief im Kasten, anonym, ebenfalls mit schwarzem Edding geschrieben. Mit dem gleichen Spruch, den er auf seiner Tür fand. Jeremias zeigt den Brief der Frau von der Wohnungsgesellschaft. Er macht eine weitere Anzeige bei der Polizei in Tempelhof. Die Schmähungen sind bedrohlich, aber er denkt: „Ich bin Härteres gewöhnt." Es ist sein Zuhause, er hat niemandem etwas getan, will sich nicht vertreiben lassen. Jeremias besucht seine Schwester. Einige Tage ist er weg. Als er zurückkommt, ist das Schloss an seiner Tür erneut beschädigt. Jeremias findet zwei weitere Briefe: „Du Schmarotzer. Raus hier!" Noch einmal verklebt der unbekannte Täter die Tür. Noch einmal kommt die Polizei. Diesmal fragt ein Polizist: „Haben Sie Feinde?" Jeremias erzählt von dem jungen Paar, welches sich darüber beschwert hatte, dass der Neger die schöne Wohnung kriegen sollte. Und von dem Nachbarn, der etwas dagegen hatte, dass der Neger einen Briefkasten benutzte. Im Flur versammeln sich einige Hausbewohner. Die Polizisten fragen, ob jemand etwas bemerkt hat. Keiner hat was gesehen. Keiner hat was gehört. Zweimal bekommt Jeremias später Post von der Staatsanwaltschaft. Zwei Mal wird das Verfahren gegen Unbekannt eingestellt, weil der Schmierfink nicht zu ermitteln ist. In einem Brief entschuldigt sich die Polizei, dass die Beamten, die beim ersten Mal zu Jeremias kamen, nichts unternommen haben. In dem Brief steht auch, dass Jeremias Anzeige erstatten könne gegen die Polizisten. Aber er will sie nicht anzeigen. Er will, dass der Psychoterror aufhört.

Die anonymen Schmierereien tragen nicht die Handschrift organisierter Rechtsextremisten. Sie sind wohl eher eine kriminelle Form von Alltagsrassismus. Der Täter ist bereit, für seinen Ausländerhass Straftaten zu begehen. Er handelt im Namen einer deutschen Volksgemeinschaft, was den persönlichen Angriff zu einer politisch motivierten Straftat werden lässt. Es ist der Versuch, wenigstens die Hausgemeinschaft ethnisch zu reinigen. Schwer zu sagen, ob diese offensive Ausländerfeindlichkeit der Humus für rechte Wahlerfolge ist, oder ob die Dreistigkeit davon zeugt, dass die Saat des erstarkten Rechtsextremismus bereits Früchte im Alltag trägt, dass jetzt auf Stimmungen und Stimmen Taten folgen. Der feige Täter hat Jeremias zermürbt. Die eigenen vier Wände bieten keine Sicherheit mehr. Immer wieder fordern Politiker, man dürfe Problem-Stadtteile nicht aufgeben und den Rechten überlassen. Das hört sich gut an und sagt sich leicht, wenn man selbst nicht den Kopf hinhalten muss. Jeremias will Lichtenberg verlassen. Er besichtigt eine Wohnung nach der anderen. Ein neues Zuhause muss nicht allzu viel bieten. Balkon, Bad, Aussicht? Alles egal. Die neue Wohnung sollte nur eine sichere Tür haben, die er hinter sich schließen kann.

Doppeltes Hassobjekt

Seinen 16. Geburtstag wird Michael nicht vergessen. Das einzig Schöne an diesem Tag ist, dass er ihn überlebt hat. Michael hat im Juni 2005 seine Freunde in den Stadtpark von Fürstenwalde eingeladen. Sie liegen auf der Wiese, hören Punk-Rock und trinken Bier. Sie sind eine Gruppe von 20 jungen Leuten, bunte Haare, Irokesen, Lederjacken. Sie bekommen Besuch. Die örtliche Kameradschaft hat Späher auf dem Fahrrad ausgeschickt. Die Kameraden beschimpfen die Geburtstagsrunde als Zeckenpack. Sie liefern sich ein verbales Gefecht. Dann wird es handgreiflich. Einige von Michaels Freunden rennen den Fahrrädern hinterher, die Radfahrer teilen Schläge aus. Die Kameraden warten bis zum Abend. Immer mehr Jugendliche verlassen Michaels Party. Am Ende sind es nur noch vier Jungen und ein paar Mädchen im Park. Jetzt sind sie wehrlos genug.

Karsten K., 23, hat sich am Bahnhof mit „Sieg heil"-Rufen in Stimmung gebracht. Er ist vorbestraft, wegen Diebstahl, Drogenbesitz und anderen Delikten. Zusammen mit einem guten Dutzend Kameraden versammelt er sich unter einer Laterne im Stadtpark, ein Teil mit Bomberjacken, einige ziehen Schlagringe über. Sie drehen ihren Rechts-Rock auf, in Sichtweite der wenigen, die von Michaels Punk-Picknick übrig geblieben sind. Es ist nach halb zwölf in der Nacht, Zeit für den Angriff. Karsten K. marschiert los, an seiner Seite auch Denny E., 24, Hartz-IV-Empfänger und Teilnehmer an rechtsextremen Demonstrationen. Er ist verlobt und hat ein Kind. Nicole S. ist erst 18. Ronald H. ist 21, arbeitet bei Edeka. Der Angriff beginnt mit den Worten: „Ihr roten Schweine, Scheiß-Zeckenpack, das ist unser Deutschland." Michael hat sie kommen sehen. Eilig schicken die Jungs auf der Wiese die Mädchen in den angrenzenden Wald, damit die sich verstecken. Die Angreifer wählen Michael aus, vielleicht, weil er nicht nur einen Irokesenschnitt hat, sondern auch noch dunkle Haut. Er ist ein doppeltes Hass-Objekt.

Michael wird von einer Faust im Gesicht getroffen, er schlägt zurück. Dann wird er zu Boden geschubst. Im nächsten Moment schlägt ihm ein Angreifer eine Flasche auf den Kopf. „Ich war nicht k. o., ich hab geblutet, es war warm, es war o. k." Michael sitzt in einer kleinen Wohnung in Fürstenwalde, ein bulliger junger Mann mit verstörenden Worten. Er hört sich an, als wolle er den Schrecken in sich bekämpfen, indem er kleinredet, was ihm hätte das Leben kosten können. Nach dem Schlag mit der Flasche fallen die Schläger über die anderen her. Schlagen und treten zu. Michael flüchtet sich in den Wald. Später wird die Platzwunde auf dem Schädel mit mehreren Stichen genäht. Drei Tage muss er im Krankenhaus bleiben.

Bei dem Prozess gegen die vier Angeklagten gesteht nur Ronald H. einen Schlag ein. Die anderen drei leugnen die Tat. Ronald H., der sich halbherzig entschuldigt, kommt für die gefährliche Körperverletzung mit einer Freiheitsstrafe von einem Jahr und sechs Monaten auf Bewährung davon, der Vorbestrafte Karsten K. wird zu einer Haftstrafe von zwei Jahren und acht Monaten verurteilt. Denny E. und Nicole S. werden aus Mangel an Beweisen freigesprochen. Wie bei vielen rechten Gewalttaten, die in Gruppen begangen werden, ist es auch in diesem Fall schwer, einzelne Schläge und Tritte eindeutig einem Täter zuzuordnen. Die Opfer sind in

Panik, schützen in der Regel mit den Händen ihr Gesicht und können nicht genau erkennen, wer genau wann und wie zutritt. An allen Verhandlungstagen sitzen im Publikum rechte Kameraden, um die Moral der Angeklagten zu stützen. „Ich empfand die rechte Präsenz im Gerichtssaal als massiv", erinnert sich Prozessbeobachterin Gesa Köbberling, „es war bei fast allen Terminen eine Frau unter den Zuschauern, die sowohl enge Kontakte zur NPD haben soll als auch Zeugen und Angeklagte kannte." Köbberling beobachtet für den Verein Opferperspektive regelmäßig Prozesse gegen rechte Straftäter. Sie stand Michael in dieser schwierigen Zeit zur Seite. Für sie hat der Aufmarsch der Kameraden im Gerichtssaal immer auch eine einschüchternde Wirkung auf Zeugen. „Guck mal, der Neger ist auch da", begrüßen sie Michael in den Verhandlungspausen. Die Präsenz im Gerichtssaal spricht für gefestigte rechte Strukturen in Fürstenwalde. Die Botschaft ist: Ihr seid nicht allein, wir stehen Seite an Seite.

Michael war als kleiner Junge auf dem Heimweg von der Grundschule, als ihn ohne Vorwarnung ein Erwachsener, vielleicht Mitte 20, von hinten umtrat. Da wusste er, was Rassismus ist. Seit er als Jugendlicher die Lederjacke und schwere Stiefel anzog, gibt es auf der Straße und in der Bahn zwei Arten von Pöbeleien: „Neger" und „Zecke". 20 bis 25 rechte Gesichter kennt Michael von der Straße, an der Kleidung sind sie nicht mehr zu erkennen. Michael betritt manche Kneipen nur in Begleitung von Freunden. „Eine Kneipe ist total tabu, da zahl ich für ein Pils zweiachtzig und krieg einen Krankenhausaufenthalt gratis dazu." Früher ist Michael dem Ärger bewusst aus dem Weg gegangen. Hat um Straßen einen Bogen gemacht, in denen er Neonazis vermutete. „Ich hab mir das irgendwann abgewöhnt. Ich bin Bürger dieser Stadt und ich kann hingehen, wo ich will." Trotzig hört sich das an. Und fatalistisch, wenn er hinzufügt: „Wenn ich allein

über die Straße gehe, rechne ich damit, dass etwas passiert."
Dahinter steckt eine einfache Gleichung: Wer mit dem
Schlimmsten rechnet, kann nur gewinnen. Für Michael gibt
es nur zwei Möglichkeiten: Aufgeben und wegziehen oder
dableiben und mit der Gefahr leben. Fürstenwalde hat nicht
viel zu bieten: In der Einkaufsstraße reihen sich Billigläden
aneinander, am Kiosk verkaufen sie Bier aus Polen für 59
Cent die Flasche, einheimisches kostet 69 Cent. Die Spree
fließt verhalten schön durchs Land. Aber Michael hat hier
Familie, Freunde, seinen Jugendclub. Er weiß, dass er tags-
über wenig zu befürchten hat, da arbeiten auch viele rechte
Schläger. Gefährlich wird es abends und an den Wochenenden. Aber Michael will nicht mehr Opfer sein. Er hat sich
dafür entschieden, zurückzuschlagen, wenn ihm einer dumm
kommt. Auf die Gefahr hin, dass er wieder im Krankenhaus
landet, wenn ihm mehrere dumm kommen. Das ist dann
eben so. Er trägt eine Stärke zur Schau, hinter der sich die
Verwundungen der Vergangenheit verstecken.

Die Täter vom Stadtpark sind gefasst worden. Hat das
etwas verändert in Fürstenwalde? Sind die Rechten vorsichtiger geworden? Der Verfassungsschutz führt Fürstenwalde
in Brandenburg weiterhin als rechte Hochburg. Die NPD ist
in der Region mit ihrem Bundesparteisprecher Klaus Beier
aktiv. Im vergangenen Jahr, einige Zeit nach dem Überfall im
Park, besucht Michael ein Reggae-Konzert auf dem Marktplatz. Zwei Freunde aus Hamburg sind zu Besuch, beide dun-
kelhäutig. Auch die Nazis sind auf den Marktplatz gekommen. Nicht wegen der Musik, sondern wegen der Besucher.
Sie pöbeln, aber Michael lässt sich nicht provozieren. Gegen
ein Uhr in der Nacht geht Michael mit seinen Freunden,
einer Gruppe von etwa 15 Leuten, durch die Stadt, um in
einer Wohnung weiterzufeiern. Sie nehmen den falschen
Weg. An einer Bank warten zehn Rechte. Michaels Freunde

sind schon vorbei an der Bank, da werden sie angegriffen. „Einen Kumpel von mir haben sie von hinten gewürgt", erzählt Michael. Sie laufen weg, aber nicht alle schaffen es. Ein Freund wird getreten, einer geschlagen, Handys gehen kaputt. Michael erzählt das in dem gleichmütigen Ton, den er sich für diese Erlebnisse angewöhnt hat: „Wenn man bedenkt, wie viele die waren, ist erstaunlich wenig passiert, da hätten sie schon mehr anrichten können." Das soll heißen: Glück gehabt, aber auch: Ihr macht mir keine Angst. Verstörend klingt, was Michael über sein Leben in Fürstenwalde sagt: „Ich hab mich gut damit abgefunden." Nicht nur er. Die Polizei wird auf die nächtliche Hetzjagd aufmerksam. Sie verfolgen die Schläger und sprechen mit den Opfern. Von einem Zivilpolizisten bekommt Michael zu hören: „Ihr seid doch selber schuld, warum rennt ihr um diese Uhrzeit noch herum?"

Stadtflucht

Frei wollten sie sein und auch anders als die anderen. David Schmidt und Robert Dietrich versuchten, Punks zu sein in Dresden. Sie machten Musik in einer Band. Laute Gitarren in kleinen Jugendclubs. Ihre Rebellion war eher harmlos als erschreckend. David trug bunte Dreadlocks, aber nur ganz kurz, wie ein zurechtgestutzter Bob Marley. Robert föhnte sich die schwarzen Haare hoch, zwängte sich in enge Hosen, dazu Lederjacke und T-Shirts, auf denen er sich Chaot nannte. David trägt die Haare heute kurz, er ist Vereinsvorsitzender von Noteingang e. V., einem alternativen Jugendclub in Radebeul bei Dresden, wo er in einem containerartigen Gebäude neben einer Lagerhalle Konzerte und Partys veranstaltet und Jugendlichen die Möglichkeit bietet, sich an

Instrumenten auszuprobieren. Robert, 22, ist in den Westen gezogen, nach Hagen in Westfalen, wo er als Krankenpfleger arbeitet. Die vergangenen Jahre in Dresden sind ihre Jugend. In ihrer Erinnerung laufen sie häufig weg vor Leuten, denen sie nicht deutsch genug aussahen. Nicht immer hat das geklappt.

David steht wieder an der Bushaltestelle am S-Bahnhof Trachau, einem Randbezirk von Dresden, wo die Hauptstraße von flachen Mietkasernen eingesäumt wird. Es ist eine normale Wohngegend, kein Ort zum Fürchten. Der Angriff, bei dem sie mit Fäusten und Tritten die Lamellen in seiner Nase brachen, liegt mehr als vier Jahre zurück, seither hat David abends Orte wie diesen gemieden, auch Straßenbahnen und Kneipen, die er nicht kannte. Damals war er mit seiner Cousine auf dem Weg nach Hause. Zum Verhängnis wurden ihm die Dreadlocks und eine Cordjacke. David sah die Jugendlichen in der Straßenbahn, die wohl auf dem Heimweg von der Disco waren. Die Gruppe, mit Bomberjacken und Turnschuhen, sah ihn umgekehrt auch. Sie stiegen aus der Bahn, David war klar, dass es Ärger geben würde. „Zecke", riefen sie, dann setzte es Schläge. Als David auf eine Bank stolperte, traten sie zu. Seine Nase konnte er nicht schützen. Nach ein, zwei Minuten waren sie fertig mit ihm und rannten weg. „Drum herum standen Leute. Von denen kam keine Reaktion", sagt David, „sie haben mir nicht mal ein Taschentuch gereicht. Man schämt sich, wenn man so gedemütigt wird, man hofft, dass einer kommt und hilft." Während er sich an die Nacht erinnert, laufen zwei junge Männer an der Haltestelle vorbei, mit Army-Hosen und Turnschuhen. „So sahen die damals aus", sagt David, „rechter Mainstream."

David machte damals eine Anzeige, die Soko Rex, eine Spezialeinheit der Polizei gegen rechte Gewalttäter, hatte einige der Täter bereits in ihrer Kartei. David erkannte sie auf Fotos. In einem Prozess erhielten die Schläger Jugendstrafen. „Ich fand es kurios, weil die alle aus ganz normalen Elternhäusern kamen, aus einer ländlichen Gegend", erinnert sich David, „die hatten normale Schulabschlüsse, einige eine Lehrstelle, andere nicht." Für die Täter war das Prügeln von anderen so normal wie für David und Robert die Möglichkeit, verprügelt zu werden.

Robert erinnert sich an seine Schule in einem Vorort von Dresden. „Wer anders war, wurde angepöbelt", sagt er, „eine Vietnamesin war fast jeden Tag dran, die haben sie an den Haaren gezogen und solche Sachen." Wenn Robert sich mal bei den Lehrern beschwerte, bekam er zu hören: „Dann zieh dich eben anders an!" Nachmittags in Dresden war es nicht besser. Bei jedem Gang durch die Prager Straße musste er wachsam sein, nach links und rechts, vorne und hinten gucken, wer sich ihm nähert. Denn wenn ihn die falschen Leute erkannten, jagten sie ihn durch die Fußgängerzone. „Das waren zum Beispiel Hooligans, die ich vom Fußball kannte", sagt Robert, der in der Jugendmannschaft von Dynamo Dresden spielte. Stadtteile wie Prohlis und Gorbis waren für ihn absolut tabu. Nie wäre er in eine Großraum-Disco am Stadtrand gegangen. „Die Nazis in Dresden haben nicht gepöbelt, sondern sofort zugeschlagen", sagt Robert. Millionen Besucher verbinden mit Dresden die barocke Schönheit von Frauenkirche und Zwinger. Für Robert war Dresden ein gefährliches Pflaster.

Beim Elbhangfest versagte sein Kontrollsystem. An einer Kreuzung tauchten aus der Menge etwa 20 junge Männer und Frauen auf. Robert bemerkte sie erst, als ihn die ersten Faustschläge trafen. Er stürzte zu Boden. Um ihn herum erkannte er Springerstiefel, drei Jungen, zwei Mädchen. Robert sah, wie ein Türke einige Meter weiter von Schlägen getroffen wurde und nach hinten flog. Robert rappelte sich auf und flüchtete in eine Polizeiwache. Blut tropfte aus vielen Wunden. Robert erzählte einer Beamtin von dem Überfall. Ihre erste Reaktion nach einem kurzen Blick auf das T-Shirt, auf dem „Chaot" stand: „Dann zieh dich nicht so an!" Das Verhalten der Polizistin ist kein Einzelfall. „Es gibt eine Hierarchie der Opfer", beklagt die Berliner Expertin Sabine Seyb, „es macht einen großen Unterschied, ob ein Juso verprügelt wird oder ein Punk." Robert hatte Glück, er kam mit Schürfwunden davon. Seinen Freund schleiften die Schläger an den Haaren zum Blauen Wunder, einer Kreuzung, wo sie ihn übel zurichteten. Er wurde später im Krankenhaus zusammengeflickt, auf eine Anzeige verzichtete er, aus Angst.

Wenn Robert und David irgendwo mit ihrer Band auftraten, begleitete sie immer die Frage: „Wird es Ärger geben?" Bei einem Konzert in einem Jugendclub in Sebnitz standen mehr als hundert Neonazis vor der Tür. Übers Internet hatten sich die Kameraden verabredet, um bei dem Punk-Konzert Präsenz zu zeigen. Kampf um die kulturelle Hegemonie bedeutet auch, die Veranstaltungen des Feindes zu stören. „Sie verbreiten Angst und Unsicherheit", sagt David, „mit Angst kann man nicht fröhlich sein." Später warteten sie an den Tankstellen der Umgebung auf Konzertbesucher.

Seinen 19. Geburtstag feierte Robert in einem kleinen Dorf bei Wilsdruff in Sachsen. Sie hatten ein Haus auf dem Land gemietet, den örtlichen Kameraden blieb das nicht verborgen. Nachts hielten vor dem Haus dunkle Kleintransporter. Das grelle Licht der Scheinwerfer riss die Fassade aus der Finsternis. Von der Ladefläche sprangen schwarz gekleidete Gestalten. Leise schlichen sie um das Haus, rüttelten an Türen, suchten Einlass. Sie kippten Benzin über Fahrräder, wenig später loderten Flammen. Im Haus bewaffneten sich

Robert und seine Freunde mit Bierflaschen, das Licht war aus, keiner bewegte sich, die Mädchen wimmerten. Nach zwei Stunden zogen die dunklen Gestalten wieder ab. Weitere Stunden vergingen, bis im Morgengrauen endlich der flehentlich angeforderte Streifenwagen kam. Da war der Spuk lange vorbei.

Das alles kommt Robert inzwischen vor wie ein finsterer Traum. Er hat die barocken Schönheiten von Dresden eingetauscht gegen die grauen Nachkriegsbauten von Hagen. Der Krankenpfleger entdeckt in seiner Wahlheimat ein neues Lebensgefühl. „Hier wird es akzeptiert, wenn jemand anders aussieht." Wenn er von der Arbeit kommt und durch die Fußgängerzone läuft, guckt er sich nicht mehr um. Ab und zu trifft er sogar ein paar Neonazis. Früher wäre er dann weggelaufen. Heute geht er einfach weiter.

Volksfest

Es ist ein schöner, sonniger Tag, als sich das glückliche Leben von Birgit Heller jäh ändert, am 29. August 2003. Gemeinsam mit Jonathan, einem jungen Mann aus Togo, besucht sie das Altstadtfest in Görlitz. Auf dem Marktplatz reihen sich Souvenirläden, Getränke- und Imbissstände aneinander. Es riecht nach gegrilltem Fleisch, Händler preisen ihre Waren an. Das Fest ist sehr gut besucht. Viele Familien nutzen den herrlichen Tag für einen Ausflug in die malerische Innenstadt von Görlitz. Die Stadt mit ihren sorgsam renovierten Baudenkmälern besitzt einen der am besten erhaltenen historischen Stadtkerne Deutschlands. Der Krieg hinterließ hier fast keine Spuren. Auch Birgit Heller und ihr Begleiter genießen den Tag und die freundliche Stimmung auf dem Altstadtfest.

Die Idylle für Birgit Heller und Jonathan verwandelt sich abrupt in Angst, Wut und Enttäuschung. Jonathan wird von vier jungen Männern erst rassistisch beschimpft, dann angespuckt und schließlich angegriffen. „Sie schlugen meinen Begleiter und rissen ihn zu Boden", sagt Birgit Heller, „einer stach mit einer abgebrochenen Flasche auf ihn ein." Die kurz geschorenen Angreifer rufen, der „Nigger" habe hier nichts zu suchen. Der junge Mann aus Togo wird nicht zufällig Opfer. Er ist schwarz. Das ist den Schlägern Grund genug. Birgit Heller gerät in Panik. In großer Angst ruft sie mit ihrem Handy die Polizei. Während sie verzweifelt versucht, Hilfe zu holen, schlagen die vier Männer weiter auf den am Boden liegenden Mann ein. Eine Menschentraube bildet sich. Niemand greift ein. An einem schönen Sommertag mitten in Görlitz: Über 120 000 Menschen besuchten das Altstadtfest, schreiben die Zeitungen am Tag danach.

Trotz ihrer Aufregung gelingt es Birgit Heller, die Polizei zu alarmieren. Nach wenigen Minuten sind Beamte am Tatort und können die vier jungen Männer festnehmen. Jonathan ist verletzt. Mit seiner rechten Hand hat er versucht, seinen Bauch zu schützen, als ein Angreifer mit der abgebrochenen Flasche zustach. Zwei Sehnen an der Hand sind durchtrennt. Er blutet und hat Prellungen. Die Beamten rufen einen Krankenwagen.

Birgit Heller, die ihren wirklichen Namen lieber nicht verraten möchte, ist groß gewachsen, schlank, tiefschwarzes Haar. Ihre 45 Jahre sind ihr nicht anzusehen. Die dunklen Augen mustern den Gesprächspartner genau. Blicken weicht sie nicht aus. Aus der leisen Stimme spricht eine Kraft, die sie in den vergangenen Jahren brauchte, um den Glauben an ihre Mitmenschen nicht zu verlieren. Sie sitzt im Büro von „Amal", einer Beratungsstelle für Opfer rechter Gewalt. Während sie spricht, knetet sie ihre Finger. Birgit Heller wählt jedes Wort mit Bedacht. Gelegentlich unterbricht sie sich selbst, fragt die Opferberater, ob sie alle Fakten richtig wiedergibt. Sie will die Wahrheit erzählen, jede Ungenauigkeit vermeiden.

Sie besuchte Jonathan im Krankenhaus. Er musste ein paar Tage stationär behandelt werden. Er war schockiert über das, was an einem warmen Augusttag in Deutschland vor den Augen vieler Menschen geschehen konnte. „Am Tag nach dem Überfall habe ich in der Zeitung gelesen, dass bei dem Überfall kein rechtsradikaler Hintergrund zu erkennen gewesen sei", sagt Birgit Heller. Noch heute versteht sie nicht, was da geschrieben wurde. Diese Ignoranz in den Worten. Vier junge Männer, 19 und 20 Jahre alt, deren Äußeres schon auf eine rechte Gesinnung schließen lässt, überfallen ohne jeden Grund einen Schwarzen. Warum gerade den Mann aus Togo? Warum nicht einen weißen Deutschen? Die jungen Männer haben die Antwort selbst gegeben: Sie wollten keinen „Nigger" in Görlitz. Was müssen Rechtsextremisten eigentlich anstellen, damit man sie beim Wort nimmt?

Gegen die Täter wird ermittelt. Doch es fehlen Zeugen. Keiner will etwas gesehen oder gehört haben. „Ich habe versucht, Zeugen zu finden", sagt Birgit Heller. Eine Bekannte erzählt ihr einige Tage nach dem Überfall, dass eine Freundin gehört habe, wie ein Angreifer „Heil Hitler!" rief. Birgit Heller besucht die Bekannte, möchte den Namen der Freundin, um sie zu bitten, vor Gericht auszusagen. Doch die Bekannte wehrt ab. „Auf einmal hieß es, so genau habe die Freundin das doch nicht gehört." Sie bekommt weder Namen noch Adresse der möglichen Zeugin. Birgit Heller bleibt vorerst die einzige Zeugin der Anklage. „Ich war enttäuscht und ohnmächtig", erzählt sie ruhig, „ich hatte das Gefühl, außerhalb der Gesellschaft zu stehen." Birgit Hellers Sicht auf Bekannte und Freunde veränderte sich. Sie fühlte sich alleingelassen.

„Vor dem Gerichtstermin hatte ich Angst", erinnert sie sich. Dort musste sie den Tätern gegenübertreten. Deren Freunde würden kommen. Die Kameraden stehen einander bei. Die Görlitzer Zivilgesellschaft tut das nicht. Die Täter erfuhren Birgit Hellers Adresse. Die stand in der Vorladung, die den Tätern zugestellt wurde. Birgit Heller findet das unglaublich: „Ich war die Hauptbelastungszeugin, und die bekommen meinen Namen und meine Anschrift."

Birgit Heller wandte sich an „Amal". Das heißt auf Arabisch Hoffnung. Die brauchte Birgit Heller vor dem Gerichtstermin. Die Leute von der Opferberatung halfen ihr, sich auf ihren Auftritt im Zeugenstand vorzubereiten. Auf der einen Seite wollte Birgit Heller die Bilder der Gewalt vergessen. Andererseits musste sie sich gerade diese Szenen immer wieder ins Gedächtnis zurückrufen, um vor Gericht präzise aussagen zu können. Die Opferberater halfen ihr in langen Gesprächen, den Widerspruch aufzulösen. Birgit Heller schrieb die Einzelheiten des Überfalls auf. So konnte sie Abstand gewinnen und sich gleichzeitig erinnern. Die Mitarbeiter von Amal helfen Opfern und Angehörigen auch bei der Suche nach Anwälten und bei Schmerzensgeldklagen.

Die Justiz kann sich sehr langsam bewegen. Jonathan und Birgit Heller wünschten, dass innerhalb weniger Wochen Anklage erhoben und das Verfahren eröffnet wird. Um abschließen und nach vorn blicken zu können. Doch es dauert Wochen, Monate, drei Jahre. Erst Anfang 2006 kommt es endlich zum Prozess. Die Anklage konnte letztlich doch noch Zeugen finden, die bereit waren auszusagen. Auch Birgit Heller muss in den Zeugenstand. Sie identifiziert die Angreifer eindeutig, unter den Blicken der rechten Kameraden auf den Besuchersitzen. Die Beschuldigten zeigen keine Reue. Sie tischen dem Gericht abenteuerliche Geschichten auf. Einer gibt an, Streit mit dem Opfer gehabt zu haben. An Details will oder kann er sich nicht erinnern. Der Alkohol habe ihm die Sinne vernebelt. Alkohol als Alibi – eine häufig gehörte Verteidigungsstrategie bei rechtsextremer Gewalt.

Das Gericht folgt der Anklage ohne jede Einschränkung. Das „einzige Manko des Opfers", auf das die vier Täter am 29. August 2003 trafen, sei seine schwarze Hautfarbe gewesen, die den Angeklagten „nicht ins Bild des Altstadtfestes passte", heißt es in der Urteilsbegründung. Die Angeklagten hätten durch ein Gefühl der Überlegenheit den einvernehmlichen Beschluss gefasst, den Mann aus Togo zu überfallen, sagt der Staatsanwalt in seinem Plädoyer: „Die Tat ist Ausdruck einer Ausländerfeindlichkeit, die nicht zu überbieten ist." Das Amtsgericht Görlitz verurteilt am 8. Februar 2006 drei der vier Täter wegen gefährlicher Körperverletzung und verhängt Freiheitsstrafen zwischen sechs Monaten und einem Jahr und acht Monaten. Der vierte Angeklagte kommt mit einem Jahr und drei Monaten Jugendstrafe davon, weil das Gericht bei ihm Reifedefizite nicht ausschließen kann. Da keiner der Angeklagten nach der Tat wieder straffällig geworden ist, wird das Urteil zur Bewährung ausgesetzt.

Jonathan leidet bis heute seelisch unter der Attacke, sagt seine Anwältin. Der studierte Kulturmanager und Hobbymaler ist wieder in seiner Heimat. Seit jenem Sommertag kann er den rechten Zeigefinger nicht mehr beugen. Das behindert ihn beim Malen und Schreiben. Birgit Heller ist in Görlitz geblieben. Doch ihr Leben ist nicht mehr wie vorher. „Mein Sicherheitsempfinden ist beeinträchtigt", sagt sie, „ich meide größere Menschenansammlungen oder Volksfeste." Sie ist enttäuscht über die Menschen, mit denen sie zusammenlebt. Birgit Heller möchte nicht, dass geschrieben wird, wo sie arbeitet. Sie befürchtet, dass es nur wieder böses Blut gibt, wenn sie weiter von diesem Sonnentag im August spricht.

3. Ein neuer Kulturkampf

Nur die Ruhe

Die Kisten sind gepackt. Stapel von Kartons verengen die schmale Wohnung zu einem Labyrinth. In einem Monat wird Sven Augstein hier raus sein, aus den engen Räumen, der schmalen Gasse in der Nähe des Marktplatzes, aus der engen Welt von Großenhain in Sachsen. Sven Augstein sitzt im Wohnzimmer. Der schwarze Kapuzenpulli über dem runden Bauch und der buschige Kinnbart passen nicht recht zu dem Aktenordner auf seinen Knien, der sein Scheitern in Großenhain mit bürokratischer Akribie dokumentiert. Er hat für den „Verein zur Förderung alternativer Jugendarbeit" gearbeitet, und er hat verloren. Im Grunde verlässt Sven Augstein seinen Heimatort, weil er mit seinen Vereinskollegen im Conny-Wessmann-Haus von jungen Rechtsextremisten überfallen wurde – und weil die Stadt ihm dafür eine Mitschuld gab.

Sven Augstein ist sicher kein einfacher Mensch. Für manche in Großenhain ist er Querulant, Bürgerschreck und Nervensäge in einem. Vor einiger Zeit versuchte er, gegen den CDU-Bürgermeister zu kandidieren. Aber das war nicht so ganz ernst gemeint, und genügend Unterstützer fand er ohnehin nicht. Für seine Überzeugungen tritt Augstein ansonsten mehr ein, als vielen im Ort lieb ist. Augstein ist bekennender Linker, was immer das heißen mag. Das führte zum Bruch in seiner Familie. „Mein Bruder ist seit Jahren Nazi", sagt Sven Augstein, „für meine Großeltern bin aber ich das schwarze Schaf in der Familie, nicht er." Familientreffen werden so organisiert, dass die Brüder nicht aufeinandertreffen. Sven Augstein trägt seine Gesinnung also nicht nur als Mode spazieren. Er trägt auch die Konsequenzen.

Daher gab es für Augstein im Conny-Wessmann-Haus, wo er Konzerte und Lesungen organisierte, eindeutige Regeln: Keine Akzeptanz rechtsextremer Symbole! Kein Zutritt für bekennende Rechtsextremisten! Das Mobile Beratungsteam Sachsen, mit Bundesgeldern gefördert, bewertet diese Haltung in einem Schreiben an die Stadt so: „Das verdient unsere Unterstützung und Anerkennung." Genau diese Konsequenz wird Augstein von der Stadtführung zum Vorwurf gemacht. Was am 9. September 2006 im Conny-Wessmann-Haus geschah, ist weitgehend unstrittig: Zur Clubnacht lesen diverse Underground-Poeten linke politische Satire, für 50 Zuhörer. In einer Pause, es ist nach 22 Uhr, taucht eine kleine Gruppe junger Männer auf, darunter ein Mitglied vom „Impuls", einem anderen Jugendclub in Großenhain. Einer trägt ein T-Shirt, auf dem steht: „Treu, stolz, deutsch." Ein anderer Kleidung der Marke Thor Steinar, die moderne Rechtsextremisten als Ausdruck ihrer Gesinnung anziehen. Sven Augstein bittet sie zu gehen. Die Männer lamentieren, verlassen das Haus, zücken aber ihre Handys. Eine Stunde später drängt die Verstärkung von 20 bis 30 Personen in den Saal, wieder tragen einige Thor Steinar. Die Künstler weigern sich weiterzulesen. Die Störer fordern Toleranz: „Wir Nazis sind auch eine Rasse." Es folgt eine absurde Diskussion. Augstein bittet die Künstler schließlich weiterzulesen, aber die werden bei ihrem Vortrag lautstark angepöbelt. „Sie haben etwas gerufen wie: ‚Kamerad Tanner, was redest du denn da?!', erinnert sich der Leipziger Szene-Dichter Volly Tanner an jene Nacht. Jemand ruft die Polizei. Die hilft, die ungebetenen Gäste aus dem Saal zu drängen. Sven Augstein und seine Kollegen werden bei dem folgenden Gerangel bedroht und als „Scheiß-Zecken" beschimpft. Unter den friedlichen Gästen macht sich Angst breit.

Es gelingt der Polizei, die Randalierer aus dem Haus zu werfen. Augstein bittet Künstler und Gäste, nach Hause zu gehen. Er selbst bleibt mit einer Gruppe von etwa zehn Kollegen im Haus, um da zu übernachten. Viele von denen, die bleiben, kommen nachts nicht mehr nach Hause, außerdem soll am nächsten Tag gleich aufgeräumt werden. Es ist zwischen ein und zwei Uhr nachts, als Augstein hört, wie von außen gegen die Tür getreten wird. Von draußen sind Drohungen zu hören. Die handeln von „Plattmachen" und „Aufs-Maul-hauen". Dann zerspringen die Fensterscheiben von Küche und Herrentoilette. Durch die Fenster steigen Angreifer ein, bewaffnet mit Metallstangen. Augstein schickt die Mädchen ins Büro, das ist als Einziges mit einer schweren Stahltür geschützt, sie rufen die Polizei, der Rest versucht, die Fenster zu sichern. Die Verteidiger greifen sich Zeltstangen und stellen sich den Eindringlingen in den Weg. Ein Freund von Augstein kriegt eine Stange ab, aber er kann zumindest mit dem Kopf ausweichen. Die Polizei beendet nach einer halben Stunde die Auseinandersetzung, nimmt die Personalien auf, spricht Platzverweise aus. Am nächsten Tag erstatten Augstein und seine Freunde Anzeige.

Vorkommnisse wie die im Conny-Wessmann-Haus hat Bernd Stracke in den vergangenen Jahren immer wieder erlebt. Stracke sitzt 124 Kilometer von Großenhain entfernt in einem rustikalen alten Bauernhaus im Dreiländereck zwischen Deutschland, Polen und Tschechien. Stracke ist groß, hat einen kahlrasierten Schädel und könnte gut den drahtigen rechten Skinhead geben, aber er engagierte sich jahrelang für die Initiative „Augen auf gegen rechts" in der Oberlausitz, heute leitet er die Netzwerkstelle Löbau-Zittau, die die Arbeit gegen den Rechtsextremismus in der Oberlausitz koordinieren soll. Die Stelle ist Teil des Civitas-Programms, mit dem das Bundesministerium für Jugend, Familie und Soziales seit 2002 Vereine und Initiativen in den neuen Ländern finanziell unterstützt. Einerseits sollen die Projekte demokratische Werte in die Orte tragen, andererseits gegen den Rechtsextremismus in den Kommunen angehen. Strackes Conny-Wessmann-Haus heißt „Klinik" und ist ein Jugendclub in Löbau, dessen Kulturprogramm immer wieder von Mitgliedern der Kameradschaft „Odins Legion" gestört wird, mit Rangeleien, Pöbeleien und Einschüchterungen. Es ist der Versuch, die kulturelle Hegemonie im Ort zu erobern, gegen alles, was als nicht deutsch empfunden wird. „Diese Art von Dominierungs-Versuchen kommt häufig vor", sagt Stracke. Das ist eine neue Taktik der Rechtsextremisten. Die NPD propagiert die „Wortergreifungsstrategie". Politische und kulturelle Veranstaltungen werden gezielt sabotiert. So marschierten bei einem Auftritt des türkischen Kabarettisten Serdar Somuncu in Dippoldiswalde vermummte Neonazis mit einem Spruchband auf die Bühne und hinderten den Künstler daran, seine Parodie von Hitlers „Mein Kampf" fortzusetzen. Rechtsextremisten verstecken sich längst nicht mehr, sie kämpfen offen um die Macht in den Städten.

Bernd Stracke ist seit Jahren ein Hassobjekt für die Kameradschaften der Region. Bei dem Fußballturnier „Grenzenlos", zu dem Stracke über Jahre auch Asylbewerber und Gäste aus Polen oder Tschechien einlud, marschierte regelmäßig die Kameradschaft Odins Legion auf. Nicht selten endete die Konfrontation erst nachts im Zeltlager mit dem massiven Einsatz von Polizeikräften aus Chemnitz und einem

Aufgebot von Security-Kräften. „Aber der Abend ist dann gelaufen", sagt Stracke, „es hat keiner getanzt, keiner Spaß gehabt, manche haben Angst und kommen nie wieder zu so einer Veranstaltung. Das ist für die Rechten ein Erfolg." In diesem Kulturkampf versuchen die Kameraden zu kontrollieren, wer oder was sich in den Städten und Orten öffentlich regen darf. Dahinter steht das Konzept von den national befreiten Zonen. Und die Theorie des Sozialisten Antonio Gramsci, wonach der politischen Macht die kulturelle vorausgeht. Bevor man die politische Macht erobern kann, muss man die Macht über den Alltag erobern. Genau das versuchen die Kameradschaften in vielen Regionen.

Die Stadt Großenhain reagiert auf den Überfall im Conny-Wessmann-Haus, indem sie den Angegriffenen einen Brief schickt. Darin schreibt der stellvertretende Bürgermeister Hönicke: „Ich bin nicht gewillt, solche Ausschreitungen, wie sie am 9.9.2006 passiert sind, hinzunehmen, zumal diese Vorkommnisse auch darauf zurückzuführen sind, dass Sie als Veranstalter die Pflicht hatten, Ordner zu stellen, und dieser Pflicht nicht bzw. nur sehr ungenügend nachgekommen sind." Eine bemerkenswerte Analyse der Tat. Immerhin handelte es sich nicht um ein Rock-Konzert, sondern um eine Lesung. Mit einigem Wohlwollen lässt sich die Forderung nach Ordnern bei Lesungen zumindest als ungewöhnlich bezeichnen. Damit nicht genug, zieht die Stadt „aus diesem Vorfall (…) die notwendigen Konsequenzen, als Sanktion auch gegenüber allen anderen Beteiligten aus dem Conny-Wessmann-Haus: Bis auf weiteres wird die Stadtverwaltung Großenhain keine Veranstaltungsgenehmigung mehr erteilen. Open-Air-Veranstaltungen werden 2006 ebenfalls nicht mehr genehmigt. Polizei und Ordnungsamt werden ständige Kontrollen durchführen." Die Konsequenzen der Stadt erinnern an die Geschichte von der vergewaltigten Frau im Minirock, die sich anschließend vorwerfen lassen muss, selbst schuld zu sein, weil sie den Täter durch ihre Kleidung provoziert habe. Die Gewaltnacht ist ein schöner Erfolg für die rechten Täter: Der Veranstaltungsbetrieb im Conny-Wessmann-Haus wird erst mal eingestellt. Die Opfer werden schuldig gesprochen, namentlich Sven Augstein. Später organisiert die Stadt eine Aussprache zwischen Vertretern vom Conny-Wessmann-Haus und dem Impuls, aus dessen Umfeld die Täter stammen. Die beiden Häuser müssen eine Zusammenarbeit vereinbaren. Die Sanktionen gegen beide Clubs werden daraufhin aufgehoben. Der rechtsextreme Charakter der Tat bleibt außen vor. Das Mobile Beratungsteam Sachsen und die Opferberatungsstelle Dresden nennen die Sanktionen gegen die Opfer „eine ungerechtfertigte Reaktion",[12] sie bieten an zu erklären, warum der Angriff eine rechtsextreme Tat war. Die Stadt stellt klar, dass sie vor allem Ruhe haben will. Unterstützt wird die Stadt von der Lokalpresse.[13] Die prangert an, dass „Randale politisch ausgeschlachtet" werde. In einem Kommentar kommt eine Lokalreporterin auf eine simple Ursache für ein komplexes Problem: „Alkohol in den Jugendhäusern". So, als ob rechte Wortmeldungen und Gewalt die natürliche Folge von Alkoholkonsum seien. Es hat den Anschein, als dürfe alles als Erklärung für den Angriff dienen, nur nicht eine rechtsextreme Einstellung der Täter.

Einige Monate nach dem Vorfall verteidigt die Stadt auf Anfrage ihr Vorgehen. In ihrer Argumentation ist schwer auszumachen, wer Täter und wer Opfer ist: „Nach unseren Erkenntnissen hat die eine Seite mit ihrer Bekleidung bewusst oder unbewusst provoziert, die andere Seite (Conny-Wessmann-Haus) hat sich provozieren lassen und überreagiert." Wer Thor Steinar trägt, wisse vermutlich, dass er damit eine rechtsextreme Einstellung symbolisiert, heißt es in der Erklärung. Dennoch gibt die Stadt einen Teil der Schuld Sven Augstein, der zuvor angekündigt habe, Gäste mit dieser Kleidung hinauszuerfen. Politiker und Experten fordern oft Wachsamkeit und klare Grenzen in Bezug auf rechtsextremistische Auftritte. In dieser Sicht hat Sven Augstein sehr konkret Zivilcourage gezeigt. Für die Stadtführung von Großenhain ist er ein Provokateur, der Gewalt heraufbeschworen hat. Sven Augstein hat noch einmal Besuch gekriegt. Auf dem Nachhauseweg lauerten ihm nachts drei der Angreifer vor seinem Haus auf und wurden erst von einer Polizeistreife vertrieben. Zweimal hat sein Briefkasten gebrannt. Bald wird er weg ein. Vielleicht herrscht ja dann wieder Ruhe in Großenhain. Wenn es nach Plänen von Familienministerin Ursula von der Leyen geht, werden die Kommunen bald darüber entscheiden, wer in ihren Orten gegen Rechtsextremismus kämpfen darf. Die Initiativen, die bislang direkt Gelder vom Bund beantragen konnten, sind dann abhängig vom Wohlwollen der Bürgermeister, die der Meinung sind, dass es gar kein Problem mit Rechtsextremisten gibt.

Mit der Haltung der Bürgermeister zu den rechten Kameraden in ihren Orten ringt Sozialarbeiter Bernd Stracke in der Lausitz seit Jahren. „Wenn man an eine Kommune herantritt, an Bürgermeister, Pfarrer, Fußballtrainer, haben die erst mal Angst um das Ansehen des Ortes und versuchen, das wegzureden", sagt Stracke, „das ist ein Reflex." Stracke hat ein Muster ausgemacht, das sich immer wiederholt. Kommt es zu einer rechten Gewalttat und die Medien berichten darüber, werden die Medien als Nestbeschmutzer angeprangert. „Die reden uns Nazis ins Dorf", heißt es dann. Erst wenn der öffentliche Druck zu groß ist, wendet man sich an Experten wie Stracke und gibt zu: „Wir haben ein Problem." Viele ostdeutsche Kommunen sind für freie Kameradschaften ein günstiges Betätigungsfeld. Wie im Westen auch, sind viele Bürgermeister eher unpolitisch und kaum sensibilisiert für rechte Umtriebe wie Sonnenwendfeiern und nationale Fußballturniere, wo dann schon mal Traditionsvereine gegen Mannschaften antreten, die Odins Legion oder White Smashers heißen. Hinzu kommt aber eine spezielle ostdeutsche Mentalität, die Homogenität und Gleichheit als Ideal ansieht. Das ist ein Erbe der DDR. Die Bevölkerungsstruktur hat sich hier nur durch massive Abwanderung verändert, geblieben sind Alte und heimatverbundene, konservative Milieus. Die Einheimischen fühlen sich durch Arbeitslosigkeit kollektiv bedroht. In solchen Orten werden oft nicht die jungen Rechtsextremisten als Gefahr angesehen. Das sind ja die eigenen Jungs. Viel Bedrohlicher wirken auf die Einheimischen solche, die von der Norm abweichen, etwa durch bunte Haare oder dunkle Haut. Wie das aussehen kann, lässt sich etwa in Löbau beobachten, wo sich ein älterer Herr vor einer schwarzen Frau mit Kinderwagen aufbaut und fragt: „Na, wo kommst du denn her?" Die Frau ist irritiert. „Ghana", antwortet sie freundlich. „So, so", gibt der selbsternannte Kontrolleur zurück, erst dann gibt er demonstrativ den Weg frei. Die Befindlichkeit in Löbau lässt sich vor einem Café ablesen, wo anstelle der Speisekarte nur noch ein offener Brief hängt: „Danke, liebe Regierung", heißt es da, die Leute in der Region seien wegen der Politik so arm, dass sie sich nicht mal mehr einen Besuch im Restaurant leisten könnten. Die Belegschaft würde ja gern arbeiten, stattdessen habe das Restaurant schließen müssen. In dieser diffusen Stimmung zeigt sich Desintegration, zugleich ein Unbehagen mit dem Leben in der Demokratie. Die ist für viele verbunden mit persönlichem Scheitern. Wir hier unten, verlassen von denen da oben: Das ist die Seelenlage, die auch von den Rechtsextremisten artikuliert wird und bei manchem, der sich als Verlierer fühlt, das fatale Gefühl aufkommen lässt: Die tun wenigstens was.

Viele rechte Kameradschaften haben auch in der Provinz ihre Strategie verändert. Das macht es ungleich schwerer, einen Bürgermeister, dessen primäres Anliegen die neue Dorfstraße ist, davon zu überzeugen, dass er ein Problem im Ort hat. Die Neonazis sind weg von den Straßen, in vielen Regionen haben sie Springerstiefel und Bomberjacke abgelegt und stattdessen den Marsch in die Mitte der Dorfgemeinschaft und Kleinstädte angetreten. Sozialarbeiter Stracke beobachtet, dass die Mitglieder der Kameradschaften gezielt versuchen, Fußballvereine und Freiwillige Feuerwehren zu unterwandern. „Das Wichtigste ist dann, dass Verantwortungsträger richtig reagieren", sagt Stracke, „vom Feuerwehr-Hauptmann bis zum Jugendleiter im Fußballverein. Wenn die Rechten erst mal Positionen innehaben, kommt man kaum noch ran." Doch vielerorts haben Feuerwehren und Vereine Nachwuchsprobleme. „Es gibt auch die Haltung: Wer kommt, der kommt", sagt Stracke, „in diesen Freiräumen der Zivilgesellschaft ziehen die Rechten ihre Kräfte zusammen. Es gibt unzählige Bürgermeister, unzählige Feuerwehren, darum ist der ländliche Raum für die Kameraden reizvoll."

Die soziale Maske der Rechtsextremisten führt bisweilen zu grandiosen Fehlurteilen durch die Kommunen. So betrauten die Stadtherren von Seifhennersdorf vor Jahren ausgerechnet die Kameradschaft Oberlausitz (K. O.) damit, den Maibaum des Ortes zu bewachen. Erst als aufmerksame Bürger Nazilieder auf Sonnenwendfeiern hörten, ging den Stadtoberen auf, dass die freundlichen jungen Männer überzeugte Rechtsextremisten waren. Noch beschämender war der Versuch des Bürgermeisters von Pretzien in Sachsen-Anhalt, Friedrich Harwig, die Kameraden seines Ortes in einen Heimatbund einzubinden. Die Strategie war: Ruhig stellen durch Umarmung. Die Neonazis dankten ihm für die Integration in die bürgerliche Mitte, indem sie bei einer öffentlichen Veranstaltung im Sommer 2006 das Tagebuch der Anne Frank verbrannten. Zum Gerichtsurteil über die Tat, die in ganz Deutschland Fassungslosigkeit produzierte, kamen Bürgermeister Harwig die Tränen. Es war das wohl desasträseste Scheitern einer Haltung, junge Rechtsextremisten als „unsere Jungs" zu verharmlosen. Bernd Stracke hat in Seifhennersdorf, wo der Maibaum von der örtlichen Kameradschaft bewacht wurde, viele Gespräche geführt und über die neuen Strategien der Kameradschaften aufgeklärt. „Dort hat sich die Lage vollkommen gewandelt", sagt er, „ich erwarte von keinem Bürgermeister, dass er ein Experte in Sachen Rechtsextremismus ist, aber er kann sich Hilfe holen. Wo die Zivilgesellschaft deutliche Reaktionen zeigt, lässt sich etwas verändern." Akteure wie Stracke haben gerade in der Provinz die wichtige Funktion, ein Zusammenwachsen von Rechtsextremisten und Bürgern durch Gewöhnung zu verhindern. Die Civitas-Leute von den Netzwerkstellen sind immer auch der Stachel, der in eine fragwürdige Harmonie sticht.

Dass Bunkermentalität nicht die einzig mögliche Reaktion auf Warnungen vor der rechten Gefahr ist, beweist der Pirnaer CDU-Bürgermeister Markus Ulbig seinen Kollegen, die ihn lange als Nestbeschmutzer ansahen. Ulbig leugnet die Umtriebe der verbotenen „Skinheads Sächsische Schweiz" (SSS) nicht, sondern organisiert bürgerlichen Protest. Er eröffnet eine Anne-Frank-Ausstellung, bringt Behörden mit Bürgerinitiativen zusammen, um Lagebilder zu erstellen, und spricht demonstrativ auf einer Gegenveranstaltung zum Landesparteitag der NPD, wie im März 2007. Der verbreiteten Neigung zur ethnischen Homogenität unter seinen Mitbürgern setzt er den „Markt der Kulturen" entgegen. Auf diese Weise macht er positive PR: „Ja, wir haben ein Problem, aber wir halten dagegen."

Der Marsch der Rechten in die Mitte auf national-sozialen Samtpfoten, den Stracke für die Region beschreibt, ist nur Teil einer rechtsextremen Doppelstrategie. Die hässliche, nicht mehr so offen gezeigte Seite ist immer noch Einschüchterung und Gewalt. „Wenn wir eine Veranstaltung haben, dann klingelt es vorher an der Tür", sagt Stracke, „dann stehen da drei Kameraden und sagen: ‚Herr Stracke, Wenn da irgendwas gegen uns läuft, dann stehen wir wieder hier. Und sie kennen unsere Methoden.'" Mehrfach hat er diesen unerwünschten Besuch bekommen. Er war politischer Häftling in der DDR, lässt sich nicht so leicht einschüchtern. Aber er muss aufpassen. Mit einem Freund, dessen Vater Ghanaer ist, war er früher häufig in dem kleinen Ort Kittlitz zu Gast. „Mit dem könnte ich heute nicht auf das Dorffest gehen, weil es für ihn zu gefährlich wäre", sagt Bernd Stracke, „und die Dinge wären erst wieder in Ordnung hier, wenn ich mit ihm zum Hexenbrennen gehen kann." Nach wie vor gebe es auf den Volksfesten rassistische Gewalt. „Das passiert beim Pinkeln, auf dem Nachhauseweg oder an den Tankstellen." Unbemerkt von der Öffentlichkeit.

Bernd Strackes Arbeit ist wie ein Marathon. Seine Stationen sind Bürgermeister, Schuldirektoren, Jugendleiter in Vereinen, alle, die in den Orten entscheiden. Langsam hat er sich Vertrauen erarbeitet. „Am Anfang ist, wer auf das rechte Treiben hingewiesen hat, ganz schnell in die linksextreme Ecke gestellt worden", sagt Stracke. Das hat sich verändert. Er ist jetzt ein anerkannter Experte, der hilft, die Lage in den Orten zu analysieren, und auch konkrete Hilfe anbietet. Wie in dem Gymnasium in Seifhennersdorf, wo ein junger Rechter einen Mitschüler zusammenschlug. Der Elternsprecher wandte sich an Stracke, der zusammen mit Opferberatung und der Mobilen Beratung in die Schule ging und den Vorfall zum Anlass nahm, Lehrer, Eltern und Schüler ins Gespräch zu bringen, nach Ursachen und Einstellungen zu forschen. Wo das Problem nicht unter den Teppich gekehrt wird, sind Lösungen möglich, wenn sich eine Mehrheit gegen den Extremismus formiert. Stracke hofft, diese unentschiedene Mehrheit durch Aufklärung gewinnen zu können. Das öffentliche Klima in der Region habe sich durch die beharrliche Arbeit der vergangenen Jahre durchaus gewandelt. So sei etwa der Ort Kittlitz kurz davor gewesen, eine national befreite Zone zu werden. Heute sei zumindest die rechte Dominanz, die keine Abweichung dulde, gebrochen.

Den Widerstand in den Kommunen konnte Stracke nur Stück für Stück abbauen, weil er seit Jahren vor Ort ist, weil sie ihn kennen gelernt haben, weil er nicht mehr von allen als einer von außen angesehen wird, der ihnen ins Dorfleben hineinreden will. Oft rufen die Kollegen vom Mobilen Beratungsteam bei Stracke an, wenn sie auf rechtsextreme Aktivitäten stoßen. Dann bitten sie Stracke, mit dem Bürgermeister zu sprechen: „Du bist besser im Ort verankert", sagen sie, „wenn du das Gespräch führst, wird das nicht als Einmischung von außen empfunden." Strackes Netzwerkstelle ist bis Juni 2007 befristet. In Zukunft soll seine Arbeit von einem mobilen Kriseninterventionsteam erledigt werden. Von Leuten, die von außen kommen.

Politikum Zivilcourage

Dicht gedrängt steht ein Pulk von Schülern um das Mischpult von Peer Wiechmann. Gebannt beobachten sie, wie er die Schallplatte mal schnell, mal langsam hin- und herbewegt. Der wummernde Beat schluckt jedes andere Geräusch.

Der Mittdreißiger steht hinter seinem Plattenteller und wippt im Rhythmus der Bässe. In seinen weiten Cargohosen und dem grauen T-Shirt sieht er aus wie ein DJ.

Nach ein paar Minuten hört er auf und bittet eine Schülerin hinter das Pult. Das blonde Mädchen lächelt, ziert sich. Sie ist vierzehn und will sich nicht blamieren. Zwei Jungen grinsen. Peer Wiechmann lässt nicht locker. Schließlich überwindet sie ihre Scheu. Anfangs klingt es, als ob ein Motor stotternd startet und sofort wieder abgewürgt wird. Wiechmann zeigt, wie das Auflegen funktioniert, dass sie locker im Handgelenk sein muss, nicht verkrampfen darf. Nach ein paar Minuten und mehreren Anläufen findet das Mädchen den richtigen Dreh. Aus Geräuschen wird Musik. Die beiden Jungen nicken anerkennend.

Es ist kein Kurs für angehende DJs, der in der Regelschule Blankenhain angeboten wird. „Culture On The Road" macht Station in der kleinen Stadt in Thüringen. Peer Wiechmann kommt von der „Netzwerkstelle gegen Rechtsextremismus" aus Weimar. „Hier gibt es eine sehr starke Kameradschaft", sagt er, „da habe ich den Auftrag bekommen, diesen Projekttag zu organisieren." Deswegen holte er „Culture on the Road", ein Team von 15 jungen Leuten. Ein ehemaliger Punk ist dabei, ein Grufti, eine Amerikanerin, einst Sängerin in einer Punkband. Jugendkulturen sind das Thema. Im Vorfeld konnten sich die Schüler aussuchen, ob sie einen Graffiti-Kurs besuchen wollen, lieber etwas über die Punkbewegung erfahren möchten oder über Girlie-Power. Silke Baer leitet „Culture On The Road". „Es geht um Gewalt- und Rechtsextremismusprävention", erzählt sie, „wir nutzen die Jugendkulturen, um politische Themen und Fragen der sozialen Ausgrenzung anzusprechen." In Blankenhain kein leichtes Unterfangen. Viele wissen nicht nur mit Jugendkulturen wenig anzufangen. Die Punkbewegung ordnen sie den vierziger Jahren zu, Adolf Hitler und das Dritte Reich den Siebzigern. Ausländer werden als Sozialschmarotzer gesehen, die den Deutschen die Jobs wegnehmen. Die Ausländerquote im Weimarer Land ist verschwindend gering, liegt unter drei Prozent. Dennoch glaubt eine Schülerin, dass in Thüringen 50 Prozent Ausländer leben. Die Ressentiments sind fest verankert. Silke Baer hat Schweißperlen auf der Stirn. Sie weiß, es wird schwierig. Auf ihrem T-Shirt steht „We Can Do it".

„Culture On The Road" gehört zu einem Experiment, das damit begann, dass Bundeskanzler Gerhard Schröder den „Aufstand der Anständigen" ausrief. Anlass war der vermeintlich von Rechtsextremen verübte Brandanschlag auf die Düsseldorfer Synagoge im Oktober 2000. Später wurden junge Araber als Täter ermittelt. Die rot-grüne Koalition legte das Aktionsprogramm „Jugend für Toleranz und Demokratie – gegen Rechtsextremismus, Fremdenfeindlichkeit und Antisemitismus" auf. Das Programm beruht auf drei Säulen, deren Namen aus dem Griechischen und dem Lateinischen stammen: „Civitas", „Entimon" und „Xenos" – Bürgerschaft, Respekt und Gastfreundschaft. Mit dem Programm wollte die rot-grüne Bundesregierung die Zivilgesellschaft stärken. Die Regierung glaubte, aus den Fehlern der Vergangenheit gelernt zu haben. Mitte der neunziger Jahre legte die Kohl-Regierung ein Programm gegen Rechtsextremismus auf. Damals stand die Arbeit mit rechtsorientierten Jugendlichen im Mittelpunkt. Zuständig war die damalige Frauen- und Jugendministerin Angela Merkel. Das Programm endete im Desaster. Statt die rechten Jugendlichen wieder in die Mitte der Gesellschaft oder wenigstens weg vom Extremismus zu holen, wurden vielerorts nur deren Jugendclubs finanziert. Akzeptierende Sozialarbeit hieß das. Das klang gut. Irgendwie professionell. Aber es ging zu wie auf einem Basar, nach dem Motto: Wir bringen euren Sportplatz wieder auf Vordermann und ihr hört auf, Ausländer zu jagen. „Glatzenpflege auf Staatskosten" spotteten viele. Der Ansatz gilt als gescheitert. Rot-Grün setzte auf die Stärkung der Zivilgesellschaft. Mittlerweile sind fast 200 Millionen Euro in das Aktionsprogramm geflossen. In vielen Bundesländern etablierten sich Projekte und Sozialarbeiter mit einer sehr guten Kenntnis der Lage vor Ort, so wie Bernd Stracke in der Lausitz.

„Culture On The Road ist ein Impulsgeber, der Widerhaken setzt, an dem andere Projekte andocken müssen", sagt Silke Baer. Das klingt nebulös, betrachtet man die Zahlen rechtsextremer Straftaten. Die stiegen 2006 auf Rekordniveau. Dagegen stehen 192 Millionen Euro, die in unzählige Projekte flossen, die diesen Trend aufhalten und umdrehen sollen. Renommierte Wissenschaftler wie Roland Eckert aus Trier halten die Gleichung „Viel Geld plus viele rechte Straftaten gleich gescheitertes Konzept" für unfair. Doch die Frage, welche Projekte sinnvoll sind und welche nicht, ist berechtigt. Was bringt es, wenn ein Ex-Punk mit zehn Schülern einer neunten Klasse über die Entstehungsgeschichte der Punkbewegung redet und neben ihm ein großer zotteliger Hund auf dem Fußboden döst?

Schon 2003 kritisierte der Bundesrechnungshof, dass die Programme unzureichend auf ihre Wirkung hin überprüft würden. Im selben Jahr sorgte eine Studie der SPD-nahen Friedrich-Ebert-Stiftung für Aufregung. Da hieß es, dass die Projekte halbherzig umgesetzt und die Gelder nach dem Gießkannenprinzip verteilt würden. Die damalige Opposition griff solche Nachrichten begierig auf. Jetzt konnte sie sich für die Kritik an ihrem Programm revanchieren. Die Union verlangte, dass die Bundesprogramme eine andere Zielrichtung bekommen sollten und verstärkt auch gegen Linksextremismus und Islamismus vorzugehen sei. Die SPD lehnte das ab. Der Konflikt schwelt bis heute, auch in der Großen Koalition, wie Teilnehmer von Koalitionsrunden berichten.

Sachsen-Anhalts Ministerpräsident Wolfgang Böhmer (CDU) ließ im Landtagswahlkampf 2006 durchblicken, was er über die Arbeit von Civitas und Co denkt. Dass die Projekte etwas verändern können, glaubt er nicht. „Die Leute sind doch nicht so primitiv bestechlich, dass man sagen kann, wir machen euch einen schönen Jugendclub und dann wählt ihr nicht DVU", so Böhmer. Ganz ohne Geld gehe es nicht. Letztlich gebe es in Sachsen-Anhalt aber genug Projekte und Vereine, die sich mit der Arbeit gegen rechts befassen. Daher weigert sich die Regierung in Magdeburg bisher standhaft, Civitas-Projekte finanziell zu fördern.

Böhmer wird immer wieder vom rechten Alltag in seinem Bundesland eingeholt. Rechtsextreme Straftaten in Sachsen-Anhalt sorgten bundesweit für Aufsehen. In dem kleinen Ort Pömmelte etwa folterten rechte Jugendliche den farbigen Kevin, 15, und schlugen ihn beinahe tot. Es ließe sich eine lange Liste weiterer Fälle erstellen. Böhmer fürchtete um das Image seines Landes. Investoren könnten ausbleiben. Seine Regierung rang sich dazu durch, ein Aktionsprogramm aufzulegen. Bereitgestellt wurden 100 000 Euro für „Hingucken! Für ein demokratisches und tolerantes Sachsen-Anhalt". Das Programm sieht vor, dass sich das Kabinett in Magdeburg einmal im Monat mit Rechtsextremismus befasst. Außerdem soll die Polizei den Verfolgungsdruck erhöhen, etwa mit Hausbesuchen und Meldeauflagen. Eine „teure Imagekampagne" nennt das Hans-Jochen Tschiche, Vorsitzender vom Civitas-Projekt „Miteinander".

Silke Baer weiß, dass „Culture On The Road" für sich allein genommen nichts verändern kann. „Die Arbeit muss weitergeführt werden", sagt sie und bekommt Rückendeckung von der Soziologin Michaela Glaser vom Deutschen Jugendinstitut in Halle, die sich seit längerem mit Ursachen von Rechtsextremismus beschäftigt. Für die Wissenschaftlerin ist kontinuierliche Jugendarbeit unverzichtbar. „Das Wichtigste ist, den Zugang zu den Jugendlichen zu finden, in deren Alltag auch einmal ein Highlight zu setzen." Für die Schüler an der Blankenhainer Regelschule ist der Projekttag ein Höhepunkt. Sie lernen Platten aufzulegen. Und merken nicht, wie simpel und geschickt sie mittels Punk, Hiphop oder Blackmetal mit ihren eigenen Einstellungen konfrontiert werden. „Wo kommt denn Rap her?", fragt Peer Wiechmann am Mischpult. „Amerika, USA, Großbritannien", rufen die Schüler lauter als nötig. Die Musik hat ihr Gehör betäubt. „Und woher da genau?" „Aus den Ghettos der Schwarzen", sagt ein groß gewachsener Junge. Wiechmann fragt, mit welchen Problemen die schwarzen Jungs in den Ghettos zu tun haben, was sie mit ihrer Musik ausdrücken. Jetzt werden Gewalt, Zukunftsangst, kaputte Elternhäuser, Arbeitslosigkeit, Drogen genannt. Das ist auch der Alltag der Schüler von Blankenhain. Brooklyn ist auf einmal sehr nah.

„Solche Projekte können Jugendliche an politische Fragen heranführen", sagt die Soziologin Glaser, „das haben wir in zahlreichen Untersuchungen festgestellt. Aktuelle Studien zeigen, dass Einstiege über jugendkulturelle Szenen immer wichtiger werden und die NPD sich das auch zunutze macht." Den Jugendlichen Alternativen anzubieten, sie zu sensibilisieren, dass es andere, buntere Jugendkulturen gibt, die auf Toleranz beruhen, sei wichtig. Aber es darf nicht bei einem oder zwei Projekttagen bleiben. Es muss weiter gearbeitet werden. Die Direktorin der Blankenhainer Schule steht in Kontakt mit dem örtlichen Jugendclub und auch mit dem „Netzwerk gegen Rechtsextremismus" in Weimar. Projekte wie dieses, die gern als gut gemeinter Firlefanz verspottet werden, sind handfeste Erziehung zur Toleranz; oftmals die erste, die Schüler überhaupt erleben.

Vereine wie „Miteinander e. V." in Sachsen-Anhalt, das „Netzwerk für Demokratie" in Sachsen oder das brandenburgische „Aktionsbündnis gegen Gewalt, Rechtsextremismus und Fremdenfeindlichkeit" bringen Kontinuität in die Arbeit gegen Rechtsextremismus. Hinzu kommen die mobilen Beratungsteams, die Kommunen und Vereinen zur Seite stehen. Seit 2001 ist eine funktionierende Struktur gewachsen, mit ausgebildeten und erfahrenen Sozialpädagogen, mit Büros, Anlaufstellen, Kontakten zu Polizei, Staatsanwaltschaften, Rechtsanwälten, Psychologen und Multiplikatoren in Wirtschaft und Politik. Dieser Struktur droht das von oben verordnete Aus. Was auf rot-grünem Mist gewachsen ist, schmeckt der christdemokratischen Familienministerin nicht. Ursula von der Leyen will stattdessen „mobile Interventionsteams" einsetzen. Nach dem Entwurf ihres Ministeriums sollen kurzfristig „Einsatzkommandos", bestehend aus Polizisten, Juristen oder Psychologen, zusammengestellt werden, die auf rechte Übergriffe reagieren sollen. Reaktion statt Prävention. Die Krisenintervention soll sich auf zwei bis drei Monate beschränken. Das Ministerium schweigt sich aus, auf welchen Erkenntnissen dieses Konzept beruht. Denn die Wissenschaftler, die etwa das Programm „Civitas" seit Jahren begleiten, lehnen von der Leyens Pläne entschieden ab. Der Bielefelder Konfliktforscher Armin Steil verwahrt sich dagegen, dass die Reform das Ergebnis seiner Forschung sei: „Meine Kollegen und ich haben eine solche Empfehlung nie gegeben." Nach den Plänen von der Leyens soll den Kommunen die Macht über die Finanzmittel gegen rechts übertragen werden. Steil hält das für verhängnisvoll. „Wir haben nach wie vor viele Bürgermeister, die schlichtweg ignorieren, dass es Rechtsextremismus in ihrem Bereich gibt", sagt Steil in einem Interview.[14] Es fehle ihnen „die Kompetenz und die Erfahrung, um mit den Fördergeldern sinnvoll umzugehen". Zwei der renommiertesten Rechtsextremismus-Forscher des Landes, Richard Stöss und Roland Eckert, starteten zusammen mit zwölf Professoren-Kollegen einen Aufruf mit dem Ziel, die gefährdeten Projekte zu retten.[15] Das Verhalten der CDU-Ministerin, den Rat der Experten schlicht zu ignorieren, lässt nur einen Schluss zu: Parteipolitik ist wichtiger als der Kampf gegen rechts. Die Zeche zahlen die Opfer. Punks, alternative Jugendliche, Ausländer und Obdachlose erstatten oft nicht einmal Anzeige, weil sie schlechte Erfahrungen mit Behörden oder der Polizei gemacht haben. Sie brauchen ein Angebot, bei dem sie keine Hemmschwelle überwinden müssen, und sie brauchen längerfristige Beratung. Sie brauchen, was von der Leyen abschaffen will.

Dass die Union sich lange Zeit nicht durchsetzte, liegt vor allem daran, dass rechtsextreme Straftaten immer wieder bundesweit Aufsehen erregen. Im Sommer 2006 plante von der Leyen, dass die 19 Millionen Euro für die „Civitas"-Programme auch für den Kampf gegen Linksextremismus und Islamismus verwendet werden sollten. Als die NPD im September in den Schweriner Landtag einzieht, lässt sie das Vorhaben fallen. Offenbar glaubt sie nicht recht an die eigenen Pläne. Wäre von der Leyen von ihrem Ansatz überzeugt, würde sie ihn nach rechten Wahlerfolgen umso energischer vorantreiben. Beim Elterngeld hat sie ja gezeigt, dass sie sich durchsetzen kann.

Auf den ersten Blick ist die Idylle in dem kleinen Ort Triebel im Vogtland bei Plauen ungetrübt. Die 850-Seelen-Gemeinde liegt in einem Tal, eingebettet in Felder und Wälder. Schmucke Häuschen mit gepflegten Vorgärten säumen die Straße. Ein Bach schlängelt sich durchs Dorf. Alles ist sa-

niert, sauber, ordentlich. In der Gaststätte „Zum Triebeltal"
kann der Gast zwischen Wild- und Fischgerichten wählen.
Der Wirt hat für jeden ein freundliches Wort. Das Geschäft
läuft gut, viele Wanderer kommen ins Vogtland. Die Welt
scheint in Ordnung. Am 25. August 2006 bekommt die Dorf-
idylle tiefe Risse.

Es beginnt, als die Quaisers, eine Zirkusfamilie, nach
Triebel kommen Sie reisen mit Sack und Pack an, mit Zirkuszelt, Ponys, Lamas, Hunden und Ziegen. Es ist purer Zufall, dass sie ausgerechnet Triebel ansteuern. Bei einem
Gastspiel in Ulm lernen sie einen Bayern kennen, der ihnen
für eine geringe Miete den ehemaligen Dorfgasthof von
Triebel überlässt. In alten LPG-Ställen bringen die Quaisers
ihre Tiere unter. Neben den Stallungen bauen sie ihr him-
melblaues Zirkuszelt auf. „Das Dorf war anfangs vorsichtig",
erzählt Ronny Quaiser, „nette Leute, sie haben höflich ge-
grüßt, aber sie waren vorsichtig." Der siebenfache Familien-
vater sitzt am Küchentisch und raucht eine Zigarette nach
der anderen. Seine Bassstimme kratzt hinter einem buschi-
gen, angegrauten Schnurrbart. Das karierte Holzfällerhemd
spannt über einem mächtigen Brustkorb, die Hemds-
ärmel sind hochgekrempelt, kräftige Unterarme enden in
derben, rissigen Händen. „Wir Quaisers waren schon im
Mittelalter als Seiltänzer und Gaukler unterwegs", sagt
Ronny Quaiser. Stolz sagt er das. Er wurde in einem Zirkus-
wagen geboren.

Ronny Quaiser wundert sich nicht, dass die Leute in
Triebel verhalten reagieren. „Wenn Fremde zuziehen und
dann noch ein Zirkus, wissen die Leute ja nicht, was ihnen
widerfährt. Die müssen einen ja erst einmal kennen lernen",
sagt er. Um das Eis zu brechen, geben die Zirkusleute ein
Gastspiel im Ort. Danach sind die Quaisers akzeptiert, von
den meisten. Doch eine Clique von Halbstarken will sich

nicht abfinden mit dem fahrenden Volk in ihrer Nachbarschaft. Sie scharen sich um einen bekannten Neonazi, suchen Streit. Erst mit den Kindern der Quaisers. Einer greift die 15-jährige Ronnja Quaiser mit einem Messer an. Die größere Schwester verhindert Schlimmeres. Danach beschimpfen sie die beiden kleinen Jungen der Familie. Als der 20-jährige Rocky Quaiser seine jüngeren Brüder verteidigt, jagen ihn ein paar aus der Clique durchs Dorf. Am 25. August eskaliert die Lage. Nicht weit vom Hof der Quaisers entfernt, auf dem Hof des Neonazis, versammeln sich 25 bis 30 junge Männer. Es sind rechte Jugendliche aus dem ganzen Vogtlandkreis. Ronny Quaiser wird von jungen Leuten aus dem Dorf gewarnt. Er spürt, dass seine Familie nicht mehr sicher ist. In dem kräftigen Mann, den so leicht nichts erschüttern kann, kriecht Angst hoch. Er ruft die Polizei und schafft seine sieben Kinder, seine Frau und die Mutter in eine Pension weit weg von Triebel. Mit Rocky, seinem großen Sohn, fährt er zurück, um Haus, Hof und Gerätschaften zu beschützen. Als die beiden zurückkommen, herrscht auf ihrem Gehöft der Ausnahmezustand. Ein größeres Polizeiaufgebot hält eine Meute Jugendlicher in Schach, die drauf und dran ist, in das Haus der Quaisers einzudringen und die auf dem Hof geparkten Fahrzeuge zu demolieren. Sie drohen der Familie, versuchen einen LKW anzuzünden, brüllen, dass sie den Zirkus plattmachen werden. „Einige haben auch ‚Sieg Heil' gerufen, uns als Kanaken beschimpft", sagt Ronny Quaiser.

Nach einer Weile verziehen sich die Randalierer. Auch die Polizei räumt den Schauplatz. „Sie haben mir gesagt, sie könnten nicht die ganze Nacht hier stehen bleiben, und es würde schon nichts mehr passieren." Quaiser weist die Polizisten darauf hin, dass die Jugendlichen gedroht haben, sein Zirkuszelt zu zerstören. Die Beamten ziehen trotzdem ab.

Quaiser und sein Sohn fahren in die Pension zur Familie zurück. „Ich konnte doch keine Selbstjustiz machen, indem ich mein Eigentum verteidige und den Leuten mit dem Knüppel auf den Kopf schlage. Das geht doch nicht", sagt er missmutig. Vielleicht ärgert er sich heute, dass er an jenem lauen Augustabend den Randalierern nicht entgegentrat. Als er am nächsten Tag zu seinem Zirkus kommt, liegt seine Existenz in Stücken vor ihm. „Es sah aus, als wäre ein Hurrikan durch das Zelt gefegt. Die Plane war zerschnitten, das ganze Inventar wie Lichter, Manege, Logen, Stühle – alles war zertrümmert." Der Schaden wird auf ungefähr 12 000 Euro beziffert. So viel Geld besitzt die Familie nicht.

Ilona Groß, die Bürgermeisterin, ist entsetzt. „Bisher gab es in Triebel keinerlei Probleme dieser Art", sagt sie in dem neu verputzten Gemeindehaus, in ihrem blitzblanken Büro, das aussieht wie Triebel – ordentlich, sauber, gemütlich. Ilona Groß ist arbeitslos, seit Jahren schon. Sie ist ehrenamtlich Bürgermeisterin von Triebel. „Ob der Übergriff einen rechten Hintergrund hatte, kann ich nicht beurteilen", sagt sie, „es gibt da verschiedene Aussagen." Sie will auf keinen Fall, dass ihr beschauliches Triebel in ein falsches Licht gerät. Die Gemeinde sammelt Geld. 500 Euro kommen zusammen. Sie wollen ein Zeichen setzen in Triebel. Nur wogegen eigentlich?

Auch die Polizei geht nicht von einem rechtsextremen Hintergrund aus. Die Nazi-Parolen seien zwar von Zeugen gehört worden. Aber wer sie im Schutz der Nacht gerufen hat, sei nicht ermittelt worden, so der ermittelnde Oberstaatsanwalt. Werden die Pläne von Ministerin von der Leyen umgesetzt, dann werden Vorfälle wie diese nie als Taten von Neonazis publik, sondern fließen stattdessen in die normale Kriminalitätsstatistik ein. Die Opfer wären sich selbst überlassen.

Die Quaisers wurden unterstützt – von der Opferberatung „Amal", die sich in Sachsen um Opfer rechter Gewalt
kümmert. Der Verein ist bewusst parteiisch und nimmt die
Perspektive der Betroffenen ein. Dadurch unterscheiden sich
die Opferzahlen von „Amal" von den offiziellen Statistiken.
Ingo Stange arbeitet für „Amal". Er ist ein Urgestein im
Kampf gegen rechts. In den Neunzigern, als seine Heimatstadt Wurzen Schauplatz zahlreicher rechter Gewaltexzesse
wurde, stellte er sich mit Gleichgesinnten dem rechten Mob
entgegen. Damals gab es keine Unterstützung von der Stadt.
Jene, die ihre Stadt nicht den rechten Schlägertrupps überlassen wollten, haben sich im „Netzwerk für Demokratie" organisiert. Ingo Stange baute es mit auf. Es wird vom Bund im
Rahmen der Civitas-Programme finanziell gefördert. Noch
immer sind die Rechten stark in Wurzen, doch die Zivilgesellschaft wehrt sich und erobert den öffentlichen Raum zurück.
Ingo Stange kann eine sehr konkrete Erfolgsbilanz gegen den
Rechtsextremismus vorweisen.

Für Stange ist völlig unverständlich, warum der Übergriff
auf die Quaisers nicht als rechte Gewalttat eingestuft wird.
„Der Haupttäter ist eindeutig der rechten Szene zuzuordnen",
sagt Stange, „die haben viele bekannte Kameraden aus dem
Vogtland nach Triebel gekarrt, um den Zirkus aufzumischen."
Ingo Stange sitzt neben Ronny Quaiser am Küchentisch. Das
Haus der Quaisers ist karg eingerichtet. Die Möbel sehen aus,
als kämen sie vom Sperrmüll, die Teppiche sind abgetreten.
Im Wohnzimmer steht ein überdimensionierter Fernseher,
das einzig moderne Gerät im Haus. Auf dem Sofa balgen sich
zwei Töchter. Die Zirkusleute wollten nach und nach das
Haus ausbauen. Ronny Quaiser sorgte immer selbst für seine
Familie. Jetzt droht Hartz IV. „Ich will das nicht", sagt er, „ich
will den Zirkus wieder auf die Beine stellen und mein Geld
verdienen." Ingo Stange und die Leute von „Amal" starteten

Ende 2006 eine Spendenaktion. Sie holten die Medien nach Triebel, damit der Überfall bekannt wurde und um auf die Spendenaktion aufmerksam zu machen.

Nicht nur Vereine wie „Amal" sind von den Reform-Plänen des Bundes bedroht. Künftig sollen, wie beschrieben, nicht mehr die Projekte das Geld direkt beantragen, sondern die Kommunen. Es ist unwahrscheinlich, dass die Bürgermeisterin von Triebel Gelder beantragen würde. Für Ilona Groß gibt es kein rechtes Problem in ihrer Gemeinde. Der Überfall auf die Zirkusfamilie sei ein Nachbarschaftsstreit gewesen oder die Tat von Chaoten. Es geht auch hier um den guten Ruf, und der muss erhalten bleiben.

Wenn künftig die Kommunen über Wohl und Wehe im Kampf gegen rechts entscheiden, könnte auch Friedmann Affolderbach seinen Job verlieren. Der Sozialpädagoge arbeitet seit fünf Jahren beim Mobilen Beratungsteam im Regierungsbezirk Leipzig. Das Team hilft Kommunen, Gemeinden oder Vereinen, wenn sie konkret gegen Rechtsextremismus vorgehen wollen. Das Beratungsteam kennt die rechten Strukturen in der Region genau. Merken die Leute vom Beratungsteam, dass ein Verein oder eine Kommune unterwandert wird, bitten sie die Verantwortlichen um eine Bewertung der Lage. Eigene Erkenntnisse ergänzen sie mit Infos von Polizei und Verfassungsschutz. So entsteht ein genaues Bild. Wenn es vor Ort brennt, liefert eine Arbeitsgruppe konkrete Vorschläge, wie das rechte Treiben gestoppt werden kann. Die Ergebnisse werden offiziell im Gemeinderat oder dem Vorstand vorgestellt. „Wenn die örtliche Feuerwehr unterwandert ist, wird beraten, wie geholfen werden kann", sagt Affolderbach. Unterwanderung hat zwei gefährliche Folgen: Erstens droht der Feuerwehr oder dem Fußballverein die Gleichschaltung im Kleinen, indem Ausländer und Abweichler hinausgedrängt werden. Zweitens wird die

Frage. Antikapitalismus mischt sich hier mit einem
Sozialismus. Dabei hilft das alte Feindbild des geld-
den, das mal unverhohlen, mal nur mit der Anspie-
ie vermeintlichen Weltmachthaber an der New Yor-
bedient wird.

ten unterscheiden zwei große Gruppen im Rechts-
einen nehmen keinerlei Rücksicht auf Gesetze. Sie
cheln zu Rassenhass auf, drohen „Scheiß-Niggern"
änderschweinen". Sie werden mindestens von der
üfstelle für jugendgefährdende Schriften indiziert,
Weitergabe ihrer Tonträger an Jugendliche unter
strafbar macht. Allein im März 2007 wurden
Tonträger indiziert, darunter Titel wie die „Greatest
Mahatma Hitler aus Trier und „Anne Frank zu Gast
den" von Freundeskreis Avanti. Oder die Urheber
ei eindeutigen Texten wegen der genannten Straf-
le verklagt. Die Produzenten versuchen der Straf-
g zu entgehen, indem sie die CDs im Ausland her-
ssen. Die andere Gruppe versucht, sich auf der
s gerade noch Erlaubten zu bewegen. Wie das geht,
Aussteiger, der einige Zeit für den rechtsextremen
sand Rock Nord in der Geschäftsführung gearbeitet
haben ausnahmslos alle Musiktexte juristisch prü-
a. Da sind viele Texte durchgefallen. Unser Anwalt
der schon viele Rechte verteidigt hat, überprüfte
h die Texte." Eindeutige, dem Nationalsozialismus
ene Redewendungen wie „Ein Volk, ein Reich, ein
wie in einem Text der Band „Sturmwehr", wurden
t und zu Anspielungen abgewandelt.
schwer sich der Staat mit dieser Professionalisierung
der Prozess gegen Jens Pühse, Mitglied im NPD-
orstand und Geschäftsführer des „Deutsche Stim-
ages. Pühse produziert für Labels wie „Pühse Re-

bürgerliche Organisation missbraucht, um Kameraden für den rechten Kampf zu werben. Das Mobile Beratungsteam steht den Kommunen oder Vereinen über einen langen Zeitraum zur Seite. Das kann Monate, auch Jahre dauern. – Kriseninterventionsteams sind spektakulär. Sie vermitteln Entschlossenheit. Nach drei Monaten ist der Zauber aber vorbei. Dann sind auch die Kameras weg, die Medienkarawane ist weitergezogen. Zurück bleiben dann Probleme und Menschen, die damit allein gelassen werden.

16. März 2007 – es heißt wieder „Manege frei" für den Zirkus Barny. Die Quaisers haben es geschafft. Sie verkauften ihr Kamel, die Affen und einige Ponys. Der Erlös und die 7000 Euro Spenden, die „Amal" zusammengebracht hat, machen den Neuanfang möglich. Wären die Ideen aus dem Hause von der Leyen schon heute Wirklichkeit, wären die Quaisers wohl keine Zirkusleute mehr, sondern Sozialfälle.

n Frage. Antikapitalismus mischt sich hier mit einen
Sozialismus. Dabei hilft das alte Feindbild des geld-
den, das mal unverhohlen, mal nur mit der Anspie-
e vermeintlichen Weltmachthaber an der New Yor-
bedient wird.

ten unterscheiden zwei große Gruppen im Rechts-
einen nehmen keinerlei Rücksicht auf Gesetze. Sie
cheln zu Rassenhass auf, drohen „Scheiß-Niggern"
änderschweinen". Sie werden mindestens von der
üfstelle für jugendgefährdende Schriften indiziert,
Weitergabe ihrer Tonträger an Jugendliche unter
strafbar macht. Allein im März 2007 wurden
Tonträger indiziert, darunter Titel wie die „Greatest
Mahatma Hitler aus Trier und „Anne Frank zu Gast
den" von Freundeskreis Avanti. Oder die Urheber
ei eindeutigen Texten wegen der genannten Straf-
le verklagt. Die Produzenten versuchen der Straf-
g zu entgehen, indem sie die CDs im Ausland her-
ssen. Die andere Gruppe versucht, sich auf der
s gerade noch Erlaubten zu bewegen. Wie das geht,
Aussteiger, der einige Zeit für den rechtsextremen
sand Rock Nord in der Geschäftsführung gearbeitet
haben ausnahmslos alle Musiktexte juristisch prü-
. Da sind viele Texte durchgefallen. Unser Anwalt
der schon viele Rechte verteidigt hat, überprüfte
h die Texte." Eindeutige, dem Nationalsozialismus
ene Redewendungen wie „Ein Volk, ein Reich, ein
wie in einem Text der Band „Sturmwehr", wurden
t und zu Anspielungen abgewandelt.
schwer sich der Staat mit dieser Professionalisierung
der Prozess gegen Jens Pühse, Mitglied im NPD-
orstand und Geschäftsführer des „Deutsche Stim-
ages. Pühse produziert für Labels wie „Pühse Re-

bürgerliche Organisation missbraucht, um Kameraden für den rechten Kampf zu werben. Das Mobile Beratungsteam steht den Kommunen oder Vereinen über einen langen Zeitraum zur Seite. Das kann Monate, auch Jahre dauern. – Kriseninterventionsteams sind spektakulär. Sie vermitteln Entschlossenheit. Nach drei Monaten ist der Zauber aber vorbei. Dann sind auch die Kameras weg, die Medienkarawane ist weitergezogen. Zurück bleiben dann Probleme und Menschen, die damit allein gelassen werden.

16. März 2007 – es heißt wieder „Manege frei" für den Zirkus Barny. Die Quaisers haben es geschafft. Sie verkauften ihr Kamel, die Affen und einige Ponys. Der Erlös und die 7000 Euro Spenden, die „Amal" zusammengebracht hat, machen den Neuanfang möglich. Wären die Ideen aus dem Hause von der Leyen schon heute Wirklichkeit, wären die Quaisers wohl keine Zirkusleute mehr, sondern Sozialfälle.

n Frage. Antikapitalismus mischt sich hier mit einem
Sozialismus. Dabei hilft das alte Feindbild des geld-
den, das mal unverhohlen, mal nur mit der Anspie-
e vermeintlichen Weltmachthaber an der New Yor-
bedient wird.

ten unterscheiden zwei große Gruppen im Rechts-
einen nehmen keinerlei Rücksicht auf Gesetze. Sie
cheln zu Rassenhass auf, drohen „Scheiß-Niggern"
änderschweinen". Sie werden mindestens von der
üfstelle für jugendgefährdende Schriften indiziert,
Weitergabe ihrer Tonträger an Jugendliche unter
strafbar macht. Allein im März 2007 wurden
Tonträger indiziert, darunter Titel wie die „Greatest
Mahatma Hitler aus Trier und „Anne Frank zu Gast
den" von Freundeskreis Avanti. Oder die Urheber
ei eindeutigen Texten wegen der genannten Straf-
le verklagt. Die Produzenten versuchen der Straf-
g zu entgehen, indem sie die CDs im Ausland her-
ssen. Die andere Gruppe versucht, sich auf der
s gerade noch Erlaubten zu bewegen. Wie das geht,
Aussteiger, der einige Zeit für den rechtsextremen
sand Rock Nord in der Geschäftsführung gearbeitet
haben ausnahmslos alle Musiktexte juristisch prü-
. Da sind viele Texte durchgefallen. Unser Anwalt
der schon viele Rechte verteidigt hat, überprüfte
h die Texte." Eindeutige, dem Nationalsozialismus
ene Redewendungen wie „Ein Volk, ein Reich, ein
wie in einem Text der Band „Sturmwehr", wurden
t und zu Anspielungen abgewandelt.
schwer sich der Staat mit dieser Professionalisierung
der Prozess gegen Jens Pühse, Mitglied im NPD-
orstand und Geschäftsführer des „Deutsche Stim-
ages. Pühse produziert für Labels wie „Pühse Re-

bürgerliche Organisation missbraucht, um Kameraden für den rechten Kampf zu werben. Das Mobile Beratungsteam steht den Kommunen oder Vereinen über einen langen Zeitraum zur Seite. Das kann Monate, auch Jahre dauern. – Kriseninterventionsteams sind spektakulär. Sie vermitteln Entschlossenheit. Nach drei Monaten ist der Zauber aber vorbei. Dann sind auch die Kameras weg, die Medienkarawane ist weitergezogen. Zurück bleiben dann Probleme und Menschen, die damit allein gelassen werden.

16. März 2007 – es heißt wieder „Manege frei" für den Zirkus Barny. Die Quaisers haben es geschafft. Sie verkauften ihr Kamel, die Affen und einige Ponys. Der Erlös und die 7000 Euro Spenden, die „Amal" zusammengebracht hat, machen den Neuanfang möglich. Wären die Ideen aus dem Hause von der Leyen schon heute Wirklichkeit, wären die Quaisers wohl keine Zirkusleute mehr, sondern Sozialfälle.

4. Generation rechts vor links?

Einstiegsdroge

Der blaue Giftschrank ist verschlossen, darin lagert braune Munition für den Kampf um die Köpfe. Videos von Nazi-Rockkonzerten, in denen sich Skinheads mit nackten Oberkörpern zu harten Gitarrenriffs und grölendem Gesang gegenseitig einheizen, wo Bilder biergetränkte Aggression transportieren. Und CDs lagern hinter der Metalltür, von Bands, die „Spreegeschwader" heißen, „Reichswehr" oder „Xenophobia". Auf den Covern sind Wehrmachtssoldaten abgebildet oder Zeichen, die an das Hakenkreuz erinnern. Im Archiv der Jugendkulturen in Berlin sind alle Spielarten rechtsextremer Musik zusammengetragen. Darunter verbotene Tonträger, von der Bundesprüfstelle für jugendgefährdende Medien indizierte, die nicht an Jugendliche unter 18 Jahren abgegeben werden dürfen, und solche, die legal sind, weil sie Ausländerhass, Rassismus und völkische Gesinnung zwischen den Zeilen nur andeuten. Wissenschaftler wie Verfassungsschützer sprechen von Rechtsrock als Einstiegsdroge in die Szene. Musik geht in den Bauch, anders als Reden, die nur die Köpfe erreichen. „Musik ist das ideale Mittel, Jugendlichen den Nationalsozialismus näherzubringen", hat der Begründer der rechtsextremen „Blood & Honour"-Bewegung, Ian Stuart, formuliert.[16]

Musik ist im Rechtsrock ni Transportmittel für Ideologie. We findet das ganze Spektrum Nationalismus, Antisemitismus, lichkeit, Verherrlichung des Na „Sturmwehr" singt: „Wir scheiße achtung für Parlamentarismus Rechtsrocker offen zur Schau, die herbeigesungen. Was Demokrate muliert „Reichswehr": „Die Volks ren." Nationalsozialismus und de werden verherrlicht, das Rad der (werden. „Polen, unsere Wut wä Maas bis an die Memel, das sind zen", behaupten „Kraftschlag". Be des Friedens", Hitler-Stellvertrete delnde Ballade zu widmen, wie (tut. Die Bands nehmen die Pose wird, so wie die Gruppe „Staatsfei Neonazi, ein Staatsfeind, das bin ic rig, ihre Gegenwehr mit dem „V „Mord": „Volksverhetzer werden v und Rassismus werden in zahllose wird blonden Haaren, blauen Auge ben diesen primitiven rechtsextre sogar Bezüge zu den Modernisier Neue Rechte: „Der Reichtum der N Nationen, verschiedene Sitten und zend Eure Hand übers Vaterland." D nopluralismus der Neuen Rechten. Toleranz für alle Völker, meint abe das eigene Volk. Die Konsequenz raus. Analog zur NPD beschäftigen

der sozial nationale gierigen J lung auf (ker Börse Expe rock. Die hetzen, s und „Aus Bundesp was die 18 Jahr elf rechte Hitz" vo bei Freu werden tatbestä verfolgu stellen 1 Grenze c erklärt e Musikve hat: „W fen lasse in Köln persönli entnom Führer" entschä Wie tut, zeig Bundes me"-Ve cords" oder „Pühses Liste" seit Jahren zahlreiche Bands wie „Spreegeschwader", bei einer Durchsuchung im Jahr 2003 wurden Tausende CDs beschlagnahmt, Pühse unter anderem wegen Volksverhetzung angeklagt. Am 7. März 2007 sprach ihn jedoch die Staatsschutzkammer des Landgerichts Dresden frei. Pühse bekannte offen, vor der Veröffentlichung der CDs Rechtsgutachten eingeholt zu haben. Die Staatsanwaltschaft hatte etwa den Titel „Unter dem Krakenkreuz" als synonymen Gebrauch für das verbotene Hakenkreuz verfolgt. Das Gericht sah das anders. Ein führender NPD-Politiker verdient also kräftig mit an rechten Hassgesängen wie auch die Partei selbst über den Deutsche-Stimme-Verlag.

Viele Texte arbeiten nur noch mit Codes. Begriffe wie Volk und Nation werden eingestreut und ergeben manchmal nur im Zusammenspiel mit dem Textbuch eine eindeutige Aussage. Wenn auf Bildern etwa ein Mann mit Hakennase gezeigt wird, auf dem Kopf einen Zylinder mit den amerikanischen Sternen und Streifen. Es ist die Art antisemitische Karikatur, die das Hetzblatt „Der Stürmer" in Nazi-Deutschland verbreitete. In den Liedern selbst findet sich bei oberflächlicher Betrachtung nur diffuser Protest, jugendliche Rebellion, eine Pose, die beliebte Bands wie die Toten Hosen kopiert.

Die Berliner Band Landser wurde hingegen mit einer aggressiven Mischung aus Rassenhass und Ausländerfeindlichkeit zum rechten Kult. Die verbotene CD „Best of Landser" zirkuliert auf Schulhöfen in Deutschland. Um zu verstehen, was da als geheime Tauschware gehandelt wird, seien hier einige Auszüge zitiert: „Wir wollen euren Jesus nicht, das alte Judenschwein", heißt es im Auftaktstück. Nach ihrem Selbstverständnis sind Landser „arische Kämpfer, weiße Patrioten, nationale Sozialisten". Sie sind stolz, Deutsche zu sein und „kein Türkenschwein". Die Lieder enthalten Drohungen wie „Kanaken, Zecken, all der Dreck, sind schon bald für immer weg". Das soll dann so aussehen wie Anfang der 90er Jahre in Rostock und Hoyerswerda: „Und das Asylbewerberheim brennt, die ganzen Scheiß-Asylanten, die rennen schnell davon." Am 22. Dezember 2003 wurde „Landser" vom Berliner Kammergericht als kriminelle Vereinigung verboten, als erste Band überhaupt. Der Bundesgerichtshof bestätigte das Verbot am 10. März 2005. Die Gruppe habe über eine Organisationsstruktur zur Durchsetzung ihrer kriminellen Ziele wie Volksverhetzung und Verunglimpfung des Staates verfügt.[17] Sänger „Lunikoff" musste in der Justizvollzugsanstalt Berlin-Tegel eine dreieinhalbjährige Haftstrafe antreten. Aber ist damit auch seine Musik verschwunden? „Es gibt Schulklassen, da kennt jeder Einzelne die Texte von ‚Landser'", sagt Sozialarbeiter Bernd Stracke aus Sachsen. Jugendforscher Klaus Farin ergänzt: „‚Landser' sind Kult. Die profitieren vom Reiz des Verbotenen. Wer mitreden will, muss das kennen, das ist genau so wie mit Texten von Skandal-Rappern." Nicht jeder Schüler, der „Landser" hört, ist ein Rechtsextremist. Nazi-Musik macht als Tabubruch Sex und Drogen Konkurrenz. Es mag richtig sein, dass Rechtsrock allein noch keinen Nazi macht, aber Ausländerhass und Rassismus werden auf diese Weise zur Normalität. Es braucht wenig Fantasie, um sich vorzustellen, welchen Stand Ausländer in einer Klasse haben, in der „Landser" als Stars gelten. Wie weit die verbotene Musik tatsächlich verbreitet ist, lässt sich nur schwer abschätzen. Tatsache ist, dass der Zugang für Jugendliche durch selbst gebrannte CDs und das mp3-Format im Internet leichter geworden ist.

Die Musik ist eine Brücke zu rechten Kameradschaften und zur NPD, wie erneut der Fall Pühse zeigt. Die NPD verteilte im August 2005 bundesweit ihre zweite Schulhof-CD, die 14 Lieder unter anderem von rechtsextremistischen

Skinhead-Bands enthielt.[18] Die CD hatte das typische Kontrollsystem durchlaufen und konnte daher nicht indiziert werden. Auf einer Schulhof-CD ist auch Landser-Sänger „Lunikoff" mit dem Stück „Fels in der Brandung" zu hören. Bis zu 200 000 CDs soll die NPD vor der Bundestagswahl und vor den Landtagswahlen in Schleswig-Holstein und Nordrhein-Westfalen an Schulen verteilt haben. Zur Landtagswahl in Mecklenburg-Vorpommern setzte die NPD den Kampf um die jungen Köpfe auf den Schulhöfen fort.

Bundesweit spielen nach Experten-Schätzungen etwa 200 bis 250 Bands Nazi-Musik. Im Jahr 2006 wurden 114 CDs mit Nazi-Rock produziert, dazu Demobänder von neuen Bands, die noch ohne Vertrag waren.[19] Zwar gibt es neben Rockern und den lange etablierten Liedermachern neuerdings auch weitere Musikstile wie Hiphop, Schlager, Hardcore oder Blackmetal, aber der Großteil spielt immer noch einen an schneller, harter Rockmusik orientierten Stil mit dem bekannten röhrenden Gesang. Zwar klingen die neuen Produktionen technisch nicht mehr so erbärmlich wie noch vor zehn Jahren, doch spielen auf den meisten CDs Musiker mit bescheidenem Talent und beschränktem handwerklichen Können. Die Vertriebsstrukturen sind dagegen hochgradig professionalisiert. Um den relevanten Markt kämpfen etwa 50 Label und Vertriebe, darunter kleine Imperien wie „V7 Records", das in den vergangenen Jahren Labels wie „Wotan Records" oder „TTV-Versand" geschluckt hat. Verlage wie „Rock Nord" um den smarten Düsseldorfer Torsten Lemmer kassierten über Jahre neben wenigen anderen, wobei Lemmer eher den Salon-Rechten gab und sich bewusst von der Straßenszene fernhielt, was ihm von Kameraden den Vorwurf einbrachte, ein Abzocker zu sein. Die Macher von „Rock Nord" brüsteten sich damit, in den 90er Jahren 40 bis 60 Prozent des gesamten Marktes abzudecken. Allein die

Kundenkartei umfasste etwa 24 000 Adressen. Mittlerweile werden jedoch viele rechte Labels von aktiven Kameraden geführt wie „Barbarossa Records" aus Sangerhausen und „Front Records" aus Wurzen, das seit 2001 mehr als 20 CDs produziert hat. Das bedeutet, dass die Kuchenstücke kleiner werden, aber auch, dass Neonazis ihr Hobby zum Beruf machen können. Sie bestreiten mit der Musik ihren Lebensunterhalt, und sie investieren Gewinne in den Kampf.

Das Internet ist für die Szene Fluch und Segen zugleich. Einerseits hat das Internet die Verbreitungsmöglichkeit vervielfacht, was die Ideologen freut. Jeder, der will, kann sich durch einen Mausklick mit Nazi-Rock versorgen, ohne sich einschlägige Fanzines besorgen zu müssen, was meist den direkten Kontakt zu Neonazis voraussetzt. Andererseits kämpfen Produzenten rechtsextremer Musik mit den gleichen Problemen wie die Musikindustrie insgesamt: Auch Nazi-Rock wird schwarz gebrannt und aus dem Netz heruntergeladen. Madonna kann Raubkopierer verklagen, eine Nazi-Band kann das nicht. Es spricht einiges dafür, dass die Gewinne durch das Internet eingeknickt sind, ein Millionen-Markt dürfte das Geschäft mit dem Hass aber nach wie vor sein. Genaue Zahlen gibt es nicht. Durch den technisch erleichterten Zugang erreicht Rechtsrock heute sehr viel mehr Jugendliche als noch vor Jahren. Die Verbreitung rechtsextremer Ideologie und damit die Rekrutierung von Nachwuchs ist aber nur eine Funktion der Musik. Eine andere wichtige Aufgabe ist, die Kameraden über Musik zusammenzubringen. 230 Nazi-Konzerte in ganz Deutschland wurden im Jahr 2006 gezählt.

Mit den langen Haaren und dem Habitus des älter werdenden 68ers ist Klaus Farin der Letzte, den man als regelmäßigen Besucher von Nazi-Konzerten vermuten würde. Doch der Jugendforscher und Buchautor, der zurückgelehnt am Konferenztisch des Archivs der Jugendkulturen sitzt, hat mehr Skinhead-Bands auf der Bühne gesehen als viele Neonazis, die regelmäßige Konzertgänger sind. Allerdings macht Farin das nicht als Freizeitspaß, sondern um darüber zu schreiben. Er ist der wohl beste Kenner der deutschen Szene, kennt seit Jahren die Organisatoren der Konzerte, tummelt sich in anonymen Internet-Foren, wo sich die Kameraden mit verschlüsselten Botschaften für die Konzerte verabreden. Wenn er von einem Konzert erfährt, bittet er die Veranstalter offen um Zutritt. In einem von vier Fällen sagen die Neonazis ja. Farin gilt den Rechten zwar als linke Zecke, aber auch als ausgewiesener Experte ihrer Subkultur. Und er geht einen unausgesprochenen Deal mit den Veranstaltern ein: keine Informationen an den Verfassungsschutz. Dennoch muss er Sicherheitsmaßnahmen beachten, damit er aus den Konzerträumen wieder heil herauskommt. „Ich gehe immer mit dem Veranstalter oder der Band in die Halle, damit klar ist, dass ich nicht heimlich da bin", sagt Farin, „und ich verlasse das Konzert spätestens nach der Hälfte, weil die Stimmung dann so aufgeheizt ist, dass es zu gefährlich wird."

Was Farin durch gute Kontakte und akribische Recherche gelingt, der Einlass und damit Einblick in hoch konspirativ geplante Nazi-Rockkonzerte, bleibt der Polizei oft verwehrt. Der Veranstaltungsort wird von den Kameraden per SMS und in Internet-Foren weitergereicht, die Anreise zum Konzert gleicht dann einem Räuber- und Gendarm-Spiel. Es geht über Autobahnen, Parkplätze, falsche Fährten und manchmal auch über Umwege durchs benachbarte Ausland zum Zielort. Wie Anfang 2006, als 500 Neonazis aus ganz Deutschland nach langer Irrfahrt schließlich in einer Lagerhalle im Karlsruher Hafen eintrafen, um Bands wie „Blutstahl" zu hören. Mehrere Hundertschaften Polizei stürmten das Gelände und stellten die Personalien fest.[20] Die meisten

Konzerte fanden im Jahr 2006 in Bayern statt, dort waren es allein 45. In Cham stand zeitweilig die ehemalige Diskothek „Froschkönig" als musikalisches Aufmarschgebiet zur Verfügung. Doch die Szene verlagert ihren Schwerpunkt von Jahr zu Jahr, je nachdem, wo sie den geringsten Verfolgungsdruck erwartet.

Klaus Farin erlebt bei den Konzerten die immer gleiche Dramaturgie. Die bekanntesten Bands treten kurz vor Schluss auf, allerdings nicht als letzte, weil die Besucher dann bereits vom Bier arg angegriffen sind. Oft werden härtere und radikalere Texte gesungen als auf den CDs. Einige Sänger halten zwischen den Stücken kurze politische Reden. Bier, Musik und Ideologie ergeben ein explosives Gemisch. „Ich habe noch kein Rechtsrock-Konzert besucht, wo es keine Massenschlägerei gab", sagt Farin, „das hat durchaus eine kathartische Wirkung. Die Gewalt entlädt sich untereinander." Das allein könnte als befremdliche Subkultur abgetan werden, aber die Konzerte sind auch Orte, an denen regelmäßig Straftaten geschehen. „Bei den meisten Konzerten gibt es ‚Sieg Heil'-Rufe aus dem Publikum", sagt Farin. Immer zeigen einige den Hitler-Gruß. Das ist nach Paragraph 86 des Strafgesetzbuches Verwenden von Kennzeichen verfassungswidriger Organisationen und gebietet, dass die Polizei einschreitet, wenn nicht schon strafbare Texte von der Bühne gesungen werden.

Die Behörden wissen das, aber sie tun sich schwer bei der Verfolgung und Verhinderung rechtsextremer Konzerte. Bis zum Verbot der deutschen Sektion von Blood&Honour – einer internationalen rechtsextremen Organisation, die das rechte Konzertwesen straff organisierte – durch das Innenministerium am 14.8.2000, kamen zu den Konzerten jeweils mehrere tausend Besucher. Nach dem Verbot ist die Szene konspirativer geworden. Die meisten Konzerte finden nur noch vor etwa 100 bis 200 Zuhörern statt. „Aber dieselben Leute, die vor Jahren die Konzerte organisiert haben, sind auch heute noch aktiv", sagt Klaus Farin. Nur sind sie vorsichtiger geworden. Jahre lang war es üblich, dass Skinheads die Konzerte filmten, das lassen die Organisatoren heute meist nicht mehr zu. Denn in den meisten Konzerthallen stehen auch Informanten vom Verfassungsschutz. Die Polizisten, die draußen vor der Tür stehen, wissen davon aber nichts, weil die Verfassungsschützer keine Strafverfolger sind. Um der Strafverfolgung zu entkommen, werden die Konzerte als private Geburtstagsfeiern angemeldet. Die Polizei beschränkt sich dann häufig auf Kontrollen bei der An- und Abreise. Ein Beamter, der regelmäßig mit rechtsextremen Musikveranstaltungen zu tun hat, hält das Vorgehen für falsch: „Irgendwann werden wir denen auch noch glauben, dass die zu Ostern Weihnachten feiern." Denn häufig gibt es Indizien, die gegen eine private Feier sprechen, etwa wenn von den vermeintlichen Gästen einer Geburtstagsparty Eintritt verlangt wird von Sicherheitskräften, die vor einer Kasse sitzen. Erfahren die Behörden rechtzeitig von einem geplanten Konzert, versuchen sie oftmals, die Veranstalter zu überlisten. Dann verbieten sie das Konzert aufgrund bautechnischer Mängel, wenn etwa nicht genug Toiletten für die erwartete Besucherzahl zur Verfügung stehen. Eine besonders scharfe Waffe im Kampf gegen rechts sind Toiletten nicht. So bleibt den Behörden oft das Nachsehen, wie im März 2007 in Mecklenburg-Vorpommern.[21] 500 Neonazis aus Berlin, Kassel, Regensburg und sogar Österreich wurden von einem Rasthof an der A24 durch rechte Scouts zum Zielort gebracht, dem Gasthof „Stepenitztal". Als die Polizei später an zwei Straßensperren Kontrollen durchführte, waren die Gäste schon am Ziel. Die Polizei teilte anschließend mit, sie habe nicht eingreifen könne, da weder indizierte Bands noch Titel bekannt gewesen seien. Den Beamten war offenbar die Band „Endstufe" entgangen, von der sehr wohl Texte als jugendgefährdend eingestuft wurden und auf dem Index stehen.

Die Auflösung eines Skin-Konzertes ist heikel. In jedem Fall führt der Abbruch zur Eskalation. „Gewalt gibt es, wenn die Polizei einschreitet oder wenn Gegendemonstranten da sind", sagt Klaus Farin. Die angetrunkenen, aggressiven Neonazis müssen nach der Polizeiaktion auf die Straße und damit in die Kleinstädte und Dörfer gelassen werden, wo sie sich Opfer suchen könnten. Um einen Zugriff der Behörden zu begründen, müssen Straftaten geschehen. Wenn Bands auftreten, deren Platten auf dem Index stehen, weil sie jugendgefährdend sind, können die theoretisch immer noch andere, strafrechtlich nicht relevante Stücke spielen. Der tschechische Menschenrechtler Ondrej Cakl von der Initiative Toleranz in Prag wirft den deutschen Behörden dennoch vor, nicht hart genug gegen die rechte Konzertszene vorzugehen. Cakl sammelte in Tschechien Informationen, die zur Verhaftung von etwa 50 Neonazis führten. Er besucht regelmäßig Nazi-Konzerte in Deutschland. „Da werden verbotene Texte von Bands gesungen, die dafür bekannt sind. Ich verstehe nicht, dass so viele Konzerte zugelassen werden", sagt Cakl. Mit seinen langen Haaren entspricht er exakt dem Feindbild der Rechtsextremisten. Was ihm dennoch möglich ist, nämlich Erkenntnisse über Straftaten bei Rechtsrock-Konzerten zu sammeln, sollte eigentlich auch der Polizei möglich sein. Zumal die Bedeutung der regelmäßigen Treffen innerhalb der Szene unstrittig ist: „Wenn es nicht die Musik wäre, gebe es keine Konzerte, ohne Konzerte gebe es kein Zusammenkommen, ohne Zusammenkommen gebe es keine Bindung (…). Ohne die Musik würde es die Szene nicht mehr geben." Dieses Zitat der amerikanischen Rechtsrock-Band „Machine H8" wurde in dem deutschen Fanzine „Rufe ins Reich" abgedruckt, übrigens in genau dieser Schreibweise.[22]

Der wichtigste Teil der Konzerte findet nicht vor der Bühne statt, sondern vor den Türen der Lagerhallen, Jugend-Clubs und Scheunen. Dort versammeln sich oft mehr Kameraden als drinnen. Hier werden Kontakte geknüpft, Verabredungen getroffen, von Mann zu Mann. Ohne befürchten zu müssen, abgehört zu werden, wie das bei Telefongesprächen immer möglich ist. Die Konzerte sind wichtige Kristallisationspunkte, an denen sich die Szene vernetzt. Das nutzt auch die NPD. Die Jugendorganisation Junge Nationaldemokraten organisiert Konzerte, wo sie mit geschultem Personal versucht, Nachwuchs zu rekrutieren. Das Pressefest des NPD-Organs „Deutsche Stimme" bietet regelmäßig rechtsextremen Bands wie „Spreegeschwader" und „Kraftschlag" eine Bühne. Der rechte Jahrmarkt mit dem völkischen Soundtrack zieht einmal im Jahr mehrere tausend Besucher an. Da gibt es dann eine Hüpfburg für die Kleinen und Hass für Mama und Papa.

Kampfzone Schule

Nein, ausländerfeindlich will Nicole nicht sein. „Die Ausländer, die hierher kommen, um aus ihrem Leben etwas zu machen, studieren wollen und so, gegen die hat ja niemand etwas", sagt die Fünfzehnjährige, „aber es sind ja viele darunter, die kommen hierher, um das Geld zu kassieren und um mit Drogen zu handeln." Das kesse blonde Mädchen spricht mit burschikoser Pose. „Hier ist schon viel Scheiße in der Hinsicht passiert." Nicole besucht die neunte Klasse der Mittelschule im sächsischen Kamenz. Einer jener schmucklosen grauen Plattenbauten, die noch immer an die DDR erinnern. In den Fluren und Klassenräumen hat längst die neue Zeit Einzug gehalten. Sie kam mit vielen Aussiedlern und Immigranten. Gleich nach der Wende stieg der Ausländeranteil in den Klassen beträchtlich. Iraner, Kasachen, Russlanddeutsche. Es musste eine neue Klasse aufgemacht werden, in der Deutsch als Zweitsprache unterrichtet wurde.

Vor Nicole sitzt ein bildhübsches, schlankes, schwarzhaariges Mädchen mit mandelförmigen Augen. Die verdreht sie, als sie hört, was Nicole erzählt. „Also ich denke, es gibt Russen, die Mist bauen, und es gibt aber auch genauso gut Deutsche, die Mist bauen", sagt sie, „bloß die Deutschen sehen nur, wenn die Ausländer irgendwas falsch machen. Was bei ihnen falsch läuft, das vertuschen sie lieber." Die Schülerin spricht akzentfreies Deutsch, nur der kehlige Klang ihrer Stimme verrät, dass sie nicht von hier ist. „Ich bin selber Russin", erzählt sie, „anfangs war es ganz schön schwer hier. Die haben uns oft runtergemacht, uns gesagt, dass wir wieder abhauen sollen." Heute sei das anders. Sie und Nicole sind miteinander befreundet, und Nicole versichert auch gleich, dass das eine ordentliche Familie sei.

Martin Dulig trifft in deutschen Schulen immer auf die gleichen Klischees. Dulig ist Landtagsabgeordneter der SPD in Sachsen und stellvertretender Vorsitzender des „Netzwerkes für Demokratie und Courage e. V.", das er mit gegründet hat. Der Verein veranstaltet deutschlandweit Projekttage in Schulen zum Thema Ausländerfeindlichkeit und Rechtsextremismus, bietet Weiterbildungen für Lehrer zu diesen Themen an. Mit 911 Veranstaltungen vor über 18000 Schülern im Jahr 2006, die genau analysiert werden, hat Dulig so genaue Kenntnisse über rechtsextreme Einstellungen an Schulen wie kaum ein anderer deutscher Politiker. Die Vorurteile gegenüber Ausländern ähneln sich in Ost und West, sagt der

Sozialdemokrat. „Ausländer sind kriminell, nehmen uns die Arbeitsplätze weg, grapschen unsere Frauen an und wollen hier nur Stütze kassieren." Dulig kennt das von unzähligen Projekttagen in ganz Deutschland. Doch es gibt deutliche Unterschiede zwischen Ost- und Westdeutschland. Rechtsextreme Einstellungen werden zwar überall an deutschen Schulen geäußert, „nur in Westdeutschland sind sie nicht so auffällig, nicht so offensiv. Da sind es meistens ein oder zwei Schüler in der Klasse", sagt er, „von denen ist das bekannt. Aber sie spielen keine große Rolle." In den alten Bundesländern gibt es bei den Projekttagen selten Auseinandersetzungen innerhalb der Schule. Das geschieht eher außerhalb. „Im Schwarzwald sind wir von der dortigen Kameradschaft begrüßt worden", erzählt Dulig. Er und seine Kollegen hielten für die „Gewerkschaft Erziehung und Wissenschaft" einen Vortrag in einem Gasthof. „Auf der Terrasse machte es sich die ortsansässige Kameradschaft bei einem Bierchen ganz bewusst bequem." Offenbar wollten die Kameraden den angereisten Gästen zeigen, wer hier das Sagen hat. Dagegen verzichten rechte Jugendliche in ostdeutschen Schulen auf subtile Gesten: „Hier treten die ganz offen und selbstverständlich auf, verstecken ihre Gesinnung überhaupt nicht. Diese Gesinnung wird auch von den Schülern, die nicht rechts sind, akzeptiert. Die finden das ganz normal." Das rechte Denken ist ein so fester Bestandteil ihres Alltags geworden, dass die Mitarbeiter von Courage von Schülern immer wieder eigenwillige Ansichten hören wie: „Wenn ihr gegen Rechte seid, dann seid ihr doch selber intolerant."

Die Anzahl rechtsextremer Vorfälle an Schulen spricht eine deutliche Sprache. 2005 wurden etwa in Sachsen über 150 angezeigt, 2006 waren es ebenfalls über 100. Nicht besser ist die Lage im benachbarten Sachsen-Anhalt: Schüler, die ein Bild von Adolf Hitler auf ihrem Handydisplay haben, im Speisesaal eine Goebbelsrede abspielen, die sie auf ihrem Handy gespeichert haben, oder ihre Lehrer schon mal mit „Sieg Heil!" empfangen. In Bautzen waren drei Schüler während des Sportunterrichts offenbar nicht ausgelastet. Mit einer Eisenwalze rollten sie ein zehn mal zehn Meter großes und ein Meter breites Hakenkreuz auf den Sportplatz. Das ist schon logistisch von anderer Qualität als eine Kritzelei auf der Toilette. Die Liste ließe sich fortsetzen.

Klaus Krahl kennt das Problem. Seit 1997 ist er Direktor der Mittelschule in Kamenz. An seiner Schule gab es in der Vergangenheit mehrere Vorfälle mit rechtsextremem Hintergrund. In einer achten Klassen brüllten zwei Schüler jedes Mal „Sieg Heil!", wenn der Sportlehrer ihnen den Rücken zudrehte. Letztlich wurden die Schreihälse ermittelt. „Ich habe die Schüler angehört und bin auch verpflichtet, die Verwendung verfassungsfeindlicher Symbole oder Parolen anzuzeigen", sagt Klaus Krahl. Besonders glücklich wirkt er dabei nicht, „ich bin nach wie vor der Auffassung, dass Schule in erster Linie zu erziehen hat. Wenn wir uns dann auf Gesetzlichkeiten berufen müssen oder der Anwalt eingeschaltet wird, dann ist etwas falsch gelaufen." Die Anzeige verlief im Sand. Die zuständige Staatsanwaltschaft in Bautzen stellte das Verfahren ein. Die beiden Schüler waren Ersttäter und geständig, hieß es zur Begründung. „Das ist frustrierend", sagt Klaus Krahl, „weil das eben kein Einzelfall ist." Die rechten Sprüche gehen einher mit Gewaltbereitschaft. An den Wochenenden toben sich Vandalen an der Schule aus. Die Täter steigen über den Schulzaun, werfen Fenster ein und demolieren, was sie in die Hände kriegen können. „Da erhalte ich von der Staatsanwaltschaft Schreiben, in denen steht, dass die Täter nicht ermittelt werden konnten oder die Anzeige wegen Nichtigkeit eingestellt wird", sagt der Direktor. Die Signale der Staatsanwälte kamen durchaus an, zumindest bei einem der Schüler, der im Sportunterricht mit „Sieg Heil"-Geschrei aufgefallen war. In einen Chatroom, der von vielen Schülern genutzt wird, stellte der Junge ein Hakenkreuz ein. Direktor Krahl stieß eher zufällig auf diese Internetseite. Eltern hatten einen entsprechenden Hinweis auf den Chatroom gegeben und Krahl stieß auf das verbotene Hakenkreuz. Der Direktor übernahm Detektivarbeit und fand heraus, wer sich hinter dem Fantasienamen unter dem Hakenkreuz verbarg. Eben jener Schüler, der im Sportunterricht wiederholt „Sieg Heil" gerufen hatte. Klaus Krahl schätzt den Schüler einer achten Hauptschulklasse nicht als überzeugten Neonazi ein, sondern als pubertierenden Jugendlichen, der durch Provokationen auf sich aufmerksam machen will. Sozialarbeiter, die in Schulen arbeiten, bestätigen diese Einschätzung: In den achten und neunten Klassen festigt sich zwar bei vielen ein rechtsextremes Weltbild, aber die Jugendlichen sind in diesem Alter noch offen für Argumente. In den zehnten Klassen jedoch finden sich bereits bestens informierte Rechtsextremisten mit einem festen Weltbild, die kaum noch erreichbar sind. Weghören und Wegsehen ist für Krahl dennoch tabu. Der Direktor setzt Grenzen, und er bietet damit Orientierung. Seine Botschaft: Es gibt Richtig und Falsch und es gibt Grundregeln, die für alle gelten.

Martin Dulig unterscheidet drei Typen von Schülern, die ihm bei dem Schulprojekt immer wieder begegnen. „Die eine Gruppe sind die harten Ideologen, die treffe ich überall, auch in den Gymnasien", sagt der Sozialdemokrat, „dann gibt es die erklärten Nicht-Rechten. Das sind Jugendliche, die aus verschiedenen Gründen das rechte Gedankengut vehement ablehnen." Die dritte und größte Gruppe sind diejenigen, die sich gar nicht positionieren oder in der politischen Mitte einorden. „Die Argumentationen der Rechten in den Klassen ähnelt sich deutschlandweit", stellt Dulig fest, „du hörst dann immer wieder, wie regionale Wirtschaftskreisläufe geschaffen werden könnten, um endlich die Grenzen dichtzumachen. Wie Sozialhilfe für Ausländer besser in die Entwicklungshilfe gesteckt werden könnte, damit die Ausländer schön draußen bleiben." Die Ideen der Schüler sind keine Eigenkompositionen. Vokabeln wie die von den „regionalen Wirtschaftskreisläufen" stammen aus NPD-Materialien. Ein Beleg dafür, dass der Versuch, Schule als Rekrutierungsfeld zu missbrauchen, Früchte trägt.

Die wirklich überzeugten und geschulten Rechtsextremisten sind an vielen Schulen nicht in der Mehrheit. Dennoch besitzen sie oft die Deutungshoheit in Klassen. „Wenn ich eine Klasse vor mir habe, und da sitzen drei Nazis und ein Schüler wagt es, ihnen zu widersprechen, dann macht einer von den Nazis ‚psst' und schon ist Ruhe. Da weiß ich, hier gibt es Einschüchterung", berichtet Dulig. Viele derjenigen, die sich eher der politischen Mitte zuordnen, besitzen gleichwohl rechtsextreme Einstellungen, so Dulig. Ihr Bild von Ausländern ist ebenfalls von Vorurteilen, Angst und Klischees geprägt, nur halten sie das für die Sicht der Mehrheit. Oft fordern die Unentschiedenen in den Klassen für gestandene Rechtsextremisten Toleranz ein. Rechtsextremismus in Gedanken und Attitüde ist für sie normal. Darum ist es nicht wirklich beruhigend, wenn in einer Studie aus dem Jahr 2004 der Anteil rechtsextremer Schüler mit lediglich 2,1 Prozent beziffert wird.[23] Es wundert nicht, dass vor allem jüngere Schüler noch nicht alle Bestandteile wie nationalsozialistisches Geschichtsbild, Biologismus, Nationalismus, Antisemitismus und Ausländerfeindlichkeit zu einem geschlossenen Weltbild verarbeitet haben. Gefährlich ist aber die Gruppe der Unentschiedenen. Über 30 Prozent der Schüler haben eine indifferente Einstellung zu zivilen Tugenden.

Der Schülersprecher der Mittelschule in Kamenz sieht in seiner Stadt eher ein Problem mit Links- als mit Rechtsextremismus. „Die Linken werden nicht so streng behandelt wie die Rechten. Davon bin ich manchmal enttäuscht", sagt der Fünfzehnjährige, „Nazis werden eher mal erkannt und dann auch bestraft." Das sei ungerecht. Auf Nachfrage, was denn Linke in Kamenz so anstellen, bleibt er die Antwort schuldig. Der Schüler ist kein Rechter, wie er betont. Er leitet die katholische Jugendgruppe, ist gesellschaftlich engagiert. Doch für ihn und seine Mitschüler ist es normal, dass ein Teil von ihnen rechtsextreme Einstellungen hat. Die Hälfte, schätzt er. Vor einigen Jahren hätte es einen Aufschrei gegeben. „Wehret den Anfängen!", hieß das auch im staatlich verordneten Antifaschismus der DDR. Heute sind diese Grenzen längst überschritten. Rechtsextremismus ist zu einer akzeptablen Einstellung geworden. Von den Ausländern in der Stadt besitzt der Schülersprecher ein klares Bild: „Die sehen keinen Sinn mehr in ihrem Leben. Die sind in der Schule schlecht, saufen nur noch, nehmen Drogen und prügeln sich." Er erzählt, dass vor kurzem erst Ausländer einen Punker zusammengeschlagen hätten. Die gleiche Geschichte wird in anderen Klassen völlig anders erzählt. Da heißt es, Rechte hätten Ausländer und Linke gejagt oder umgekehrt. Keiner weiß Genaues, aber jeder passt die Geschichte seiner Weltsicht an.

„Die Schule ist das Spiegelbild der Gesellschaft", sagt Klaus Krahl. „Eltern sind immer mehr damit überfordert nachzuvollziehen, was ihre Kinder in ihrer Freizeit so treiben." Sie können kaum noch Forderungen durchsetzen wie pünktliches Nachhausekommen oder dass Haushaltspflichten übernommen werden. In vielen Familien seien Strukturen die Ausnahme. Anders gesagt: Die Eltern haben keine Kontrolle mehr über ihre Kinder. „Dieses Problem wird durch das dreigliedrige Schulsystem verstärkt", sagt Krahl, „hier haben wir eine Zusammenballung von Schichten, die solche Probleme haben."

Hier – das ist das Ghetto von Kamenz, so nennen die Einwohner ein Neubaugebiet aus DDR-Zeiten. Dort sind diejenigen hängen geblieben, die den Sprung in die neue Zeit nicht geschafft haben. Wo viele auf Hartz IV sind, wie sie selber sagen. Die sehen für sich und ihre Kinder keine Hoffnung auf Besserung. In diesem Neubaugebiet haben sich viele Ausländer angesiedelt und Russlanddeutsche. Hier gedeiht keine multikulturelle Idylle, eher ein Sprengsatz. Hier gibt es Parallelgesellschaften, die sich lediglich in dem Gefühl ähneln, ganz unten zu stehen.

Massive Probleme bekam die Kamenzer Mittelschule im Jahr 2004 in einer zehnten Klasse. Der aus dieser Klasse stammende Schülersprecher bekam Rückhalt von einem rechten Familienmilieu. „Sein Vater war entweder Sympathisant oder Mitglied der NPD", sagt Klaus Krahl. Dem Direktor wurde klargemacht, dass seitens des Elternhauses keine Zugeständnisse an die Schule gemacht werden, als es um die Kleidung des Schülers ging. Der Junge trug die Szene-Marke „Thor Steinar" und demonstrierte damit offen seine Einstellung. Direktor und Lehrer versuchten dem Schüler und seinen Eltern zu vermitteln, dass er als Schulsprecher ein Vorbild sein soll und forderten ihn auf, die Marke in der Schule nicht mehr zu tragen. Doch die Eltern stellten sich hinter ihren Sohn. Die Schule war machtlos. In der Schule tauchten zur gleichen Zeit Aufkleber mit rechten Parolen auf, die Direktor Krahl gleich zum Verfassungsschutz schickte. Er vermutete, dass eine Organisation am Werk war. Einige Schüler besaßen offensichtlich Verbindungen zur ortsansässigen Kameradschaft. Krahl und Kollegen wollten die Klasse nicht aufgeben. „Wir haben versucht, mit diesen Schülern im Dialog zu bleiben", sagt Krahl, „das Wichtigste ist ja, dass sie nicht ausgegrenzt werden." Der Direktor will an das Gute im jungen Menschen glauben, er vertraut auf Pädagogik.

Letztlich setzten die Lehrer ein Neutralitätsgebot in der Schule durch. Danach müssen die Schüler in der Schule auf Kleidung oder Anstecker verzichten, die politisch provozieren könnten. Linke Schüler dürfen also kein „Nazis raus" auf T-Shirts oder Ansteckern tragen. Rechte Jugendliche müssen auf ihre „Pitbull"-Sweatshirts und auf „Thor Steinar" verzichten. „Das war die einzige Chance, im Schulbetrieb zurechtzukommen", sagt Krahl, „das Ganze funktioniert. Aber uns ist klar, dass die Symbole in der Freizeit weiter getragen werden."

Darüber hinaus organisierte der Direktor eine Informationsveranstaltung für die Lehrer. Experten klärten über Symbole und Zeichen der rechten Szene auf, die für einen Laien nicht zu erkennen sind. Damit sind die Lehrer vorbereitet, wenn Schüler versuchen, rechte Propaganda in die Schule zu tragen, und das Neutralitätsgebot unterminieren. Schwierig wird es bei der Musik. Die Lehrer sind überfordert zu kontrollieren, was Schüler hören, gibt Direktor Krahl freimütig zu. „Herausfinden, was nun zur rechten Szene gehört und was nicht, das kann ein Lehrer nicht leisten", sagt Krahl. Dazu müssten sie ihren Schülern die Ohrstecker abnehmen und selbst hören. Die Informationsbroschüren des Verfassungsschutzes raten, sich eingehend mit den Abbildungen auf der CD-Hülle und den Einlegeheften zu befassen. Doch die Schüler haben Musik auf ihren MP3-Playern oder Handys gespeichert. Cover oder Einlegehefte sind gar nicht vorhanden.

Bei der ehemaligen zehnten Klasse mit ihrem rechtsextremen Schulsprecher erreichten die Lehrer in Kamenz nichts mehr. Direktor Krahl und seine Kollegen mussten eine

115

Niederlage einstecken. Die lässt sich sogar datieren: auf den 2. Oktober 2006. Die Mittelschule lud zum Tag der offenen Tür. Es kamen auch die Schüler aus jener zehnten Klasse und erklärten, sie wollten mal schauen, was aus ihrer alten Schule geworden ist, und ihre Lehrer von früher besuchen. „Einen Tag später haben wir erfahren, dass diese Schulbesuche dazu dienten, die Schulhof-CD der NPD zu verteilen", sagt Klaus Krahl. Er klingt resigniert.

Für Lehrer ist Rechtsextremismus ein Problem von vielen, die eigentlich nichts mit Schule zu tun haben, so wie Mobbing und Gewalt. Für den Umgang mit diesen Entwicklungen gibt es keine festen Regeln, erst mal steht der Lehrer mit dem Problem allein da. Immer wieder treffen die Sozialarbeiter in den Schulen aber auch auf eine wacklige Haltung. „Wenn mir eine Lehrerin sagt, sie habe da einen in der Klasse sitzen, der sei wohl eher rechtsorientiert, der findet nämlich Adolf Hitler gut", fährt Dulig fort, „da muss ich doch sagen, wer Hitler gut findet, der ist nicht rechtsorientiert, der ist rechts." Dulig erkennt große Unterschiede in den Schultypen. An Gymnasien breitet sich ein intellektueller Rechtsextremismus aus, der aber meist auf den Widerspruch der Mehrheit trifft. An Mittel- oder Realschulen dagegen werden rechtsextreme Einstellungen von größeren Gruppen vertreten. Ein massives Problem gibt es an den Berufsschulen. Da treffen die Mitarbeiter des Schulprojekts immer wieder auf Klassen, die fest in der Hand überzeugter Rechtsextremisten sind. Abweichler sind selten und werden, wenn es sie denn gibt, massiv eingeschüchtert. „Was bei uns in der Klasse an Ausländerwitzen und rechten Sprüchen abgeht, ist übel", berichtet ein Berufsschüler aus dem sächsischen Rochlitz, „ich bin der Einzige, der anders denkt."

Unterschiede gibt es jedoch auch von Ort zu Ort. Wo Projekte und Vereine rechtsextremen Umtrieben etwas entgegensetzen, gelingt es auch den Lehrern besser, ihre Schüler zu Demokraten zu erziehen. Die politische Kampfzone hat sich bis in die Schulklassen ausgeweitet. Das haben noch längst nicht alle Lehrer bemerkt. Auf die größten Probleme treffen die Mitarbeiter vom Verein „Courage zeigen" da, wo Lehrer den jungen Rechten passiv und ohne feste Haltung gegenübertreten. Dulig beobachtet jedoch Fortschritte: „Das ist das Positive unserer Arbeit in den vergangenen Jahren, dass sich an Schulen, in die wir häufiger kommen, Stück für Stück etwas verändert."

Nora Goldenbogen macht andere Erfahrungen. Sie leitet den jüdischen Verein Hatikva in Dresden, der jüdische Kultur und Religion vorstellt. Der Verein wird immer wieder zu Projekttagen in Schulen gebeten oder lädt Schulklassen in die Vereinsräume in der Neustadt. Mehrere Tausend Schüler pro Jahr lernen auf diese Weise das Judentum kennen. Goldenbogen spürt einen wachsenden Antisemitismus bei den Schülern. „Seit Ende der neunziger Jahre wird das in normalen Schulklassen immer deutlicher", sagt sie, „die betrachten die Juden von vornherein als minderwertig und haben überhaupt keine Neugier, etwas kennen zu lernen." Juden werden als potenzielle Opfer betrachtet, die in der Rangordnung ganz unten stehen. „Jude wird zunehmend ein Schimpfwort, haben mir viele Lehrer bestätigt", sagt Nora Goldenbogen. Sie setzt Kennenlernen gegen Vorurteile. Allerdings ist das gerade in Ostdeutschland schwierig. Die jüdischen Gemeinden sind klein, und es gibt immer mehr Zuwanderer aus der ehemaligen Sowjetunion. Dadurch wird das Bild noch einmal gebrochen, sagt Nora Goldenbogen. Die Juden aus Russland werden vor allem als Zuwanderer wahrgenommen. Klischees über die Fremden mischen sich mit antisemitischen Vorurteilen. Aus den Klischees ergeben sich Vorwürfe. Neuerdings beziehen die sich vor allem auf die Politik Israels. „Ich

werde ständig gefragt, warum Israel so eine Politik macht",
sagt Nora Goldenbogen, „meist mit vorwurfsvollem Unterton." Nora Goldenbogen ist Deutsche, sie ist in Dresden geboren, hat nie in Israel gelebt. Mit der Politik Israels hat sie
nichts zu tun. Man könnte den jugendlichen Antisemitismus, den Nora Goldenbogen erfährt, als Provokation deuten
oder als Protestverhalten gegen die Elterngeneration. Allerdings deuten die Zahlen eher darauf hin, dass tradierte Vorurteile an die junge Generation vererbt werden. Nach einer
aktuellen Umfrage halten 17,8 Prozent der in Deutschland
Befragten den Einfluss der Juden auch heute noch für zu
groß. 13,6 Prozent sind der Meinung, dass Juden etwas Be-
sonderes und Eigentümliches an sich haben „und nicht so
recht zu uns passen".[24]

Direktor Krahl aus Kamenz ist wie gesagt keiner, der
wegschaut oder Angst hat, dass seine Schule ein Imagepro-
blem bekommen könnte. Er war einer der ganz wenigen
Schuldirektoren, die sich in Sachsen überhaupt bereit erklärten, mit Journalisten zu sprechen. Andere Schulen, an denen
es rechtsextreme Straftaten gab, verweigerten Interviews.
Die Angst vor der Stigmatisierung ist groß. Schule darf nicht
nur gegen etwas sein, sie muss auch etwas bieten. Freizeitangebote etwa, sagt Krahl. Seine Schüler verbringen einen
Großteil ihrer Zeit außerhalb der Klassenräume. Oft in einem
zerrütteten sozialen Umfeld, das ihnen keine Orientierung
geben kann. Sinnvolle Angebote sind Mangelware. „Deshalb
haben wir unsere Ganztagsbetreuung ausgebaut", sagt Krahl,
„insgesamt bieten wir dreißig verschiedene Projekte an."
Dazu gehört ein Vertrag mit einem Fitnessstudio, das die
Schüler nutzen können. Auf einem Reiterhof arbeiten Schüler in dem Projekt „Leben und arbeiten mit Pferden", und
auch in der Schule gibt es Möglichkeiten, angefangen bei
Computerkursen über Hausaufgabenbetreuung, was die Fa-

milien oft nicht mehr leisten, bis hin zu Sport. Für Klaus Krahl ist das ein Weg, die Defizite der Jugendlichen, die sie von zu Hause und aus ihrer Nachbarschaft mitbringen, auszugleichen.

Dass solche Angebote dringend notwenig sind, zeigt ein Blick auf die NPD. Der sächsische Lehrerverband rät Eltern und Lehrern zu erhöhter Wachsamkeit. Die NPD bietet in einigen Regionen kostenlose Nachhilfe an. Vor allem in der Sächsischen Schweiz gebe es eine Vielzahl solcher Angebote seitens der rechtsextremen Partei. Dabei nimmt die NPD selbst die Kleinen ins Visier. Nach Angaben des Lehrerverbandes gibt es Angebote schon für Zehnjährige. Kinder und Jugendliche sind eine bevorzugte Zielgruppe für die NPD. Vor allem für Alleinerziehende und sozial Schwache klingen die Offerten der NPD verlockend. Das Vorgehen der Rechtspartei zeigt, wie wichtig es ist, dass der Staat sich nicht aus der Verantwortung stiehlt. Die NPD versucht, in Versorgungslücken zu stoßen. Der sächsische Lehrerverband fordert daher einen Ausbau der Ganztagsschulen mit einem Betreuungs- und Freizeitangebot. Eine Forderung, die für Westdeutschland ebenso dringlich ist wie für den Osten.

Die Angebote der Kamenzer Mittelschule werden rege genutzt. Seit die problematische zehnte Klasse die Schule verließ, gibt es keinen organisierten Rechtsextremismus mehr an der Schule. Die Schüler aus der achten Klasse will Direktor Krahl auch noch vom „rechten Weg" abbringen.

Lifestyle Neonazi

In den 90er Jahren war es leicht, junge Neonazis zu erkennen. Die Szene war dominiert von rechten Skinheads, die Springerstiefel mit weißen Schnürsenkeln trugen, Bomberjacken und immer häufiger auch Shirts der Marke „Lonsdale", weil mit der Buchstabenkombination NSDA so schön das Bekenntnis zur Hitler-Partei demonstriert werden konnte. Irgendwann wurde Lonsdale der Imageschaden zu groß und die Firma startete eine Kampagne: „Lonsdale loves all colours." So viel Antirassismus passte wiederum den Neonazis nicht, weshalb es in der Szene zu Kleider-Verbrennungen kam und zum massenhaften Trikottausch.

Mittlerweile treten Neonazis, wie die Fälle von Gewalttaten zeigen, unauffälliger auf, im schwarzen Kapuzenpulli und in Turnschuhen, auf den ersten Blick nicht mehr unterscheidbar von anderen Jugendkulturen. Der modische Stilwechsel ist auch Ausdruck des Strategiewechsels. Der hässliche Bürgerschreck hat im rechten Lager weitgehend ausgedient, für den Marsch in die bürgerliche Mitte, in Vereine, Feuerwehren und Parlamente muss der Neonazi besser gekleidet sein. Zugleich entziehen sich die Kameraden damit einer simplen Stigmatisierung durch Polizei oder Schulleiter. Die ideale Verkleidung des rechten Weltbildes liefert die Modemarke Thor Steinar, die 2002 von der Firma Mediatex in Brandenburg gegründet wurde. Die Shirts und Kapuzenpullis sind von guter Qualität, bieten massenkompatiblen Straßenschick und funktionieren doch als Erkennungszeichen, was den Kameraden wichtig ist, schließlich ist die Szene kein Verbund von Individualisten, sondern eine kollektivistische Gemeinschaft, die ihre Zusammengehörigkeit zeigen will, wenn auch codiert.

Thor Steinar ist ein gutes Beispiel dafür, wie schwer sich der Staat mit den taktischen Anpassungen und Ausweichmanövern im rechten Lager tut. Im November 2004 verbot die 2. Große Strafkammer des Landgerichts Neuruppin das Logo von Thor Steinar, das die Tyr-Rune (Todesrune) mit der Gibor-Rune (Wolfsangel) kombinierte.[25] Die Begründung:

Das Logo sehe Zeichen nationalsozialistischer Organisationen zum Verwechseln ähnlich. Denn beide Zeichen haben eine Nazi-Geschichte: Die Tyr-Rune wurde von den SA-Reichsführerschulen verwende, die „Wolfsangel" war das Symbol der SS-Division „Das Reich". Im Jahr 2005 liefen etwa 260 Verfahren wegen des Tragens von Thor Steinar.[26] Im September 2005 hob allerdings das Oberlandesgericht Brandenburg das Verbot wieder auf. Das führte zu der Merkwürdigkeit, dass Kameraden in Brandenburg die kombinierten Nazi-Symbole tragen durften, während das Verbot in Berlin und anderen Bundesländern fortbestand. In Berlin etwa wurde am 1. März 2006 ein 24-jähriger Lehrling vom Amtsgericht Tiergarten zu 7 Monaten Haft auf Bewährung und 150 Arbeitsstunden verurteilt, weil er ein Kapuzenshirt mit den verbotenen Runen getragen hatte.[27] Dass das Tragen der Marke durchaus etwas mit seiner Gesinnung zu tun hatte, zeigten die Vorstrafen. Schon zwei Jahre vorher war der junge Mann wegen Volksverhetzung zu einer Geldstrafe verurteilt worden. In Berlin wurden allein von Januar bis März 2006 weitere 30 Ermittlungsverfahren gegen Träger von Thor Steinar wegen des verbotenen Symbols eingeleitet.

Die Hersteller tauschten aufgrund des Verbots das Logo aus, aber seither genießt das Label unter Kameraden höchstes Ansehen. Der Tabubruch bleibt im kollektiven Gedächtnis. Wenn also in Großenhain der Betreiber eines Jugendclubs wie beschrieben Trägern von „Thor Steinar" den Eintritt verwehrt, dann ist sein Gedanke nicht abwegig, sich auf diese Weise Sympathisanten des Nationalsozialismus in den Weg zu stellen. Überall in Deutschland, vom Prenzlauer Berg in Berlin bis in die Provinz, verkaufen Läden und Army-Shops moderne Uniformen des jungen Rechtsextremismus und dienen als Treffpunkte für die Szene, wo Kameraden zugleich Informationen austauschen. Neben Thor Steinar werden dort auch andere Marken gehandelt wie Masterrace oder Consdaple, wo sich die Buchstaben NSDAP ausgeschrieben aneinanderreihen. Dazu kommen Spiele mit Zahlencodes: Die 18 auf Shirts bedeutet „Adolf Hitler", hier sind die Anfangsbuchstaben A und H im Alphabet abgezählt, 88 bedeutet HH, für „Heil Hitler". Das alles kommt im Outfit des modernen Großstadtmenschen daher. Jugendforscher warnen davor, sich auf die ständig wechselnden Provokationen einzulassen, und fordern Gelassenheit. Doch wie sollen Schulleiter gelassen auf Sympathiebekundungen für Adolf Hitler reagieren? Es gibt Schulleiter, die es wichtiger finden, eindeutige Grenzen zu setzen, anstatt Gelassenheit zu demonstrieren. Sie verbieten Kleidung mit rechtsextremer Symbolik an ihren Schulen und setzen auch für die Mehrheit der unpolitischen Schüler ein deutliches Signal: Keine Toleranz für die Feinde der Toleranz, auch wenn es sich um den intoleranten Nachwuchs handelt.

5. Populäre Irrtümer über Rechtsextremismus

Neonazis wohnen in der Platte, irgendwo zwischen Rostock und Dresden. Auf diese platte Formel scheint die öffentliche Diskussion bisweilen das Problem zu reduzieren. Der Befund scheint tatsächlich eindeutig: Gemessen an der Einwohnerzahl werden in Ostdeutschland dreimal so viele rechte Gewalttaten verübt wie in Westdeutschland. Die NPD konnte zuletzt sowohl in Sachsen (9,2 Prozent) als auch in Mecklenburg-Vorpommern (7,3 Prozent) in den Landtag einziehen. In der Öffentlichkeit wird Rechtsextremismus häufig als ostdeutsches Problem diskutiert. Richtig ist, dass es in Ostdeutschland ein ganz spezielles Konglomerat von Ursachen gibt. Richtig ist aber auch, dass der Rechtsextremismus im Westen lediglich ein anderes Gesicht hat.

Zur Entstehung von Rechtsextremismus werden diverse Theorien diskutiert: Vertreter der Desintegrations-Theorie, die auf den Bielefelder Soziologen Wilhelm Heitmeyer zurückgeht, betonen die Bedeutung von sozialen Krisen. Demnach sind es die von der Gesellschaft Abgehängten, die sich im sozialen Wandel als Verlierer empfinden und in ihrer Orientierungslosigkeit anfällig sind für rechtsextreme Lösungen. Von diesen Modernisierungsverlierern gibt es im Osten mehr als im Westen. Eine zweite These sieht im Thema „Ausländer" die wichtigste Keimzelle für Rechtsextremismus. Die entsprechenden Erklärungen kreisen rund um die Frage von Überfremdungsangst und Fremdenfeindlichkeit. Politiker betonen dagegen das Thema Arbeitslosigkeit. Sie stellen nach rechtsextremen Wahlerfolgen gern die simple Gleichung auf: Hohe Arbeitslosigkeit gleich hohe Politikverdossenheit gleich viele rechte Stimmen. Das nennen sie dann Protestwahl. Politologen variieren diese eindimensionale Deutung und betonen den Zusammenhang zwischen sozialem Status und Rechtsextremismus. Diese These argumentiert, dass es ein Prekariat gebe, das nicht arbeitslos ist, aber sich doch massiv von Arbeitslosigkeit bedroht fühlt und in seiner Verlustangst anfällig ist für rechte Ideologien. Eine vierte, eher psychologische Interpretation sieht in Persönlichkeitsmerkmalen wie geringem Selbstbewusstsein und Ängstlichkeit die Basis für eine rechtsextreme Karriere.

Rechtsextremismus ist kein einheitliches Phänomen, sondern bezeichnet sowohl Verhalten als auch Einstellungen, was häufig vergessen wird. Der ostdeutsche Rechtsextremismus ist jung und gewaltbereit, wie der Politikwissenschaftler Richard Stöss vor Jahren treffend charakterisierte. Allerdings ist er längst nicht mehr so unideologisch wie behauptet. Die Kameradschaften politisieren sich, nehmen verstärkt an Demonstrationen teil und vernetzen sich zum Teil mit der NPD, wie Verfassungsschützer beobachten. Natürlich ist die wirtschaftliche Lage im Osten bedeutsam: Im April 2007 waren im Osten 15,9 Prozent der Menschen arbeitslos, im Westen nur 7,8 Prozent.[28] Das bedeutet nicht nur, dass der Anteil derer doppelt so hoch ist, die sich eher sozial benachteiligt fühlen, sondern erklärt auch, warum die Zustimmung zur Demokratie im Osten deutlich geringer ausfällt. Wer seit der Wende arbeitslos ist, wird die Demokratie nicht so leicht als das bestmögliche System ansehen. Die westdeutsche Verknüpfung von Demokratie mit wirtschaftlichem Erfolg empfinden viele Ostdeutsche anders, selbst wenn es ihnen objektiv gesehen besser geht als vor der Wende. Bertolt

Brecht hat über das Verhältnis von Fressen und Moral alles gesagt. Umgekehrt sprechen Ostdeutsche für wirtschaftliche Krisen sehr viel stärker die Demokratie schuldig als ihre westlichen Landsleute. Das ist ein Grund, warum 68 Prozent der Westdeutschen dem Bundestag als Institution vertrauen, aber nur 54 Prozent der Ostdeutschen.

Die dramatische Abwanderung – seit 1990 haben mehr als 1,5 Millionen Menschen den Osten in Richtung Westen verlassen – verstärkt in den wirtschaftlich schwachen ostdeutschen Provinzregionen das Gefühl, Verlierer der Modernisierung zu sein.[29] Es gehen vor allem junge Frauen und die gut Ausgebildeten. Es bleiben junge Männer mit schlechter Ausbildung und schlechten Chancen. Sie sind heimatverbunden, und sie verteidigen die knappen Ressourcen in ihrer Region gegen Fremde. Das bekommen Ausländer und Menschen mit dunkler Haut zu spüren. Die ostdeutsche Ausländerfeindlichkeit ist eine Art Phantomschmerz, denn es gibt kaum Ausländer. In einigen Regionen liegt ihr Anteil bei mickrigen zwei Prozent. Die Fremdenfeindlichkeit ist zudem ein hässliches Erbe der DDR. Dort wurden Gaststudenten oder Gastarbeiter aus Mosambik und Vietnam in Wohnheimen bewusst von den DDR-Bürgern separiert, unter anderem durch rigide Ausgangsverbote. So durften etwa vietnamesische Vertragsarbeiter die ihnen zugewiesene Stadt nicht verlassen, um Freunde zu besuchen. Die ach so völkerfreundliche SED praktizierte eine Art Apartheid im Kleinen, deren fatale Folgen bis heute spürbar sind. Viele Ostdeutsche verfügen über keinerlei Alltagserfahrungen mit Ausländern. Es gab und gibt sie in vielen Schulen, Betrieben und Wohnhäusern nicht. Wer im beschaulichen Iserlohn in Nordrhein-Westfalen als Jugendlicher Fußball spielt, lernt in seiner Mannschaft Türken, Griechen, Marokkaner, Portugiesen und andere Nationalitäten kennen. In Brandenburg oder

Mecklenburg-Vorpommern fehlt diese Erfahrung, dass andere anders sein und trotzdem dazugehören können. In Ostdeutschland verbindet sich die Sehnsucht nach sozialer Gleichheit mit dem Eindruck von vermeintlicher ethnischer Homogenität. Das führt zu dem Zerrbild, dass trotz des wesentlich geringeren Ausländeranteils in einer Studie der Friedrich-Ebert-Stiftung aus dem Jahr 2006 30,6 Prozent der Ostdeutschen eine ausgeprägte Ausländerfeindlichkeit zeigten, aber nur 25,7 Prozent der Westdeutschen.[30] Wie das im Alltag aussehen kann, zeigt ein kleines Beispiel aus der MDR-Sendung „Ein Fall für Escher". Ein Mann, der beim Autokauf betrogen wurde, sagte im Interview, dass er keinen Grund hatte, beim Kauf misstrauisch zu sein. Schließlich sei der Verkäufer kein Ausländer, sondern Deutscher gewesen. Moderator Escher hielt diese Denkweise offenbar für so normal, dass er sie unkommentiert ließ. In Ostdeutschland kommen also alle diskutierten Ursachen zusammen, die Rechtsextremismus begünstigen: eine prekäre wirtschaftliche Lage mit hoher Arbeitslosigkeit und geringen Chancen für wenig mobile junge Männer, eine noch schwache Zivilgesellschaft mit einer großen Portion Skepsis gegenüber der Demokratie, die häufig in persönlichem Scheitern begründet ist, und eine Fremdenangst ohne Fremde. Das ist die Kombination, die den speziellen ostdeutschen Rechtsextremismus begründet.

Der junge, brutale, offen zur Schau gestellte ostdeutsche Rechtsextremismus führt in der öffentlichen Wahrnehmung dazu, dass der subtilere westdeutsche Rechtsextremismus unbeachtet bleibt. Wie bereits beschrieben, ist Gewaltbereitschaft kein exklusives Unrecht ostdeutscher Neonazis, wie in den 90er Jahren die Morde von Mölln und Solingen zeigten. Die NPD ist trotz der Wahlerfolge in Ostdeutschland eine West-Partei, die ihr gesamtes Führungspersonal in den Osten exportieren musste, um überhaupt handlungsfähig zu sein.

Parteichef Voigt kommt ebenso aus dem Westen wie sein Stellvertreter Holger Apfel. Auch die Leitfiguren der Kameradschaften wie der Hamburger Christian Worch, der Rechtsextremisten aus ganz Deutschland regelmäßig in Leipzig strammstehen lässt, sind westdeutsche Rechtsextremisten. Ostdeutschland wird lediglich als Aufmarschgebiet genutzt. Aus diesem Grund betrachten viele Ostdeutsche den Rechtsextremismus als West-Import. Vor allem aber lässt sich rechtsextremes Gedankengut nicht als ostdeutsches Problem verharmlosen. Bei bestimmten Themen sind Westdeutsche sogar deutlich rechtsextremer eingestellt. Die Forschergruppe um den Leipziger Psychologen Elmar Brähler fragte für die Ebert-Stiftung Deutsche in Ost und West nach Einstellungen, die zusammen ein rechtsextremes Weltbild ergeben: Befürwortung einer rechtsgerichteten Diktatur, Chauvinismus, Ausländerfeindlichkeit, Antisemitismus, Sozialdarwinismus und Verharmlosung des Nationalsozialismus. Die Studie sorgte im Jahr 2006 für aufgeregte Diskussionen, weil sie mit erschreckenden Zahlen auch an westdeutscher Selbstgefälligkeit kratzte. So zeigten 9,5 Prozent der Westdeutschen einen ausgeprägten Antisemitismus, aber nur 4,2 Prozent der Ostdeutschen.[31] Immer wieder wird bezweifelt, dass in den Studien mit den gestellten Fragen tatsächlich das gemessen wird, was behauptet wird. Darum einige Beispiele:[32] „Die Juden arbeiten mehr als andere Menschen mit üblen Tricks, um das zu erreichen, was sie wollen." Dieser Aussage stimmten im Westen 15,8 Prozent der Befragten zu, im Osten waren es 6,1 Prozent. Dass der Einfluss der Juden auch heute noch zu groß ist, fanden 20,1 Prozent der befragten Westdeutschen und 9,2 Prozent der Ostdeutschen. Auch verharmlosten doppelt so viele Westdeutsche wie Ostdeutsche den Nationalsozialismus.[33] 11,6 Prozent der befragten Westdeutschen waren der Meinung, dass der Nationalsozialismus auch seine guten Seiten hatte. Im Osten antworteten 8,7 Prozent in derselben Weise. 12,7 Prozent im Westen waren zudem der Meinung, dass Hitler ohne Judenvernichtung heute als großer Staatsmann angesehen würde. Dem stimmten im Osten 7,7 Prozent zu. Besonders die weniger starke Verharmlosung des Nationalsozialismus im Osten ist bemerkenswert. Denn die einseitige Geschichtsschreibung der DDR wird häufig als ein Grund für den ostdeutschen Rechtsextremismus angesehen. In der Tat war der Antifaschismus der DDR einer ohne Scham, wie der ostdeutsche Theologe Richard Schröder treffend formulierte.[34] Der Holocaust stand in seiner Bedeutung weit hinter dem öffentlich gebrandmarkten Antikommunismus der Nazis. Und Schuld war ohnehin exklusiv den Faschisten im Westen zugedacht. Offenbar hat das Erbe der antifaschistischen Staatsdoktrin aber eine doppelte Wirkung: Zum einen gibt es in der ostdeutschen Bevölkerung anscheinend tradierte Hemmungen, sich offen zum Nationalsozialismus zu bekennen. Zum anderen ist der weniger analytische Umgang mit der NS-Vergangenheit aber keineswegs ein guter Schutzschild gegen rechtsextreme Ideologie. So sind die Ostdeutschen deutlich stärker ausländerfeindlich und sozialdarwinistisch eingestellt und befürworten häufiger eine Diktatur als die Westdeutschen. 17,5 Prozent der Ostdeutschen sagten, dass wir „einen Führer haben sollten, der Deutschland zum Wohle aller mit starker Hand regiert".[35] Die westdeutschen 14,6 Prozent, die dem zustimmen, sind allerdings auch nicht wirklich beruhigend. Auf noch höherem Niveau trifft sich die gesamtdeutsche Sehnsucht nach einem Ende des Parteienstreits, der zum Wesen der westlichen Demokratie gehört. 29 Prozent im Osten wünschten sich „eine einzige starke Partei, die die Volksgemeinschaft insgesamt verkörpert". Mit 25,2 Prozent hat immerhin jeder vierte Westdeutsche diese antidemokratische Sehnsucht. Zahlen wie diese räumen mit einigen Märchen auf, die über den Rechtsextremismus in Umlauf sind. Für viele dürfte überraschend sein, wie weit verbreitet die Ideologie des Rechtsextremismus unter Westdeutschen ist. Offenbar wird der Rechtsextremismus im Westen aber stärker von der Mehrheitsgesellschaft eingebunden. Demokratische Traditionen führen möglicherweise dazu, dass etwa die Wahl der NPD im Westen stärker tabuisiert ist. Den demokratischen Parteien gelingt es hier besser, Menschen mit einem rechtsextremen Weltbild einzubinden. Dafür spricht eine Analyse der Parteianhänger.[36] Demnach sind unter westdeutschen Sozialdemokraten Chauvinismus, Ausländerfeindlichkeit, Antisemitismus und Sozialdarwinismus stärker ausgeprägt als unter den ostdeutschen Genossen. Die höhere Integrationskraft im Westen hat aber auch eine beunruhigende Seite: Wenn sozialer Wandel im Westen vermehrt Modernisierungsverlierer produziert und Menschen aus sicheren Lebensverhältnissen in prekäre Unsicherheit entlässt, steht dem Rechtsextremismus auch im Westen ein großes, längst nicht ausgeschöpftes Potenzial zur Verfügung. Auf einer Deutschlandkarte lassen sich regionale Schwerpunkte mit auffallend starkem rechten Gedankengut ausmachen.[37] Im Westen ist das Bayern, wo 42,2 Prozent ausländerfeindliche Antworten geben und 10,6 Prozent eine Diktatur befürworten. In Ostdeutschland sind solche Meinungen am weitesten in Mecklenburg-Vorpommern verbreitet, wo jeder Fünfte einer Diktatur das Wort redet. Neigen das arme Mecklenburg-Vorpommern und das reiche Bayern in gleicher Weise zum Rechtsextremismus? Der überraschende Befund zeigt, dass es in Deutschland ganz unterschiedliche Ursachen für ein radikal rechtes Weltbild gibt. Politikwissenschaftler Stöss weist darauf hin, dass die objektive wirtschaftliche Lage meist nur wenig zur Erklärung beiträgt, wichtiger seien etwa

Wertorientierungen und die politische Kultur.[38] Das würde erklären, warum ein bayerischer Modernisierungsgewinner trotzdem nicht immun gegen rechtsextremes Denken ist. Für diese These spricht zudem der ausgeprägte Antisemitismus, der seit Generationen fest verankert zu sein scheint, ganz unabhängig davon, ob es den Menschen gut oder schlecht geht.

Ein anderes Märchen über Rechtsextremismus ist das vom Arbeitslosen, der am Rand der Gesellschaft vom Vierten Reich träumt. Dieser Stereotyp wurde im Jahr 2003 durch eine Studie über „Gewerkschaften und Rechtsextremismus" erschüttert. Die Forscher um Richard Stöss fanden unter Nicht-Gewerkschaftsmitgliedern bundesweit 20 Prozent rechtsextreme Einstellungen. Was aber Gewerkschafter aufschreckte und an ihrem Selbstbild zweifeln ließ, waren 19,1 Prozent rechtsextreme Einstellungen, die bei Mitgliedern ermittelt wurden.[39] Die Erkenntnis war so banal wie beunruhigend: Gewerkschafter sind nicht immun gegen Rechtsextremismus. Die große Tradition der deutschen Arbeiterbewegung ist kein Schutzschild. Die Zahlen zeigen sehr genau, wer besonders anfällig ist. In der Unterschicht, wo rechtsextreme Einstellungen am weitesten verbreitet sind, liegen Gewerkschafter mit 28 Prozent rechten Einstellungen immer noch fünf Prozent hinter den nichtorganisierten Arbeitern. In der Mittelschicht aber vertreten 19 Prozent der Gewerkschafter rechtsextreme Positionen, sechs Prozent mehr als Nichtmitglieder.[40] Ein peinlicher Befund für die Gralshüter eines linken Weltbildes, zumal 43 Prozent der Funktionäre aus diesem Milieu stammen.

Warum finden sich also ausgerechnet Facharbeiter und gut qualifizierte Angestellte mit gutem Einkommen und guter Bildung in der Gruppe mit rechtsextremen Einstellungen? Auf den ersten Blick sind sie in den Abläufen von Globalisierung und Modernisierung nicht die Verlierer. Aber sie haben Angst davor, zu Verlierern zu werden. Die Wissenschaftler fanden heraus, dass diese Gruppe die wachsende Konkurrenz und den Abbau von Errungenschaften in den Betrieben wie einen Angriff erlebt. Immer wieder beklagten Kollegen „Existenzangst". Der soziale Abstieg umgibt sie als ständige Bedrohung, und als Gewerkschafter fürchten sie, zu politischen Verlierern zu werden, weil ihr Einfluss schwindet. Sie haben noch mehr zu verlieren: Autos, kleine Häuser, regelmäßige Urlaube. Mit jedem Stellenabbau verwandelt sich die Bedrohung in realen Verlust. In diesem Klima neigen offenbar auch ganz normale Deutsche wie Gewerkschafter verstärkt zu Nationalismus und ethnischer Abschottung.

Psychologe Elmar Brähler entwirft anhand diverser Umfragen ein ziemlich genaues Psychogramm von Menschen mit ausgeprägten rechtsextremen Einstellungen.[41] Sie fühlen sich stärker als andere sozial, politisch und persönlich benachteiligt, auch wenn sie das zum Beispiel gemessen an ihrem wirtschaftlichen Status gar nicht sind. Sie sind verschlossener, misstrauischer und ängstlicher, ihr Selbstwertgefühl ist gering. Rechtsextreme haben das starke Gefühl, keinerlei Einfluss auf die Politik nehmen zu können. Stellt man dieser Persönlichkeit große Themen der Zeit entgegen – Globalisierung, Wettbewerb, Flexibilität, Politikverdrossenheit – lässt sich erahnen, dass die Gesellschaft als Ganzes ein Problem hat, nicht nur einige Randgruppen. Brähler findet bei vielen Persönlichkeitstypen rechtsextreme Einstellungen, wenn auch nicht immer ein geschlossenes Weltbild. Er weist zu Recht darauf hin, dass die große Gruppe der Unentschiedenen ein rechtsextremes Potenzial darstellt, das bei sozialen Krisen für die Demokratie verloren zu gehen droht.

Die Medien brauchen Bilder. Rechtsextremismus lässt sich im Fernsehen am besten zeigen, wenn Skinheads auf Demonstrationen marschieren und finster blicken. Das verstellt aber den Blick und führt zu falschen Rezepten. Mit Jugendarbeit und Erinnerung an die Nazi-Verbrechen allein lässt sich Rechtsextremismus nicht aus der Welt schaffen. Zu einer ehrlichen Analyse gehört die Erkenntnis, dass sich rechtsextreme Einstellungen tief in die Gesellschaft gefressen haben und zu einer deutschen Normalität geworden sind, auch bei den Unauffälligen, bei den Angepassten und Leistungsträgern. Der Bielefelder Soziologe Wilhelm Heitmeyer spricht von der „beunruhigten und beunruhigenden Mitte".[42] Er weist in seiner Reihe „Deutsche Zustände" nach, dass in der Mitte der Gesellschaft die Feindseligkeit etwa gegen Fremde zunimmt, und wirft die brisante Frage auf, inwieweit fremdenfeindliche Taten durch die Positionen der normalen Bürger legitimiert werden. Anders ausgedrückt: Inwieweit darf der rechte Gewalttäter, der einen Ausländer zusammenschlägt, auf die schweigende Unterstützung seiner Nachbarn hoffen? „Offensichtlich wirken Tendenzen der sozialen Desintegration auch auf politische Einstellungen ein, insbesondere in einer Gruppe, die davon in der alten Bundesrepublik weitgehend verschont geblieben ist", analysiert Heitmeyer. An dieser Stelle sei noch einmal an Jeremias erinnert, den Mosambikaner, den ein Unbekannter mit Schmierereien und Sachbeschädigungen aus seiner Berliner Wohnung vertreiben wollte. Der anonyme Täter traf in dem Wohnhaus in Lichtenberg auf ein Klima, in dem eines jedenfalls nicht passierte: die offene Solidarität der Nachbarn mit dem Opfer des Psychoterrors. Hätte die Hausgemeinschaft einen weißen Deutschen ähnlich allein gelassen?

6. Kameradschaften – Schreckens- herrschaft auf der Straße

Zwischen Dr. Jekyll und Mr. Hyde

Warum immer wieder Leipzig? Jedes Jahr zum Ersten Mai und oft zum Tag der Deutschen Einheit am 3. Oktober kommt er mit seiner Gefolgschaft: Christian Worch, einer der führenden Neonazis Deutschlands. Leipzig hat für ihn eine historische Bedeutung: „Leipzig ist die Heldenstadt der fried- lichen Revolution von 1989. Von hier aus ist ein sehr repres- sives System gestürzt worden, das der DDR." Christian Worch spricht zu laut. Er ist kein guter Redner. Es klingt, als trage er einen auswendig gelernten Text vor. „Geschichte verläuft ja vielfach in Kontinuitäten oder zyklisch, wie Marx lehrt", doziert er, „demzufolge gibt es eine hohe Wahrschein- lichkeit, dass der Sturz eines anderen, vielleicht nicht ganz so repressiven, aber durchaus auch repressiven Systems von Leipzig ausgehen könnte." Worch ist umringt von kahlköpfi- gen Kameraden. Zwei halten eine Fahne, die der Reichs- kriegsflagge ähnelt. Ihre glatt rasierten Schädel glänzen in der Sonne. Sie versuchen, bedrohlich zu wirken mit ihren dunklen Sonnenbrillen. Ein Mädchen trägt ein T-Shirt mit der Aufschrift „Eines Tages werdet ihr euch wünschen, wir würden wirklich nur SAUFEN". Christian Worch fällt unter diesen martialischen Gestalten auf. Mit schwarzem Hut und der verspiegelten Sonnenbrille sieht er aus wie ein Cowboy. Das rote Hemd spannt über einem Bauchansatz. Christian

Worch ist aber kein Cowboy, sondern seit 30 Jahren fest verankert in der rechtsextremen Szene, Vordenker des Konzepts der „Freien Kameradschaften".

Seine rechtsextreme Karriere begann früh. Der 1956 geborene Worch schließt sich 1976 der so genannten „Hansabande" an, die Michael Kühnen gründete. Kühnen galt damals als einer der führenden Köpfe der militanten Neonazi-Szene in der Bundesrepublik. Schon mit vierzehn Jahren begann er seine politische Karriere bei der Jugendorganisation der NPD, die bis zu seinem Tod 1991 anhielt. Kühnen war der Spiritus Rector der militanten Neonazis in der Bundesrepublik. Christian Worch verehrt Kühnen noch heute. Der von Michael Kühnen aufgebaute „Freizeitverein Hansa" verwüstete jüdische Friedhöfe, griff Ausländer und Linke an. Bekannt wurde die Gruppe 1978 mit einer öffentlichkeitswirksamen Aktion. Die Neonazis zogen mit Eselsmasken durch die Hamburger Innenstadt und trugen Plakate mit der Aufschrift: „Ich Esel glaube, dass in Deutschland Juden vergast worden sind." Diese Aktion war für Worch eine Art Bewährungsprobe, die ihm endgültig Zugang zur Szene verschaffte. Seit dieser Zeit pflegt Worch Kontakte zu rechtsextremen Gruppierungen im In- und Ausland. Worch und Kühnen bauten die „Aktionsfront Nationaler Sozialisten" (ANS) auf, die Worch nach der Verhaftung von Kühnen (1979) führte. Die ANS wurde 1983 verboten. Daraufhin schloss sich Worch der „Freiheitlich Deutschen Arbeiterpartei" (FAP) an. 1994 wurde Worch zu einer Haftstrafe verurteilt, da er die ANS unter dem neuen Namen „Neue Front" trotz Verbots weitergeführt hatte. Insgesamt saß Worch fünfeinhalb Jahre in „Gesinnungshaft", wie er es nennt. Er verfügt über zahlreiche Immobilien in Hamburg und damit über umfangreiche finanzielle Mittel, die ihm einen Teil seines beachtlichen Einflusses in der rechten Szene sichern. Er kann es sich leisten, hauptberuflich Neonazi zu sein. Damit unterscheidet er sich von vielen anderen rechten Führungspersönlichkeiten in der Kameradschaftsszene. Hinzu kommt seine juristische Bildung. Worch verließ die Schule vor dem Abitur und absolvierte eine Ausbildung als Notariatsgehilfe. Die dort erworbenen Jurakenntnisse baute er im Laufe der Jahre aus, immer im Dienste der Bewegung. In Erscheinung tritt er vor allem als Organisator von Demonstrationen, bei denen er häufig selbst als Redner auftritt. Seit 30 Jahren aktiv, verfügt Worch über ein weitläufiges Netzwerk, auf dem seine beachtliche Kampagnen- und Mobilisierungsfähigkeit beruht.

Seit Ende der 90er Jahre demonstriert er immer wieder in Leipzig. Jedes Mal das gleiche Ritual. So auch am 1. Mai 2005. Worch plant eine für viele Leipziger unerträgliche Provokation. Er will mit seinen etwa 800 angereisten Neonazis in den Süden marschieren, in das bunte Viertel der Stadt. Dort gibt es viele ausländische Bistros und Restaurants, zahlreiche Kneipen und Bars. Die Stadt versucht mit allen juristischen Mitteln, den Aufmarsch zu verhindern. Doch Worch setzt seine Interessen vor Gericht durch und bekommt die Route über den Leipziger Ring, wo auch die Montagsdemonstranten marschierten, genehmigt. Die Polizei setzt auf eine Hinhaltetaktik.

Worch und seine Kameraden müssen stundenlang in der prallen Sonne warten. Die Stadt erteilt strenge Auflagen für diesen Marsch. Die Polizei untersucht gemächlich, ob diese erfüllt werden. Jeder Teilnehmer wird penibel kontrolliert. Verfassungsfeindliche Tätowierungen werden zugeklebt, Springerstiefel sind nicht erlaubt, Waffen ohnehin nicht. Es wird überprüft, ob die Ordner strafrechtlich vorbelastet sind. Nach und nach verliert der erfahrene Demonstrationsleiter Christian Worch die Geduld. Der zuständige Polizeichef legt ihm zu viel sächsische Gemütlichkeit an den Tag. „Sie werden 13.50 Uhr spätestens so weit sein …", blafft Worch. Der Beamte lässt sich nicht beeindrucken, in feinstem Sächsisch bekommt Worch zu hören, dass er der Polizei nicht zu befehlen habe, wie schnell sie zu arbeiten habe. „Dann mache ich Sie persönlich für Versammlungsstörung verantwortlich", Worchs Stimme schnappt fast über, „Sie wissen, vor Leipziger Gerichten pflege ich immer zu gewinnen." Die Eitelkeit und Überheblichkeit, die ihm von vielen Beobachtern nachgesagt wird, blitzt auf. Worch belehrt mit arrogantem Unterton in der Stimme. Er wähnt sich auf der sicheren Seite. Seit einigen Jahren schon verfolgt er ein „legalistisches Konzept" beim Kampf gegen das ihm verhasste System. Der Verfolgungsdruck des Staatsapparates und seine Gefängnisaufenthalte lösten bei Worch offenbar ein Umdenken aus, was die Strategie betrifft. Gewaltsame Auseinandersetzungen vermeidet er. Worch will auf legalem Weg den Handlungsspielraum für neonazistische Politik erweitern. Dazu gehören vor allem Demonstrationen und Aufmärsche. Die Form hat sich geändert, die Radikalität des Denkens mit Sicherheit nicht.

Der in Hamburg lebende Neonaziführer entwickelte mit anderen die Organisationsform der „Freien Kameradschaften".[43] Mit diesem Konzept reagierte die rechtsextreme Szene auf den zunehmenden staatlichen Verfolgungsdruck ab Mitte der neunziger Jahre. Trotz zahlreicher Übergriffe auf Ausländer oder politisch Andersdenkende lehnte es die Regierung Kohl nach der Wende ab, von einem organisierten Rechtsextremismus zu sprechen, und ging weiterhin von Einzeltätern aus. Ein Umdenken begann nach den pogromartigen Übergriffen von Hoyerswerda und Rostock-Lichtenhagen sowie mit den Anschlägen in Mölln und Solingen. Das Bild vom Einzeltäter konnte die christlich-liberale Koalition nicht aufrechterhalten. Allein zwischen 1990 und 1995 starben durch Angriffe mit rechtsextremem Hintergrund 69 Menschen – Ausländer, Obdachlose, Punker. Der Rechtsstaat musste sich wehren und verbot bis Mitte der neunziger Jahre insgesamt fünf Gruppierungen, unter anderem die „Nationale Liste" (NL) in Hamburg, die „Freiheitlich Deutsche Arbeiterpartei" (FAP) sowie die „Nationalistische Front" (NF). Die Verbote verunsicherten die Szene und hatten zur Folge, dass drei der bekanntesten Neonaziführer auf einmal ohne legale Gefolgschaft dastanden: Thorsten Heise, Thomas Wulff und Christian Worch. Die drei aus Westdeutschland stammenden Extremisten antworteten auf die Verbote mit dem Konzept der „Organisation ohne Organisation". Eine neue Partei machte wenig Sinn, da auch sie jederzeit verboten werden konnte. An die Stelle einer Partei sollten lokale Kameradschaften treten, vernetzt über regionale „Aktionsbüros". Diese Organisationsform ist für die staatlichen Behörden schwerer anzugreifen, da kein Parteistatut, keine Kasse oder Mitgliederlisten existieren. Es sollten lockere Verbindungen Gleichgesinnter ohne dokumentierte Hierarchie entstehen.

Dass dieses Konzept offenbar aufgeht, wird der Öffentlichkeit immer dann bewusst, wenn bei Neonazi-Aufmärschen ein enormes Mobilisierungspotenzial offenbar wird. Etwa beim so genannten „Heldengedenkmarsch" im brandenburgischen Halbe, bei den Aufmärschen in Dresden anlässlich der Bombardierung im Februar 1945 oder beim Gedenkmarsch für Rudolf Heß in Wunsiedel, am Grab von Hitlers Stellvertreter. Für die neonazistische Szene besitzen die Demonstrationen eine enorme Bedeutung, nach innen wie außen. Einerseits erreichen sie durch Medienberichte eine breite Öffentlichkeit. Andererseits wirken die Aufmärsche als verbindendes Element nach innen. Gegenüber Anhängern und Sympathisanten kann sich die neonazistische Rechte als aktive, handlungsfähige Kraft profilieren. Dem Heß-Gedenkmarsch kommt eine Schlüsselrolle zu. Rudolf Heß wird von der extremen Rechten zum „Botschafter des Friedens" umgedeutet. Sein Englandflug am 10. Mai 1941 dient als Beweis. Sie sehen in Heß einen verhinderten Friedensstifter und Märtyrer, der letztlich von den Alliierten im Berliner Kriegsverbrechergefängnis Spandau 1987 ermordet worden sein soll. Diese abstruse These stützt sich auf zwei in Details widersprüchliche Obduktionsberichte. Einer wurde von einem britischen Gerichtsmediziner angefertigt, der andere von einem deutschen Mediziner im Auftrag der Familie Heß. Welche Motive der englische Geheimdienst gehabt haben soll, den 93-jährigen umzubringen, lassen die neonazistischen Geschichtsfälscher offen.

Der Gedenkmarsch wurde in der Szene schnell zum Renner. Demonstrierten ein Jahr nach dem Tod von Heß nur 100 Neonazis an seinem Grab in Wunsiedel, so fanden sich 1991 schon 1000 und 1992 bereits 2000 Kameraden ein. Aufgrund von Verboten fielen die Gedenkmärsche für einige Jahre aus, um sich dann mit umso größerer Dynamik zurückzumelden: 2001 kamen wieder 1000 Teilnehmer, 2002 marschierten rund 2600, 2003 waren es zirka 4000. Seinen vorläufigen Höhepunkt erreichte der Gedenkmarsch 2004 mit fast 5000 Teilnehmern aus ganz Europa. Ein Jahr später erfolgte ein erneutes Verbot. In den vergangenen Jahren riefen die Veranstalter nicht nur zum Marsch in Wunsiedel aus, sondern organisierten ganze Heß-Gedenkwochen mit Aufmärschen in Thüringen, Hessen oder Sachsen.

Unter den Teilnehmern findet sich das gesamte Spektrum der deutschen Rechtsextremisten. Da treffen sich die führenden Funktionäre von NDP und DVU wie Holger Apfel, Uwe Voigt oder Gerhard Frey mit alten NSDAP- und SS-Angehörigen sowie den Mitgliedern der „Freien Kameradschaften". Am Rande dieser Veranstaltungen werden Kontakte geknüpft und Absprachen getroffen.

Wichtig ist den Führungskadern, dass ihre Bewegung in der Öffentlichkeit ein ordentliches Bild abgibt. Der normale Bürger soll keinesfalls von betrunkenen und randalierenden Glatzköpfen schockiert werden. Im Gegenteil. Ziel ist die politische Mitte, und die wird sich nie mit saufenden und prügelnden Skinheads anfreunden. Deshalb darf kein Alkohol getrunken werden. Per Internet werden die Anreisenden sogar angehalten, auch am Vortag nicht zu trinken. Die Organisatoren rufen dazu auf, leere Plastikflaschen, Zigarettenschachteln oder anderen Müll nicht einfach liegen zu lassen. Geraucht werden darf auch nur an bestimmten Stellen zu bestimmten Zeiten. Die Botschaft ist klar: Hier marschieren ordentliche Deutsche, keine Chaoten. Alles läuft militärisch exakt ab. Für Randale soll der politische Gegner sorgen. Vor allem Autonome, die sich regelmäßig zu den Aufmärschen der Rechtsextremisten einfinden. Oft geht das Kalkül auf.

So auch bei der Mai-Demo in Leipzig. Nach einigem Hin und Her setzt sich der Zug der Neonazis unter großem Polizeischutz in Bewegung. Die Lage eskaliert. Rund 5000 Gegendemonstranten haben sich eingefunden. Darunter befinden sich nach Polizeiangaben etwa 500 gewaltbereite Autonome aus der ganzen Bundesrepublik. Bald setzt die Polizei Wasserwerfer und berittene Beamte ein, um der Neonazi-Demo den Weg frei zu räumen. Das scheitert. Der Marsch wird aus Sicherheitsgründen angehalten. Die Abschlusskundgebung muss weit vor dem anvisierten Ziel abgehalten werden. In der Zwischenzeit liefern sich Autonome und Polizei eine Straßenschlacht. Pflastersteine, Rauchbomben und Flaschen fliegen, Barrikaden brennen. Fassungslos beobachten Leipziger Bürger aus sicherer Entfernung den

Gewaltausbruch. Die Bilanz: 66 verletzte Polizisten, 31 beschädigte Einsatzautos und ein Schaden von zirka 64 000 Euro. Christian Worch kann zufrieden sein. Sein Aufmarsch bekam höchste Aufmerksamkeit, ohne dass die Rechtsextremisten in größere Auseinandersetzungen verwickelt waren. Was bleibt: die Erinnerung an linke Chaoten, die die Polizei attackieren und öffentliches Eigentum beschädigen.

Christian Worch geriet mit seinen Demonstrationen innerhalb der Szene immer wieder in die Kritik. Ihm wurde Demo-Tourismus vorgeworfen. So verlautete aus dem Umkreis des „Aktionsbüros Norddeutschland", das von Thomas Wulff beeinflusst wird, dass zu viele Demonstrationen zu Verschleiß und Demonstrationsmüdigkeit führen könnten. Worch wiederum griff Thomas Wulff und andere an, die in die NPD eingetreten waren. Trotz der Streitereien innerhalb der Szene treten ihre Führungskader immer wieder gemeinsam bei Aufmärschen und Kundgebungen auf.

Demonstrationen wie die in Leipzig beweisen, dass die Kameradschaften in der Lage sind, gemeinsam zu handeln. Doch die angestrebte überregionale Vernetzung wird nicht überall erreicht. „In Sachsen hat das bisher nach unseren Erkenntnissen nicht geklappt", sagt Dr. Olaf Vahrenhold, Stellvertretender Präsident des Landesamts für Verfassungsschutz in Sachsen. Das „Lausitzer Aktionsbündnis", das hier versuchte, eine überregionale Steuerung zu installieren, kam nicht über die Anfänge hinaus. Trotzdem kennen sich die Kameradschaften und besuchen gemeinsam Veranstaltungen wie Demonstrationen, Konzerte oder germanische Zehnkämpfe. Vahrenhold sieht die überregionale Steuerung als nicht zwingend notwendig an, damit Kameradschaften funktionieren. Es ist vor allem die ideologische Ausrichtung, die Kameradschaften verbindet. „Dafür braucht man letztendlich keine Oberstruktur, die ein Kommando vorgibt", sagt der Verfassungsschützer. Der Kitt ist die neonazistische Ideologie, die zusammenschweißt und der sie auch in der Freizeit huldigen, sei es bei Konzerten rechtsextremer Bands oder bei Demonstrationen. Verfassungsschützer Vahrenhold warnt davor, dass sich die Kameradschaften zunehmend politisieren: „Sie finden verstärkt zu spontanen Demos zusammen." So belagerten Anfang 2007 rund 30 Neonazis das Wohnhaus des Magdeburger Oberbürgermeisters Lutz Trümper (SPD), bis die Polizei den Mob mit Platzverweisen vertrieb. Die Aktion war ein Racheakt. Trümper hatte zuvor bei einer Gedenkveranstaltung für die Opfer der Bombenangriffe vom Januar 1945 einen Kranz von Neonazis entfernen lassen.

Wie die Ideologie der Kameradschaften aussieht, darüber gibt das Internet Aufschluss. In einschlägigen Foren oder auf Webseiten findet sich eindeutiges Material. So heißt es auf der Seite des „Aktionsbündnisses Erfurt" über die politische Verfassung der Bundesrepublik: „Das gegenwärtige parlamentarische System und seine ekelhaften, selbstherrlichen Repräsentanten erscheinen uns unbrauchbar: Keine Elite, sondern die Vollversammlung der geistigen Impotenz! Deshalb sind wir nicht außer-, sondern vielmehr antiparlamentarisch. Deutsche Interessen werden in Zukunft immer radikaler von einer bewußten Minderheit auf der Straße vertreten, und nicht von lähmenden Mehrheitsentscheidungen in überbezahlten Quasselbuden." Ausdrücklich nehmen sie in Kauf, als Systemgegner verfolgt zu werden, stilisieren sich zu Märtyrern eines Kampfes für ein Deutschland, auf dem große braune Schatten liegen. Zum Holocaust heißt es: „... findet er (der rechtsextreme Historiker, Red.) entlastende Beweise für unser Volk, muss er sie verschweigen – oder kann sie beim Hofrundgang seinen Mitgefangenen berichten." Das zielt auf Paragraph 130, Absatz 3 des Strafgesetzbuches ab, der das Leugnen des Holocausts unter Strafe stellt. Nach Auffassung der Kameraden wird dadurch die freie Meinungsäußerung unterdrückt. Auch was Sozialismus angeht, vertreten die Erfurter ganz eigene Vorstellungen. Sozial bedeutet hier „die Gemeinschaft betreffend", die sich natürlich nur aus Deutschen zusammensetzt. Der Deutsche soll als Teil der Volksgemeinschaft angesehen werden und habe ihr zu dienen. „Erst danach ist er Privatmensch und kann seinen Wünschen und Vorstellungen nachgehen". Im Klartext: Die Gemeinschaft steht über dem Individuum. Ein klarer Angriff gegen die freiheitlich-demokratische Grundordnung und die Rechte des Einzelnen. „Dem Volke dienen, statt an ihm verdienen." Eine einfache Parole für alle, die sich im globalen Wettbewerb als Verlierer fühlen. Im Abschnitt über den Rassismus wird die Gleichheit der Menschen bestritten. Argumentiert wird mit Biologie. Es gebe schließlich in der Natur kein einziges Blatt, das mit einem anderen identisch sei, in der Natur gebe es keine Doppelungen. Wie jedes andere Lebewesen „... ist auch der Mensch einmalig und nur in seinem Volk ‚zu Hause'". Nur dort ist er auch vor Gericht gleich. Die Rechtsnorm, wonach vor Gericht alle Menschen gleich sind, soll ausgehebelt werden. Vor deutschen Gerichten sollen nur Deutsche gleich sein. Diese Ideologie bedient sich schamlos aus dem Fundus der Neuen Rechten, einer Theorie-Schule, die dem Rechtsextremismus vor Jahren ein modernes Kleidchen verpasste. Die Argumente der freien Kameraden sind deckungsgleich mit offizieller NPD-Programmatik, wie noch gezeigt werden wird.

Das „Aktionsbündnis Erfurt" ist übrigens sehr wählerisch, was seine Mitglieder anbetrifft. Nicht jeder ist willkommen. Wer Revolution mit dem Tragen politischer Anstecker verwechselt, ist unerwünscht. Gesucht werden intelligente Kämpfer: „Wir formen keine beliebigen Mitläufer und Ja-Sager", heißt es. Das Leitbild des „Aktionsbündnisses Erfurt" ist der „politische Soldat". Diesem Ideal eifern auch die „Jungen Nationaldemokraten (JN) nach, wie auf der Webseite der NPD-Jugendorganisation nachzulesen ist. Der Begriff „politischer Soldat" geht auf eine Organisation zurück, die in rechten Kreisen nahezu götzenhaft verehrt wird: die Waffen-SS. Diese Elitetruppe sollte nicht aus einfachen Soldaten bestehen, die nur ihrem Schwur auf den Führer folgen. Hitler forderte darüber hinaus den weltanschaulich überzeugten, eben den politischen Soldaten. Wie diese Weltanschauung im Dritten Reich zum Leben erweckt wurde, ist bekannt. In der Ausbildung der SS-Angehörigen wurde aus diesem Grund dem Politikunterricht viel Platz eingeräumt. Das ist das Ideal der Neonazis, auch wenn sie aus rechtlichen Gründen die SS nicht beim Namen nennen.

Feind Nummer eins ist, wie sollte es anders sein, die USA, gefolgt von Israel. Hierzu lassen sich unzählige Belege finden, beispielsweise auf der Internetseite des „Aktionsbüros Rhein-Neckar". Eine Abbildung zeigt eine Figur, die aussieht, als wäre sie Frankensteins Horrorkabinett entsprungen, eingehüllt in die US-Flagge, darunter die Schlagzeile „Terror ist ein Meister aus Amerika". Die Ähnlichkeit mit Celans „Der Tod ist ein Meister aus Deutschland" ist natürlich nicht zufällig. In dem Hasspamphlet werden die USA für alles Böse und Ungerechte in dieser Welt verantwortlich gemacht. Dass hinter den Anschlägen auf das WTC am 11. September 2001 die Bush-Regierung steckt, wird suggeriert. „Zukunft statt Globalisierung" ist ein Slogan, der soziale Ängste wecken soll und sich auf vielen rechtsextremen Internetseiten findet. Dass hinter der Globalisierung und Ausbeutung der Nationen amerikanische Finanzinteressen stehen, versteht sich von selbst. Auf der Website „Die Kommenden" findet der interessierte Nutzer den Gegenentwurf zur globalisierten Welt – den regionalen Markt. Dass sie ihr Konzept durch ihre Internetnutzung selbst ad absurdum führen, fällt den rechtsextremen Hobbyökonomen nicht auf. Das Internet dient als Plattform für Diskussionen, der verschlüsselten und codierten Absprache von Aktionen, dem Verteilen von politischen Informationen und der Verbreitung von Schulungsmaterial.

Die Ideologie der verschiedenen Kameradschaften unterscheidet sich nur in Nuancen. Zwar gibt es diverse Spielarten. Von SA-Verehrern über Wehrsport-Fans bis hin zu einem Skinhead-Lebensstil. Sie verbindet jedoch ein gemeinsamer ideologischer Kern: Der ist rassistisch, antisemitisch, antiamerikanisch, antidemokratisch, antipluralistisch. Er beinhaltet oft einen romantisch verklärten Sozialismus, in dem die Gemeinschaft unter einem Führer steht. Das Individuum muss sich unterordnen. Die Rolle der Frau wird oft auf die einer Gebärmaschine reduziert, die den Haushalt sauber hält und in der Regel sechs, sieben Jahre nicht aus dem Wochenbett kommt, damit die deutsche Nation nicht ausstirbt. Im „Ring Nationaler Frauen" (RNF), einer Unterorganisation der NPD, die im September 2006 gegründet wurde, sammeln sich so genannte national eingestellte Frauen. Sie verstehen sich als weibliches Sprachrohr der NPD und der Bewegung. Dennoch ist der Anteil der Aktivistinnen in der rechten Szene bisher noch gering und beschränkt sich häufig auf die Rolle des Accessoires.

Fast jede Kameradschaft besitzt ihre eigene Webseite. Sie ähneln sich und verweisen auf Internetauftritte anderer Cliquen. Die ursprünglich angestrebte überregionale Vernetzung in Aktionsbüros wird an vielen Stellen durch Internetauftritte ersetzt. Eine übergeordnete Struktur ist dadurch nicht zwingend erforderlich. Allerdings streben Führungskader diese weiter an. Vorbild für die überregionale Vernetzung ist das „Nationale und Soziale Aktionsbüro Norddeutschland" (NSAN) oder nur „Aktionsbüro Nord" genannt, dem Verfassungsschutz seit 1997 bekannt. Es gilt als Vernetzungsplattform der militanten Kameradschaften in Schleswig-Holstein, Hamburg, Mecklenburg-Vorpommern, Niedersachsen, Bremen sowie Teilen von Hessen. Das „Aktionsbüro Nord" spielt aufgrund seiner zahlreichen Führungspersönlichkeiten eine bundesweit bedeutende Rolle. Neben Christian Worch und Thomas Wulff ist Peter Borchert aktiv, ehemaliger NPD-Landesvorsitzender in Schleswig-Holstein. Oder auch Torben Klebe, führendes Mitglied der mittlerweile verbotenen Kameradschaft Hamburger Sturm und Funktionär der ebenfalls verbotenen neonazistischen Musikorganisation „Blood & Honour". Nach dem Vorbild des NSAN entstanden bald auch in Ostdeutschland die ersten Kameradschaften. Bekanntheit erlangten die „Skinheads Sächsische Schweiz" (SSS), „Sturm 34" – beide mittlerweile verboten –, das „Aktionsbündnis Erfurt", das „Aktionsbüro Thüringen" oder die „Kameradschaft Oberlausitz", die als eingetragener Verein daherkommt. Der Erfolg in den neuen Ländern beflügelte Aktivisten in den alten Bundesländern, wo es mittlerweile in allen Regionen Deutschlands Kameradschaften gibt wie „Bremen Nord", „Celle 73" oder „Pinneberg".

Die Kameradschaften ähneln sich nicht nur in der Ideologie. Auch die Struktur ist fast identisch. In der Regel sind in einer Kameradschaft zwischen 5 und 40 Leute fest integriert, sagt Olaf Vahrenhold vom sächsischen Verfassungsschutz. Der Aufbau ist streng hierarchisch. Es gibt ein oder zwei Führer, die das Sagen haben. In der Regel sind das die intelligentesten Personen, Multiplikatoren, häufig gute Rhetoriker mit Wirkung auf Jugendliche oder auch ausgewiesene Schläger in besonders brutalen Kameradschaften. Neben der Ideologie ist das Führerprinzip ein verbindendes Element.

Die aus Norddeutschland stammende Idee der „Freien Kameradschaften" trifft in Ostdeutschland auf eine Jugendkultur, die vor allem in den ländlichen Gebieten häufig bereits rechts geprägt, teilweise sogar dominiert ist. „Was wir hier kaum haben, sind Jugendliche, die sich als klar links definieren", sagt Björn Redmann, Projektleiter der Sächsischen Landjugend, ein Verein, der sich dem Kampf gegen den „rechten Mainstream" verschrieben hat. Der Verein arbeitet im Raum Chemnitz. Rechte Einstellungen sind hier unter Jugendlichen weit verbreitet, sagt Redmann. Rechts sein ist in. Ähnliches trifft auf die Sächsische Schweiz und die Lausitz, Teile Brandenburgs oder Mecklenburg-Vorpommerns zu. Die Wahlergebnisse der NPD belegen das. So wählten 2006 in Mecklenburg-Vorpommern 17 Prozent der 18- bis 24-jährigen die rechtsextreme Partei. In Sachsen stimmten 2004 gar 20 Prozent der Jungwähler für die NPD. Die Idee der „Freien Kameradschaften" fiel auf fruchtbaren Boden. Der sächsische Verfassungsschutz analysiert, dass Kameradschaften in den Großstädten eher eine randständige Existenz führen, während sie in den ländlichen Regionen „teilweise ein Bestandteil der Gesellschaft sind".[44]

Ende der neunziger Jahre lösten sich viele Kameradschaften wieder auf. Hintergrund war die „aktionistischere" Linie der NPD, die sich in dieser Zeit für Skinheads und Neonazis im großen Stil öffnete. Diese neue Linie geht auf Holger Apfel zurück, Fraktionschef der NPD im sächsischen Landtag. Bekannte Persönlichkeiten der Kameradschaftsszene beziehungsweise Führungskader verbotener Neonazi-Gruppierungen traten der NDP bei und wurden zum Teil in die Parteiführung eingebaut. Dazu zählen der schon erwähnte Thomas Wulff, Steffen Hupka, Thorsten Heise und Jens Pühse. Hupka ist aktiver Neonazi in der Harzregion, der die dortige Kameradschaftsszene aufbaute. Er stieg über die

Jungen Nationaldemokraten (JN) in die NPD ein und wurde Landeschef der NPD, bevor er sich 2001 mit der Parteispitze überwarf. Thorsten Heise blickt ebenfalls auf eine langjährige Neonazikarriere zurück: FAP, Ex-Skinhead, Besitzer eines Rechtsrock-Labels und jetzt im Bundesvorstand der NPD. Jens Pühse war in der „Nationalistischen Front" aktiv und ist, wie schon beschrieben, erfolgreicher Produzent von Rechtsrock, auch er stieg in den NPD-Parteivorstand auf. Die Strategie Apfels, die NPD für Neonazis zu öffnen, trug der NPD ein Verbotsverfahren ein. Da die NPD-Spitze nicht ahnen konnte, dass die Bundesregierung mit ihrem Verbotsantrag über die vielen V-Männer stolpern und sich blamieren würde, verzichtete die NPD zeitweilig auf revolutionäre Rhetorik. Für viele rechte Aktivisten wurde die NPD uninteressant, sie traten entweder aus oder wurden zu Karteileichen. Die Kameradschaftsbewegung gewann infolge des NPD-Verbotsverfahrens nach 2001 wieder an Dynamik, verzeichnet etwa der sächsische Verfassungsschutzbericht. Dennoch sagt die Zahl der Kameradschaften nur bedingt etwas über die Größe der Szene. Ist der Verfolgungsdruck hoch, lockern Kameraden die Strukturen wieder. Dann machen sie in kleineren Zirkeln oder als „freie Kräfte" weiter. „Die Herausforderung ist eine effiziente Strafverfolgung trotz Zergliederung", sagt der renommierte Strafverfolger Oberstaatsanwalt Jürgen Schär aus Dresden, für die Behörden sei es „nicht einfacher, eher schwieriger geworden." Ende 2005 zählte der Verfassungsschutz 10 400 gewaltbereite Rechtsextremisten in Deutschland.[45]

Äußerlich unterscheiden sich die Kameradschaften von jenen tumben Skinhead-Schlägern, die vor allem Anfang der neunziger Jahre das Bild des rechten Straßenkämpfers prägten, sagt Verfassungsschützer Vahrenhold. „Die Kleidung ist nicht mehr auffällig, außer dass bestimmte Marken getragen werden, die teilweise strafrechtlich relevant sind." Sie demonstrieren nach außen Normalität. Für Vahrenhold die größte Gefahr: Auf den Bürger wirken die Kameraden nicht mehr gefährlich. Neonazis, die auf Dorffesten den Maibaum bewachen, wie das die Kameradschaft Oberlausitz (KO) gemacht hat, werden als Teil der Dorfgemeinschaft angesehen. Doch die Fassade täuscht. Viele der Kameradschaften kämpfen im Hintergrund um die kulturelle Vorherrschaft in ihrer Region. Mit allen Mitteln.

Matthias Fischer sitzt in einem alternativen Café in der Rochlitzer Innenstadt. Der Berufsschüler traut sich nicht, seinen richtigen Namen zu veröffentlichen. Im Hintergrund blubbert gemütlich ein Holzofen, am Tresen klappert der Wirt mit Geschirr und Besteck, eine Kaffeemaschine zischt. Matthias kennt das andere Gesicht der Kameradschaften. Jene Seite, die der normale Bürger, der nicht ins rechte Feindbild passt, selten zu sehen bekommt. Höchstens wenn er Statistiken über rechtsextreme Gewalttaten liest. In Rochlitz und Umgebung werden Matthias und seine Freunde abends und besonders an den Wochenenden Freiwild für rechte Schläger. 2004 begannen die rechtsextremen Aktivitäten in der sächsischen Kleinstadt, die vorher kaum Probleme hatte. Seit ein paar Jahren haben alternative und linke Jugendliche einen Club in Rochlitz, „Die Schmiede". Dieser Club lockte rechte Schläger an, die regelrecht Jagd auf die Jugendlichen machen. An fast jedem Wochenende. Ritualisiert und organisiert. „Das ging so weit, dass sie mit ihren Autos Straßensperren errichteten und Fahrzeuge kontrollierten, ob linke Zecken drin sitzen", berichtet der Berufsschüler. Das Auftreten der Rechten ist beängstigend – schwarz vermummt und mit Baseballschlägern in der Hand verbreiten sie Schrecken in der Kleinstadt. Die Besucher der „Schmiede" retteten sich nach einem Überfall in das Rochlitzer Polizeirevier. Die Angreifer drehten draußen in Autos ihre Runden. „Die Polizei kann ja nicht verbieten, dass die umherkurven", sagt Matthias. Die Rochlitzer Beamten forderten Verstärkung aus dem nahen Chemnitz an, die dafür sorgte, dass Matthias und seine Freunde sicher nach Hause kamen.

Nicht immer geht es so glimpflich ab. „Vor nicht allzu langer Zeit wurde ein Jugendlicher aus der Schmiede mit einem Totschläger krankenhausreif geschlagen", berichtet Matthias, „einmal haben die sogar ein Auto gerammt, um an die Linken heranzukommen." Der junge Mann in dem Auto konnte die Polizei anrufen, die den Angreifer festnahm. In der sächsischen Region Rochlitz-Mittweida häuften sich die Übergriffe massiv. Höhepunkt war an Pfingsten 2006 ein Überfall auf ein Volksfest in dem kleinen Ort Breitenborn, wo eine Bande von 20 Neonazis das Fest stürmte und neun Besucher zum Teil schwer verletzte. Die Jugendlichen aus den Dörfern begannen, sich auf die permanente Bedrohung einzustellen. Sie gingen abends nur noch in Gruppen aus und mieden gefährliche Orte wie den Rochlitzer Marktplatz, wo sich rechte Täter sammeln, bevor sie an den Wochenenden zur Jagd auf ihre Opfer starten. „Es herrscht ein ständiges Gefühl der Bedrohung", sagt Matthias.

Hinter diesen Gewalttaten steht die Kameradschaft „Sturm 34", die ihr Hauptquartier im Jahr 2006 in Mittweida hatte. Ein NPD-Sympathisant stellte den rund 40 Kameraden in einem Haus Räume zur Verfügung. Für Kameradschaften sind solche Treffs strategische Rückzugsräume, notiert der sächsische Verfassungsschutz.[46] Hier können Aktionen vorbereitet und geplant werden, ohne dass befürchtet werden muss, dass die Polizei mithört, wie etwa am Telefon.

Die Ermittlungsbehörden haben so ihre Probleme, einzelne Gewalttaten einer Organisation wie „Sturm 34" zuzuordnen. Häufig erscheinen rechte Gewaltakte als spontan, da sie oft unter Alkoholeinfluss geschehen. „Kameradschaften als Organisationen dienen dazu, Straftaten so zu verschleiern, dass die Strafverfolgungsbehörden nicht rankommen", sagt Jürgen Schär, Oberstaatsanwalt der Abteilung für Staatsschutz in Dresden. Der sächsische Verfassungsschutz hat Erkenntnisse, dass aus Kameradschaften heraus immer wieder mit Gewalt zugeschlagen wird: gegen Ausländer, alternative Jugendliche, Obdachlose. Die Gewalt soll spontan aussehen. Hemmungen fallen durch gemeinsames Saufen und durch Gruppendynamik. Aber in Wirklichkeit ist es ritualisierte Gewalt, die gezielt Menschen verfolgt, die in der Ideologie der Kameradschaften als anders, minderwertig, fremd gelten, also als Feinde, die bekämpft werden müssen.

Es ist ein Freitagabend, als Olaf Klein[47] aus einem kleinen Ort bei Kamenz in seine rechte Kluft steigt, sich seine Springerstiefel schnürt und die Bomberjacke überwirft, um sich in seiner Stammkneipe ordentlich einen hinter die Binde zu gießen. Er ist noch ein Rechtsextremist vom alten Schlag, im martialischen Gewand des Skinhead-Schlägers. Schon nach kurzer Zeit hat er ein paar Liter Bier und einige Schnäpse intus. Mit dem Promillepegel steigt die Lust zu schlagen. Da kommt ihm ein Zwölfjähriger gerade recht. Der muskelbepackte Hüne packt den schmächtigen Jungen am Kragen, zerrt ihn aus der Kneipe und drischt in besinnungsloser Wut auf ihn ein. Einen Grund braucht er nicht. Er wirft ihn zu Boden, rammt ihm den Springerstiefel in die Seite, kickt gegen den Kopf des Zwölfjährigen, steigert sich in einen wahren Blutrausch. Nach ein paar Minuten ist Olaf Klein erschöpft. Er braucht mehr Bier. Damit das Opfer nicht wegrennen kann, ruft er einen Kameraden, der ihm als eine Art Adjutant dient. Der hält den blutenden Jungen, bis Olaf Klein sein halbes Bier an der Bar geleert hat. Klein springt dem Jungen mit seinen schweren Stiefeln und voller Wucht in den Brustkorb, prügelt erneut bestialisch auf ihn ein. Erst dann lässt er von seinem Opfer ab, das nur noch davontorkeln kann. Ein Kamerad des Schlägers kommt vorbei und stellt dem Blutüberströmten noch ein Bein. Dass der Junge überlebt, grenzt an ein Wunder. Der behandelnde Arzt wird sagen, dass er gestorben wäre, hätte er nur zehn Minuten später Hilfe bekommen. Das Opfer erlitt einen Schädelhaarriss, Kieferbruch, drei Rippen wurden gebrochen, eine durchstieß die Milz. Heute ist der Junge zu zwanzig Prozent behindert. Sein einziger Fehler war, dass er dem Rechtsextremisten Olaf Klein begegnete.

Ein anderer Kameradschaftsabend bei Hoyerswerda. Drei Skinheads und ein Mädchen locken einen geistig behinderten Jungen in einen Hinterhalt und dreschen brutal auf ihn ein. Nach einer Weile erschrecken sie vor ihrer eigenen Tat. Sie packen den Jungen ins Auto, um ihn ins Krankenhaus zu fahren. Die Angst, dass der Junge nicht überleben könnte, siegt für einen Moment über die Lust auf Gewalt. Im Auto tropft Blut des Jungen auf die weiße Bluse der Skinhead-Frau. Sie kreischt auf, zwingt die jungen Männer, noch einmal anzuhalten. Sie ziehen den Jungen aus dem Auto und schlagen und treten wieder zu. Diesmal langt auch die junge Frau kräftig hin. Letztlich bringen die Neonazis ihr Opfer doch in die Notaufnahme. Die Notärzte im Krankenhaus können das Leben des behinderten Jungen gerade noch retten. Zwei Fälle, die illustrieren, wie grenzenlos die Gewalt ist, mit der rechte Kameraden Angst und Schrecken verbreiten. Gewalttaten sind in rechtsextremen Kameradschaften keine Ausrutscher, sondern verbindendes Element. „Das Spektrum reicht von der Nötigung bis zu überfallartigen Angriffen mit schwerer Körperverletzung", sagt Oberstaatsanwalt Schär.

Aufgrund der Überfälle in Rochlitz und Mittweida geriet die Kameradschaft „Sturm 34" ins Visier der Staatsanwaltschaft. Auf das Konto der Neonazis gehen diverse Körperverletzungen und Propagandadelikte. Am 26. Juli 2006 schlug der Staat zu. In den Landkreisen Stollberg drangen in den frühen Morgenstunden mehr als 100 Beamte in 27 Wohnungen ein. Sie beschlagnahmten Waffen, braunes Propagandamaterial, Computer und Aufzeichnungen der Beschuldigten. Nach einer ersten Sichtung des Materials geht die Staatsanwaltschaft Dresden davon aus, dass es sich bei „Sturm 34" um eine kriminelle Vereinigung handelt. Die Anklage gegen die Rädelsführer wird vorbereitet. Der Treff in Mittweida ist geschlossen, doch die Kameraden kommen jetzt an anderen Orten in der Stadt zusammen, etwa an einer Tankstelle, berichten Mitarbeiter aus dem Rathaus von Mittweida.

Immer wieder finden die Behörden bei rechtsextremen Kameradschaften Waffen. Den spektakulärsten Fund gab es 2003 in Bayern.[48] Bei dem dortigen „Aktionsbüro Süddeutschland – Kameradschaft Süd" entdeckten die Ermittler über 15 Kilogramm Sprengstoff, darunter hochexplosives TNT. Die Neonazitruppe um den aus Ostdeutschland stammenden Martin Wiese plante einen Anschlag auf die Baustelle der Münchner Synagoge auf dem St. Jakobsplatz. Nicht nur im Süden, auch im Norden sammelten militante Neonazis Waffen und Sprengstoff. In Schleswig-Holstein nahmen sich Spezialeinheiten der Polizei im Jahr 2003 die Neonazi-Truppe „Combat 18 Pinneberg" vor. Aus der Kameradschaft „Pinneberg" hatte sich eine militante Truppe entwickelt, die Waffen für den nationalen Kampf hortete. Es fanden sich auch Anleitungen zum Herstellen von Sprengsätzen. Im November 2006 fand die Polizei bei einer Razzia in der Nähe von Rosenheim insgesamt 100 Gewehre und Pistolen neben Hitlerbüsten und anderem NS-Nippes. 2004 spürten Beamte bei einer Razzia im thüringischen Weimar Luftdruckwaffen auf, Schreckschusspistolen und Unmengen an braunem Propagandamaterial. In Hoyerswerda sicherte die Polizei im gleichen Jahr Sprengstoff bei rechten Kameraden. Im April 2007 trugen Beamte in Niedersachsen Gewehre, Macheten, Schlagstöcke und andere Beweismittel aus insgesamt 28 Wohnungen rund um Osnabrück. Die Verdächtigen hatten in Wilsum bei Nordhorn im Jahr 2006 ein paramilitärisches Sommercamp veranstaltet. Dabei fotografierten sie sich bei Scheinhinrichtungen. Ein Opfer musste den Kopf in eine Astgabel legen, über ihm hob ein Neonazi die Machete. „Das war kein harmloses Pfadfinderlager", sagt Staatsanwalt Alexander Retemeyer. Die Ermittler bewerten die Aktivitäten als Trainingslager für den politischen Kampf. Bei der Razzia durchsuchte die Polizei auch Wohnungen von NPD-Politikern.

Der führende Hamburger Neonazi Christian Worch distanzierte sich auf verschiedenen Internetseiten nach den spektakulären Sprengstofffunden von München vom Waffenbesitz. Auf dem Portal des „Freien Widerstands" schreibt er: „Allein der Besitz solcher Dinge – namentlich noch in großer Menge – schadet dem gewaltfreien Widerstand, schadet damit unserem Ansehen, schadet damit unserem notwendigen politischen Anliegen. Das bedarf keiner weiteren Diskussion." Worch geht es ums Image der Bewegung. Die potenziellen Gewalttaten, die mit Waffen oder Sprengstoff begangen werden könnten, interessieren ihn nur insofern, als dass sie Schaden für die Bewegung anrichten könnten. Worch faselte noch vor einigen Jahren vor laufenden Fernsehkameras von Exekutionen nach einer Machtergreifung. Wie glaubwürdig Worchs Distanzierung von Kameraden ist, die Waffen für den Kampf gegen das „Schweinesystem" horten, zeigt das Beispiel Sebastian Richter, Anführer der

Gruppe „Freie Aktivisten Hoyerswerda". Die Kameradschaft hatte sich ein Depot mit 500 Gramm Sprengstoff, 2500 Schuss Munition und Übungsgranaten angelegt. Sebastian Richter trat am 13. Dezember 2003 als Redner bei einer Demonstration auf, zu der unter anderem Christian Worch aufgerufen hatte und an der auch Thorsten Heise beteiligt war. Kameraden unter sich.

Aussteiger – Leid durch Druck

Die weißen Stecknadelköpfe markieren Erfolge. Die schwarzen zeigen künftige Herausforderungen. Noch sind die weißen Stecknadelköpfe auf der Sachsenkarte in der Minderheit, umringt von schwarzen Punkten. Michael Ankele steht vor der Stellwand in seinem Büro und zeigt auf die Gegend um Zittau. „Hier haben wir eine starke rechte Struktur", sagt er. Die schwarzen Stecknadelköpfe stehen für Kameradschaften oder rechtsextreme Cliquen. Die weißen markieren die Gegenden, in denen es Aussteiger gibt, denen Michael Ankele half auf ihrem schwierigen Weg aus dem braunen Leben.

Michael Ankele wirkt mit seinem massigen Oberkörper und den kräftigen Armen eher wie ein Bauarbeiter oder Maschinenschlosser, nicht wie ein Sozialpädagoge. Ankele leitet in dem Bautzener Neubaugebiet eines der erfolgreichsten Aussteigerprogramme für Rechtsextremisten in Deutschland. 48 Aussteiger betreut der Chef des Vereins „Gesellschaft Bürger und Polizei". Darunter Realschüler, Hauptschüler, Arbeitslose. Wenige politische Aktivisten, die Schulungen durchführten und neues Personal rekrutierten. Und viele Straßenkämpfer. Kontakt zu ihnen bekommt er durch Vertraute. Es sind Sozialarbeiter, Staatsanwälte, Polizisten, Lehrer oder Eltern, die sich melden, wenn jemand raus will. Aussteigen wollen junge Männer, die nicht weiterwissen. „Der Leidensdruck ist unvorstellbar groß", sagt Michael Ankele, „die Jungs werden von den eigenen Kameraden verfolgt, bedroht ohne Ende, aufgesucht und zusammengeschlagen, einer wurde fast überfahren. Körperliche Gewalt ist an der Tagesordnung. Einige meiner Aussteiger sind von ihren einstigen Kameraden fast umgebracht worden." Das läuft dann etwa so ab wie am Abend des 12. 9. 2005 in Halle. Maik W., 22, und drei Kameraden besuchen einen 20-Jährigen, der aussteigen will. W. tritt auf rechtsextremen Demos als Ordner auf. Heute steht Rache auf dem Programm. Der 20-jährige wird gefesselt, geschlagen und getreten. 15 bis 20 Mal drücken ihm die Kameraden glühende Zigaretten auf dem nackten Oberkörper aus. Mit einer Nagelschere versuchen sie, dem jungen Mann ein Tattoo aus dem Oberarm herauszuschneiden. In den Oberschenkel ritzen sie ihm ein Hakenkreuz. Bevor sie ihr Opfer zurücklassen, klauen sie ihm T-Shirts. Das schmerzvolle Ende einer Neonazi-Karriere.

Andere Aussteiger sind finanziell am Ende, werden von vorbestraften Freunden in den Ruin getrieben, die Handyverträge auf ihren Namen abschließen oder wahllos auf Kosten des Kameraden im Katalog bestellen. Oft rühren die Schulden auch von Gerichtsverfahren, die in Zusammenhang mit rechtsextremen Straftaten stehen. Wieder andere werden von ihren Familien unter Druck gesetzt, die rechte Szene zu verlassen. „Ich habe sogar einen Fall, wo eine Freundin ihren Freund angezeigt hat", berichtet Ankele. Die Motive sind verschieden. Aber es gibt ein Muster: „Wo der staatliche Verfolgungsdruck groß ist, habe ich die meisten Aussteiger. Verfolgung hassen sie wie die Pest." Irgendwann reicht es den Eltern oder der Freundin, wenn ständig die Polizei im Haus ist oder frühmorgens eine Hausdurchsuchung stattfindet. Razzien, die ständige Angst ins Gefängnis zu kommen – den Druck halten viele nicht aus. „Der Leidensdruck ist die Voraussetzung", sagt Ankele, „keiner wird erleuchtet."

Das erste Gespräch entscheidet, ob es geht. Wenn sie kommen, sind sie misstrauisch, stehen mit dem Rücken zur Wand. „Der Beginn ist anonym und heikel", sagt Ankele, „aber auf der anderen Seite sind sie sehr froh, dass ihnen jemand zuhört." Nach dem ersten Gespräch hebt Ankele den Hörer. Dann beginnt seine Arbeit. Er telefoniert mit Vermietern, Arbeitgebern und Behörden, versucht, das Chaos zu entwirren. So entsteht Vertrauen. Nicht alle verlassen ihr Umfeld. Manche bleiben in den Orten, in denen sie leben. Diese Aussteiger brechen den Kontakt mit ihrer alten Clique ab und suchen sich neue Freunde. Für andere ist der Ausstieg jedoch lebensgefährlich. Ausstieg gilt als Verrat, Aussteiger sind für viele Kameraden schlimmer als der politische Feind. Besonders gefährlich ist es für solche, die viel wissen, die mitgeplant und organisiert haben. Die werden am härtesten verfolgt. Mit Telefon-Terror, Drohungen per SMS und Schlägen. Das führt dazu, dass Männer, die gar nichts verraten wollen, so in die Ecke getrieben werden, dass sie über ihre Peiniger auspacken. „Aussteiger, die ich sofort wegziehen lassen muss, sind Angstpatienten", sagt Ankele, „wenn die zu einem Gerichtstermin müssen, werden die in meinem Auto immer kleiner und fangen an zu zittern." Skinheads mit muskelbepackten Körpern werden zu seelischen Wracks. Diese Leute müssen raus, weit weg von ihrem alten Leben. Ankele hilft ihnen, in einer anderen Region Deutschlands neu anzufangen.

Die den Mut haben zu bleiben, werden auf einmal von Leuten beschützt, die sie früher verfolgt haben. „Ich habe einen Aussteiger, der erzählt mir mit leuchtenden Augen, dass er jetzt einen Migranten als Freund hat", sagt Ankele, „es gibt Fälle, da werden die einstigen Nazis von Ausländern beschützt." Unter den 48 Aussteigern sind nur drei Mädchen. Kameradschaften sind in aller Regel Männerbünde mit Frauenanhang.

Es gibt Aussteiger wie Danilo Wagner. In seiner Zeit in der Kameradschaft war er ein gefürchteter Schläger. Mit mehr als 20 Anzeigen ist er der kriminelle Spitzenreiter unter den Aussteigern. Torben Wernicke hätte bei einer Aktion seiner Kameradschaft fast getötet. Wie nah er am Abgrund stand, ist ihm erst nach seinem Ausstieg bewusst geworden. „Wenn der Anführer was befohlen hat, dann gab es kein Überlegen, dann wurde das gemacht", berichtet er. Die meisten der 48 Ex-Nazis haben Körperverletzungen begangen und sind dafür angeklagt worden. Sie haben nicht nur Ausländer und Andersdenkende zusammengeschlagen, sondern auch Mädchen und alte Männer. „Wer in der Straßenszene verkehrt, hat kaum die Chance, straffrei wegzukommen", sagt Ankele. Die Mischung aus Gehorsam und Gruppendynamik lässt sie jede Grenze überschreiten. Mario Arnold erzählt, was während einer solchen Gewalttat abläuft: „Du hast so einen Blutrausch. Du bist wie auf Koks, drehst völlig durch. Erst wenn der Körper nicht mehr zuckt, hörst du auf."

Die neuralgische Zeit ist abends. Dann kommen die Kameraden, die Arbeit haben, nach Hause, dann wird in kleinen Gruppen gesoffen. Die Dunkelheit bietet Anonymität für Gewalt. Dann könne man auch hier, zwischen den Plattenbauten in Bautzen, beobachten, wer das Sagen hat und wer gefährlich ist. „Wo eine rechte Kameradschaft dominiert, muss man schon Spielregeln beachten", sagt Ankele, „da rate ich einem Punker nicht, allein durchzumarschieren. Die rechten Straßenkämpfer haben Gewalterfahrungen ohne Ende." In der Nähe von Bautzen stellte sich ein Mädchen einem Skinhead in den Weg, um ihren Freund zu beschützen. Der Skinhead kannte keine Gnade. Sie erlitt einen doppelten Kieferbruch. Ihr Gesicht ist seither von einer Narbe dauerhaft entstellt.

Die Kameraden wie Danilo, Torben und Mario atmen nach dem Ausstieg auf. Sie genießen es, außerhalb ihrer engen braunen Welt nicht mehr die Außenseiter zu sein. Dann fallen sie in ein Loch. Das aktivistische Leben hat sich tief eingebrannt, sie waren immer in der Gruppe, jetzt sind sie allein. Mit sich und einer großen Leere. Viele hören dann noch einmal Nazi-Musik, lesen in Propagandamaterial. „Die sind dann wie auf Entzug", berichtet Ankele, „aber wenn dieser Rückfall nach ein paar Wochen vorbei ist, gehen viele ziemlich geradlinig einen bürgerlichen Weg. Dann kommt sogar die Phase, wo sie sich ekeln." Ankele kämpft darum, die schwarzen Fähnchen auf der Landkarte nach und nach durch weiße zu ersetzen. Aber er weiß, dass auch die andere Seite um jeden Mann kämpft. Seine Aussteiger berichten ihm, wie permanent rekrutiert wird. Auf Spielplätzen, an Haltestellen, in Jugendclubs – ständig sind rechte Scouts unterwegs, um Nachwuchs zu werben. Nicht nur für den Kampf um die Straße, auch für den Kampf um die Köpfe. Die Politischen, die selbst nicht zuschlagen, sind auf der Suche nach charismatischen Talenten, die reden und begeistern können. „Sobald die NPD-Leute eine Fähigkeit erkannt haben, steigt der Junge in einer Affengeschwindigkeit in der Hierarchie auf", sagt Ankele.

7. Starker Staat
oder Trotz Verbot nicht tot?

Die Scheinwerfer reißen die verfallende Mühle am Ausgang des kleinen Ortes Bielatal aus dem Dunkel. Beamte einer Hundertschaft rücken über wucherndes Gestrüpp vor auf das ehemalige Ferienheim der VEB Vereinigte Holzindustrie Finsterwalde. Seit Jahren dämmert das Anwesen in der Sächsischen Schweiz vor sich hin, aber seit kurzem werkeln freundliche junge Männer daran herum. Ungestört von Neugierigen haben sie sich einen Unterschlupf gebaut. Doch an diesem Abend des 4. April 2007 dringen Polizisten in die alten Räume ein und stellen etwa 40 Personalien fest. Unter den Anwesenden entdecken sie alte Bekannte. Gegen zwölf von ihnen ermittelt die Staatsanwaltschaft Dresden. Ihnen wird vorgeworfen, die seit 2001 verbotene Kameradschaft „Skinheads Sächsische Schweiz" (SSS) illegal fortgeführt und damit gegen Paragraph 20 Vereinsgesetz verstoßen zu haben. Noch am Abend durchsuchen Teams der Polizei mehr als 20 Wohnungen, insgesamt stehen etwa 25 ehemalige SSS-Mitglieder im Visier der Ermittler. Die verurteilten SSS-Führungskader S. und R. werden vorläufig festgenommen. S. ist bereits wegen Fortführung der kriminellen Vereinigung zu acht Monaten Haft ohne Bewährung verurteilt worden. Das Urteil liegt noch beim BGH zur Prüfung. Zudem nehmen Beamte Martin S. fest, der in Pirna einen rechten Szene-Laden betreibt. Die Staatsanwaltschaft verdächtigt ihn, die Führung des harten Kerns der ersten SSS-Generation übernommen zu haben. In seinem Haftbefehl werden zudem Verbreitung von Propagandamitteln verfassungswidriger Organisationen sowie Körperverletzungsdelikte aufgeführt.

Die SSS dürfte es seit dem 5. April 2001 nicht mehr geben. Damals verbot der sächsische Innenminister die Truppe, die ihre Region von Linken, Ausländern und Kiffern säubern wollte und mit roher Gewalt gegen ihre Opfer vorging. Die Vorstellung, durch das Verbot sei eine der brutalsten rechten Kameradschaften Deutschlands verschwunden, erweist sich sechs Jahre später als naive Illusion. Vielmehr zeigt das Beispiel der „Skinheads Sächsische Schweiz", dass der Rechtsstaat sein ganzes Arsenal aufbieten muss, um die Gefahr wenigstens eindämmen zu können. Und es zeigt, dass rechtsextreme Überzeugungstäter versuchen, jede rechtliche Nische und Schwäche ausnutzen, um weiterzukämpfen. Die Anwesenden des konspirativen Ostertreffens in der alten Mühle von Bielatal behaupten, dass sie lediglich ein Treffen der NPD-Jugendorganisation Junge Nationaldemokraten (JN) besucht haben, für die alte SSS-Kader mittlerweile im Landesvorstand sitzen. Die Strafverfolger sehen das anders. „Es besteht der begründete Verdacht, dass die Beschuldigten ihre Aktivitäten nicht unter der JN-Struktur entfalten, sondern aus der verbotenen Struktur der SSS heraus", sagt Oberstaatsanwalt Jürgen Schär, „es ist offenbar der Versuch unternommen worden, dazu in ein legales Mäntelchen zu schlüpfen." So seien etwa zur Verabredung des Treffens die alten Kommunikationswege der verbotenen Kameradschaft erneut aktiviert worden. Währenddessen organisiert die JN im Internet den Protest gegen die vermeintlich politische Justiz: „Freiheit für Martin!"

Der juristische Kampf gegen die rechtsextreme Bande „Skinheads Sächsische Schweiz" ist ein langer, steiniger Weg für die Strafverfolger. Nach 45 Verhandlungstagen und mehr als 100 Zeugen endete der erste Prozess vor dem Landgericht Dresden im Mai 2003 mit milden Strafen von bis zu zwei Jahren auf Bewährung, weil ungeklärt blieb, welchen Einfluss V-Leute des Verfassungsschutzes auf die SSS hatten. Auch für ihre Geständnisse bekamen die fünf Angeklagten Strafmilderung. Dennoch war das Urteil ein Meilenstein. Denn die Männer wurden nicht nur wegen Landfriedensbruchs und gefährlicher Körperverletzung verurteilt, sondern auch wegen Bildung und Mitgliedschaft in einer kriminellen Vereinigung. Im zweiten Prozess im November 2003 wurden elf weitere SSS-Kader ebenfalls zu einer Bewährungsstrafe verurteilt. Trotz milder Urteile ein Erfolg für die Strafverfolger, die das Organisationsstrafrecht nach etwa 20 Jahren wieder auf Rechtsextremisten anwendeten. „Die einzelnen Taten zu verfolgen war vollkommen unbefriedigend, da die Behörden nur unzureichend an die Täter herangekommen sind", sagt Oberstaatsanwalt Schär, „wir haben daher Strukturermittlungen eingeleitet, um die Täter aus ihren Schutzräumen zu reißen." Die SSS tarnte ihre Gewaltakte. Absprachen trafen sie konspirativ, Mitglieder gaben sich gegenseitig Alibis. In der Sächsischen Schweiz trat die Truppe als Privatarmee auf, mit schwarzen Uniformen und Rangabzeichen marschierten sie offen durch Pirna. Neben den Membern an der Spitze kamen mit Mitgliedern, Anwärtern der SSS-Aufbauorganisation (SSS-AO) sowie Sympathisanten 150 bis 200 Personen zusammen. Nur durch die Anwendung des Organisationsstrafrechts (Paragraph 129 StGB und Paragraph 20 Vereinsgesetz) war es möglich, dem harten Kern der SSS nachzuweisen, dass sie im Untergrund trotz Verbot weiter die Fäden im rechten Netz zogen. Die Staatsanwaltschaft Dresden stellte für den Staat gewissermaßen Waffengleichheit her, indem sie der konspirativen Verschleierung von Straftaten verdeckte Ermittler und Observationsteams entgegenstellte.

Die SSS bereitete sich akribisch auf die Auseinandersetzung mit dem Staat vor. In den Jahren 2003 und 2004, lange nach dem Verbot, versammelte sich der harte Kern immer donnerstags zu geheimen Treffen. Per Handy wurden die Mitglieder zu den Zielen gelotst, Orte wurden mit ein- bis dreistelligen Zahlencodes verschlüsselt, ebenso Datum und Uhrzeit. Wenn ein Befehl per SMS versandt wurde, kam die Nachricht nach etlichen Empfängern wieder beim Sender an, der sie erneut herumschickte. Auf diese Weise sollten die Rädelsführer geschützt und Hierarchien unsichtbar bleiben. Dann trafen sie sich etwa an einer Tankstelle in Stolpen oder im Freibad, wo kein Fremder zuhören konnte. Auf Befehl wurden Handys ausgeschaltet, Freundinnen weggeschickt. Die Observationsteams der Polizei fotografierten, aber sie konnten nicht mithören. Was die Ermittler allerdings nach den Donnerstagstreffen registrierten, waren Aktivitäten. Dann trugen sie etwa SSS-Angehörige stapelweise Wahlplakate der NPD aus einem Gebäude. Die SSS stellte für die NPD mehrfach den Saalschutz. Die Aktionen, die den Treffen folgten, glichen auch denen der alten SSS: Sonnenwendfeiern, gemeinsame Teilnahme am Gedenkmarsch für Rudolf Heß. Gegen eine Demonstration gegen rechts in Pirna organisierten SSS-Kader Störungen. Der verurteilte Rädelsführer S. steuerte über Handy in bewährter Weise kleine gewaltbereite Gruppen. „Durch den Verfolgungsdruck wird die Arbeitsteilung in Kameradschaften erhöht", sagt Oberstaatsanwalt Schär, „nur noch bestimmte Kameraden sind für Gewalt zuständig." Die Arbeitsteilung nützt Rädelsführer S. nichts. Verdeckte Ermittler, Observationsergebnisse und abgehörte Telefonate führen dazu, dass er im August 2006 wegen Verstoßes gegen das Vereinsgesetz zu acht Monaten Haft ohne Bewährung verurteilt wird. Das Gericht sieht es als erwiesen an, dass S. die verbotenen Strukturen organisatorisch weitergeführt hat. S., in dessen Wohnung Ermittler Regale voller Nazi-Literatur entdecken, legt Revision ein.

Arbeitsteilig hätte die SSS in der Nacht zum 20. August 2003 beinahe eine Mutter und ihr Kind getötet. Den Anführern ist ein Roma-Lager auf einer Wiese in Gersdorf ein Dorn im Auge. Die Fremden müssen weg. Ethnische Reinheit soll in der Sächsischen Schweiz auch nach dem Verbot der Organisation hergestellt werden. Ein alter SSS-Aktivist aus der ersten Generation, 27 Jahre alt, und drei junge Kämpfer erkunden das Lager der Roma und finden ein Auto, das nicht verschlossen ist. Sie ziehen sich zurück, zapfen von einem Moped Benzin ab, dann marschieren sie erneut über die Wiese zu dem Auto. 15 Meter vor dem Fahrzeug drückt der Altkader einem der Jungen die Benzinflasche in die Hand. Der geht hin, zündet die Flasche an. Der Wagen fängt schnell Feuer. Flammen schlagen hoch. Die Leute aus dem Wagenlager bemerken das Feuer nach kurzer Zeit und beginnen zu löschen.

Der Sachverständige wird später vor Gericht feststellen, dass das Feuer auf den benachbarten Wohnwagen übergegriffen hätte, wäre es nicht bemerkt worden. Als die Kameraden das Feuer legen, hält sich in dem nahen Wohnwagen eine Mutter mit ihrem Kind auf. Sie überleben nur, weil sie Glück haben. Einer der jungen Männer nannte in dem folgenden Prozess im Jahr 2005 als Grund, warum er mitgemacht habe: „Ich wollte dazugehören." Die SSS ist für Jugendliche in der idyllischen Sächsischen Schweiz ein Mythos. Sie versuchen, durch Gewalt Anerkennung von ihren Idolen zu erkaufen. Die Alten planen, die Jungen schlagen zu.

Immer wieder wird der Hass der SSS lebensgefährlich. Nach einem Trinkgelage in Tschechien nimmt eine Autobesatzung mit SSS-Kameraden einen Fahrradfahrer, den sie als

Feind ausgemacht haben, ins Visier. Sie überholen ihn zunächst und versichern sich, dass es der Richtige ist. Dann drehen sie um und fahren mit hoher Geschwindigkeit auf ihr Opfer zu. Der Fahrradfahrer erfasst im letzten Moment die Bedrohung und weicht aus. Einen Zusammenprall hätte er wohl nicht überlebt. Die Kameraden jagen den Mann weiter, der flüchtet in panischer Angst. Nach einer Weile rettet er sich auf ein Privatgrundstück. Seine Verfolger brechen die Hatz ab. Vor dem Landgericht Dresden streitet der Fahrer des Wagens alles ab. Man habe den Fahrradfahrer nicht überfahren wollen. Aus Versehen habe ihm der Beifahrer ins Lenkrad gegriffen. Der Sachverständige widerlegt die Version. Es gibt keinen Zweifel: Das Auto fuhr gerade und ungebremst auf den Fahrradfahrer zu. Das ist der Moment, in dem der Fahrer des Wagens einknickt: Man müsse ihn doch verstehen, in seinem Dorf seien alle Jugendlichen rechts. Er wolle nicht wegziehen. Er gehöre halt dazu. Was solle er denn machen?

Nicht nur Jugendliche sympathisieren in der Sächsischen Schweiz mit den kriminellen Neonazis. Die Täter sind integriert und akzeptiert. Ihre Väter kämpfen ebenfalls für die rechte Sache. So zog etwa der Steinmetz Egon Weihs, dessen Sohn ebenfalls als Mitglied der SSS angeklagt war, für die NPD in den Stadtrat von Pirna ein. Die Kombination – Vater NPD-Kommunalpolitiker und Sohn verurteilter SSS-Aktivist – findet sich auch in der Familie Rackow. Michael Jacobi errang für die NPD bei der Kommunalwahl am 13.6.2004 ein Mandat in Reinhardtsdorf-Schöna, wo die NPD 25,2 Prozent der Stimmen bekam. Auch seine Söhne wurden der SSS zugerechnet. In seiner Garage fand die Polizei bei einer Razzia Sprengstoff und Waffen. „In der Sächsischen Schweiz gibt es eine sehr enge Zusammenarbeit zwischen den Kameraden und der NPD", sagt der sächsische

Verfassungsschützer Olaf Vahrenhold. Was die Lage aber so brisant macht, ist die Unterstützung durch ganz normale, vermeintlich brave Bürger. So gab ein Getränkehändler regelmäßig Rabatt, wenn SSS-Kameraden Bier für ein Treffen holten: „Die letzten hundert Euro braucht ihr nicht zu bezahlen." Der Händler hatte eigentlich nichts zu verschenken. Mit Ausnahme der Touristen, die kommen, um die schroffen Felsformationen an der Elbe zu besichtigen, bewegt sich in der Sächsischen Schweiz nicht viel. Der Händler gab dennoch gern, weil er der Meinung war, eine gute Sache zu unterstützen.

In der Sächsischen Schweiz haben sich brutale Neonazis, jugendlicher Nachwuchs, Familienväter und Normalbürger zu einem beunruhigenden, rechten Netz verwoben. Durch das Verbot der „Skinheads Sächsische Schweiz" sind weder die Mitglieder der Skinhead-Bande noch deren Ideologie verschwunden. Die Führungsfiguren haben sich auch nicht von den Gerichtsurteilen abschrecken lassen. Im Jahr 2004 wurde ein Verfahren gegen mehrere Mitglieder eingestellt, weil für Jugendstrafverfahren das Beschleunigungsgebot gilt und der Prozess schon vier Monate andauerte. Bewährungsstrafen gegen andere waren offenbar auch keine ausreichende Warnung. Auch die Hoffnung, dass die kriminellen jungen Leute als Erwachsene und Familienväter ihre rechtsextremen Aktivitäten einstellen, ist nicht aufgegangen. „Der harte Kern, den ich als faschistisch bezeichne, der wächst nicht raus", sagt der Dresdner Staatsanwalt Ingolf Wagner. Allerdings setzt die erste Generation der SSS verstärkt auf den politischen Kampf unter der Haube der Jungen Nationaldemokraten (JN). Ein führender Aktivist der Kameradschaft hat die Nutzung legaler Strukturen bereits vor Jahren als mögliche Strategie gegen staatliche Repression ausgegeben: „Dann kann uns das System nichts anhaben."

Die teilweise milden Urteile und die Aktivität verurteilter SSS-Anführer bedeuten nicht, dass der Staat verloren hat. Aber er hat auch noch nicht gewonnen. „Es macht einen Unterschied, ob 30 Mann offen durch die Stadt marschieren und den Bürger vom Gebrauch seiner verfassungsmäßigen Grundrechte abhalten oder ob kleine Grüppchen illegal existieren", sagt Oberstaatsanwalt Jürgen Schär, „die massenhafte Gewalt und das offene Auftreten der Rechtsextremisten ist zurückgedrängt worden." Jugendliche in der Region müssen sich entscheiden: Mache ich mit, dann riskiere ich eine Vorstrafe. Das Mitlaufen ist gefährlich geworden, der Staat hat die Schwelle erhöht, zum aktiven Rechtsextremisten zu werden. „Es muss eine Potenzierung krimineller Energie stattfinden", sagt Oberstaatsanwalt Schär, „der normale Jugendliche wird sich solchen Gruppen nicht annähern." Das Vorgehen gegen die SSS zeigt, dass staatliche Repression mit einem hohen Aufwand an Personal kriminelle rechte Strukturen erschüttern kann. Es zeigt auch, dass ein Verbot allein nichts nützt. Nur wenn der Staat das Verbot ernst nimmt und gegen Wiederbelebungsversuche vorgeht, lassen sich Städte und Dörfer aus der Umklammerung befreien. Für eine Entwarnung in der Sächsischen Schweiz besteht allerdings kein Grund. „Nach den Urteilen in den SSS-Prozessen hat sich die Situation nicht vollständig gebessert", sagt Verfassungsschützer Vahrenhold, „wir haben nach wie vor eine sehr starke rechtsextremistische Szene, aber ich würde nicht davon ausgehen, dass man sich in Pirna nicht ohne Weiteres frei durch die Stadt bewegen kann."

Lutz Richter, 32, lebt in Pirna. Er trägt an jedem Ohr einen Ohrring, engagiert sich in dem alternativen Verein „Akubiz", wo er Konzerte und Lesungen organisiert. Richter ist für die SSS ein Feind, spätestens seit er im ersten Prozess als Zeuge aussagte. Damals warnte ihn das Landeskriminalamt:

Richter stand auf einer schwarzen Liste der SSS, mit detaillierten Informationen über sein PKW-Kennzeichen, private Gewohnheiten und beruflichen Werdegang. Seither meidet Richter bestimmte Wege wie den durch den Friedenspark in Pirna, wo sich rechte Kameraden abends am Kriegsdenkmal treffen: „Ich würde abends nie durch Reinhardtsdorf-Schöna laufen, weil es da Rechte gibt, die organisiert sind und mich kennen." Ist sein Leben in Pirna freier geworden durch die Prozesse und die Razzien? „Offene Aktionen werden seitdem vermieden", sagt Richter, „auf der Straße hätte ich ja ein Gesicht zu der Tat." Die Methoden sind subtiler geworden. Als Richter im November 2006 von einer Theater-Aufführung in Reinhardtsdorf-Schöna kommt, sind die Reifen seines Autos zerstochen. Nachts bekommt er anonyme Anrufe auf seinem Handy: „Komm vor die Tür! Wir warten draußen."

Auch rechte Gewalt ist nicht verschwunden aus den Städten und Dörfern der Sächsischen Schweiz. Im April 2007 treffen sich Jugendliche, die nicht bei den Rechten mitmachen und bunte Haare und T-Shirts bevorzugen, an ihrem Lieblingsplatz an der Elbe. Von dem erhöhten Bahndamm, der Pirna mit Königstein verbindet, fliegen plötzlich große Steine auf die jungen Leute. Eine Gruppe von 15 jungen Angreifern, viele sind nicht mal 18 Jahre alt, jagen „Zecken", wie es die SSS über Jahre getan hat. „Die wollen nicht nur ein Zeichen gegenüber denen setzen, die sich nicht anpassen", sagt Lutz Richter, „die bieten sich den alten SSS-Mitgliedern mit solchen Aktionen als Nachwuchs an." Die junge Neonazi-Generation in der Sächsischen Schweiz steht ihren Vorbildern an Brutalität in nichts nach. Die Schläger schieben sich noch schnell einen Mundschutz rein, um sich selbst zu schützen, bevor sie zuschlagen. Einige haben Schlagringe dabei. Sie überziehen ihre Opfer mit Frakturen an Kinn, Nasenbein und Schädel.

Der staatliche Verfolgungsdruck hat es für die Neonazis der Region zwar schwerer gemacht, sich zu organisieren. Doch offenbar funktionieren Strukturen noch so gut, dass auch große Gewaltaktionen wie die im Juni 2005 durchgeführt werden können. Heimkehrer aus Dresden fahren nachts mit der S-Bahn nach Pirna zurück. „Bunte Republik Neustadt" heißt das Fest, das sie besucht haben, die Dresdner Neustadt gilt als Hochburg der Linken und Alternativen. Als die Gruppe am Bahnhof von Pirna ankommt, wird sie von 60 jungen Rechtsextremisten erwartet, die brutal zuschlagen und treten. Das Gewühl erweist sich später als hilfreich für die Täter. Viele Schläge und Tritte sind nicht mehr eindeutig zuzuordnen, viele Verfahren werden eingestellt. Nach der Gewalt-Orgie gehen die Ermittler gegen die „Copitzfront" in Pirna vor, eine Kameradschaft, die offenbar die Ziele der alten SSS weiterverfolgt. Im Jahr 2004 schlägt wohl auch ein verurteilter SSS-Aktivist der ersten Generation wieder zu. B. überfällt offenbar nach einem Stadtfest in Pirna einen jungen Mann, der einen Laden für Hiphop-Kleidung betreibt, und schlägt ihn brutal zusammen. „Der junge Mann hat schlimme Verletzungen im Gesicht davongetragen", sagt Opferberaterin Marianne Thum. Auf den Prozess vor dem Amtsgericht Pirna wartet das Opfer im Mai 2007 immer noch. „Für den Angeklagten wird die Lage immer besser, je weiter der Fall zurückliegt", sagt Marianne Thum. Er hat ein Recht auf ein schnelles Verfahren. Mit jedem Tag, den das Amtsgericht Pirna verstreichen lässt, erhöhen sich seine Chancen auf ein mildes Urteil. Nur noch selten ist der Zusammenhang alter SSS-Kader mit Gewalttaten so offensichtlich.

Am Beispiel der „Skinheads Sächsische Schweiz" lassen sich vielmehr die Anpassungsstrategien der neuen Nazis ablesen. Der Skinhead-Truppe wurde vor ihrem Verbot zum Verhängnis, dass sie bei aller konspirativen Verschwörerei nicht auf Uniformen und Rangabzeichen verzichten mochte. Besser können sich Mitglieder einer Schlägerbande nicht als kriminelle Vereinigung ausweisen. Das haben die SSS-Anführer verstanden und sich auf den politischen Kampf verlegt. Vieles spricht für ein rein taktisches Manöver. „Es wird versucht, die Gruppenstruktur aufrechtzuhalten", analysiert Verfassungsschützer Vahrenhold. Bei der Fortführung der verbotenen Organisation handelt es sich um ein Dauerdelikt. Um zu verhindern, dass die Strategie der kriminellen Rechtsextremisten aufgeht, die eine systematische Jagd auf Andersdenkende organisiert haben, braucht der Staat festen Willen und einen langen Atem. Die Staatsanwaltschaft Dresden hat nach der Verurteilung von Rädelsführer S. wegen Fortführung der verbotenen Organisation sechs weitere Mitglieder der SSS angeklagt.

Kriminalhauptmeister Jörg Kirsten[49] schaut konzentriert auf seinen PC-Monitor. Auf dem Bildschirm schält sich ein paar Mausklicks später aus einem scheinbar unentwirrbaren Knäuel von Strichen nach und nach eine klare Struktur heraus. Sie ähnelt einem Spinnennetz. Im Netz gefangen ein Name: Matthias Rasch. Das Netz aus Strichen, Linien und Pfeilen zeigt, in welcher Beziehung Rasch zu der verbotenen rechtsextremistischen Skinheadbewegung „Blood and Honour" steht. Er und fünf weitere Personen werden in Sachsen verdächtigt, das verbotene neonazistische Skinheadnetzwerk „Blood and Honour" aktiv fortgeführt zu haben. „Blood and Honour" hat es sich zur Aufgabe gemacht hat, weltweit Skinheadbands miteinander zu verbinden und die neonazistische Ideologie in die Skinheadbewegung zu tragen. Auf der Webseite www.bloodandhonour.com finden sich Konzertberichte aus Russland, der Ukraine, sind Aufmärsche in Argentinien dokumentiert. Da lassen sich schwarz vermummte

Gestalten mit einem Spruchband ablichten, auf dem zwischen den Worten „Blood and Honour" ein Hakenkreuz abgebildet ist. Ihre Gesichter sind von Symbolen verdeckt: Totenschädel, wie sie die SS an Kragenspiegel und Mütze trug. „Blood and Honour" geht maßgeblich auf den Sänger der britischen Skinheadband „Skrewdriver", Ian Stuart Donaldson, zurück. Der Name der Organisation – zu Deutsch „Blut und Ehre" – war ins Fahrtenmesser der Hitlerjugend eingraviert. Das Symbol von Blood and Honour, eine Art der Triskele, weist Ähnlichkeiten mit dem Hakenkreuz auf. Die Glorifizierung von Nationalsozialismus und Drittem Reich ist unübersehbar.

Im September 2000 verbietet das Bundesinnenministerium die „Blood and Honour Division Deutschland". Trotzdem versuchen Rechtsextremisten, die Bewegung illegal weiterzuführen, auch sieben Jahre nach dem Verbot sind sie weiter im Untergrund tätig. Seit Oktober 2005 wird in Sachsen gegen mehrere Personen ermittelt, die im Verdacht stehen, die verbotene neonazistische Organisation fortzuführen. Nicht nur in Sachsen, auch in anderen Bundesländern haben Fahnder Mitglieder von Blood and Honour im Visier. Am 7. März 2006 werden in sechs Bundesländern die Wohn- und Geschäftsräume von 120 Beschuldigten durchsucht. Kriminalkommissar Frank Schmeisser von der „Soko Rex" in Dresden war von Anfang an dabei. Er ist der Mann, bei dem alle Fäden im Ermittlungsverfahren gegen Blood and Honour zusammenlaufen. Zu Beginn der Ermittlung wird der Verdächtige „gläsern" gemacht, erklärt Schmeisser: „Wir ermitteln alle Daten zu der Person durch polizeiliche Maßnahmen. Das beginnt bei Observationen, geht über Durchsuchungen bis hin zu Telefonüberwachungen und dem Einsatz von verdeckten Kameras." Ein langwieriger Prozess, bei dem die Strafverfolger alle Hilfsmittel nutzten, die ihnen der Gesetzgeber gestattet. Schließlich trugen die Beamten ausreichend Verdachtsmomente zusammen, die Hausdurchsuchungen rechtfertigten. Dabei fanden die Beamten Unmengen an rechtsextremem Propagandamaterial, Musik-CDs und Videos mit rassistischem und neonazistischem Inhalt, Fotos von Skinheadkonzerten, Flyer, mit denen Matthias Rasch und seine Kameraden Konzerte von Blood and Honour beworben haben sollen. Hinzu kamen Devotionalien wie Bierkrüge, T-Shirts, versehen mit dem Schriftzug von Blood and Honour.

Mit Erkenntnissen über dieses Material füttert Jörg Kirsten vom Dezernat für politisch motivierte Kriminalität Rechtsextremismus Sachsen, „Soko Rex" genannt, monatelang eine spezielle Datenbank. Da sind Autokennzeichen der Verdächtigen sowie die Namen derjenigen gespeichert, die miteinander zu verbotenen Konzerten gefahren sind. Fotos und Videos von Konzerten, bei denen die grölenden Besucher zum stampfenden Takt der Musik Pogo tanzen. Auf den schweißüberströmten Oberkörpern sind gut Tätowierungen mit verfassungsfeindlichen Symbolen zu erkennen. Beschlagnahmte Festplatten und andere Speichermedien werden nach Dateien mit verfassungsfeindlichem Inhalt durchforstet. All das wird erfasst, kategorisiert und in den PC eingegeben. „Diese Datenbank ist in der Lage, Zigtausende von Informationen aufzunehmen", sagt Kirsten, „und diese miteinander zu verbinden, wenn sie zueinander passen." Die Datenbank ist eine Art reales Neonazi-Puzzle, das am Ende ein entlarvendes Bild ergeben soll, ein unverzichtbares Hilfsmittel in dem aufwendigen und komplizierten Ermittlungsverfahren gegen Blood and Honour. Modernste Technik gegen Ideologie von gestern.

Die Datenbank wirft jenes Spinnennetz aus, in dem sich die Verdächtigen verfangen. Die wissen, dass sie sich strafbar machen, wenn sie eine verbotene Organisation fortführen.

Das Verbot zwingt die Kader von Blood and Honour immerhin, sich hochgradig konspirativ zu verhalten, Nachrichten zu verschlüsseln, Fährten im Internet zu verwischen. Die Aktivisten ahnen, dass der Staatsschutz sie im Visier hat. Ihnen nachzuweisen, dass sie die Organisation illegal fortführen, ist schwierig. Schließlich führen sie keine Vereinskasse oder Mitgliederlisten. Erst die Ergebnisse der Ermittlungsarbeit, das Puzzle der Datenbank, legt die Struktur der verbotenen Organisation offen. Es muss bewiesen werden, dass Einkünfte aus dem Verkauf von Konzertkarten oder Fanzines für die Tätigkeit von Blood and Honour verwendet werden, dass mit dem Geld Propagandamaterial erworben wird, neue Konzerte veranstaltet werden. Das erfordert akribische Fleißarbeit der Ermittler.

Die Verdächtigen festzunageln und anzuklagen ist schwierig. Die deutschen Ermittler haben ein großes Problem: Blood and Honour ist in den Nachbarländern der Bundesrepublik nicht verboten. Anhänger der Szene können problemlos Konzerte in Polen, Tschechien oder Dänemark besuchen. Propagandamaterial wird aus dem Ausland mitgebracht. „Die Verdächtigen sind unerschütterlich überzeugte Rechtsextremisten", sagt Ermittler Frank Schmeisser. Mit Aufklärung oder Sozialarbeit ist da nichts zu gewinnen. Diese Personen sind für den Rechtsstaat und die Demokratie verloren. „Bei Vernehmungen reden die nicht und zeigen keinerlei Angst vor den Strafmöglichkeiten des Staates", sagt Schmeisser. Sollten sie verurteilt werden, dann sitzen sie ihre Jahre ab, ohne Reue, ohne Umkehr. Letztlich geht es nur darum, ihre Aktivitäten zu begrenzen und sie für ihre Umwelt nicht zu gefährlich werden zu lassen. Mehr ist nicht drin. Wann gegen die Verdächtigen Anklage erhoben wird, steht in den Sternen. Das hat nicht nur mit den schwierigen Ermittlungen zu tun. Es ist auch eine Frage der personellen

Ressourcen. Die mit Blood and Honour befasste Staatsanwältin bearbeitete gleichzeitig das Verfahren gegen den NPD-Politiker und Rechtsrock-Produzenten Jens Pühse wegen des Verdachts der Volksverhetzung sowie gegen die Mitglieder der mittlerweile verbotenen Kameradschaft „Sturm 34". Angesichts der Aktenberge in ihrem Büro kommen Zweifel auf, ob eine Person diverse Mammutverfahren überhaupt stemmen kann. Warum bietet Sachsen nicht mehr Staatsanwälte auf, die sich mit politisch motivierter Gewalt von rechts befassen? Die gleiche Frage stellt sich für die Soko Rex. Die Sondereinheit, vor Jahren bundesweit als scharfe Waffe gegen Rechtsextremismus gefeiert, verfügt schon lange nicht mehr über jene Personalstärke, die sie starkgemacht hat.

Von Insidern aus der sächsischen Koalition von SPD und CDU, die nicht genannt werden wollen, ist zu hören, es fehle an der politischen Bereitschaft, mehr Mittel in den Kampf gegen die rechten Straftäter zu stecken. Aufgrund der knappen Ressourcen kommt es häufig zu einem großen zeitlichen Abstand zwischen staatlichen Aktionen wie etwa Hausdurchsuchungen und der Anklage. In der Zwischenzeit fühlen sich Rechtsextremisten sicher und begehen Straftaten. Bestes Beispiel ist die im Raum Mittweida tätige Kameradschaft „Sturm 34", die sich nach einer SA-Einheit benannte, die in der sächsischen Region stationiert war. Offiziell gründete sich Sturm 34 im März 2006, doch schon ein Jahr vorher waren die Rechtsextremisten aktiv. Sie überfielen alternativ aussehende Jugendliche und Ausländer, bedrohten sie und schlugen zu. Die Mitglieder von Sturm 34 sind größtenteils jenen rechten Schlägertypen ähnlich, die Anfang der 90er Jahre in vielen ostdeutschen Städten für Angst und Schrecken sorgten: Skinheads in Bomberjacke mit Springerstiefel und Baseballschläger bewaffnet. Die Modernisierung der rechten Kameraden ist unbemerkt an ihnen vorübergegangen. Für Dresdens Oberstaatsanwalt Jürgen Schär hinken die Mitglieder von Sturm 34 jenem Trend hinterher, den er beispielsweise bei den Skinheads Sächsische Schweiz (SSS) beobachtet, die sich dem Strafverfolgungsdruck anzupassen versuchen und nicht mehr offen als SSS auftreten. Die Mitglieder von Sturm 34 hielten mit ihren Zielen nicht hinterm Berg. „Wir wussten, dass von diesen Leuten Andersdenkende, Andersseiende systematisch angegriffen wurden", sagt Oberstaatsanwalt Schär, „die Täter zogen sich in den Schutzraum dieser Kameradschaft zurück." Im Juni 2006 erfährt die Staatsanwaltschaft in Dresden erstmalig von Sturm 34. Die Chemnitzer Kriminalpolizei ermittelte wegen begangener Straftaten und leitete die Ergebnisse nach Dresden weiter. „Aufgrund dieser Ermittlungsergebnisse gingen wir von einer Struktur aus. Uns war klar, dass wir diese Struktur zerschlagen müssen, um an die Straftäter heranzukommen", so Schär. Die „Kameraden" von Sturm 34 hatten mittlerweile ein Hauptquartier in Mittweida gefunden. Rudi S., NPD-Sympathisant, stellte ihnen Räume in einem alten Bauhof zur Verfügung. Dort trafen sich regelmäßig rund 50 Rechtsextremisten, bis am 26. Juli 2006 die Staatsmacht in den frühen Morgenstunden zuschlug. In den Landkreisen Stollberg und Mittweida wurden 27 Wohnungen durchsucht, mehr als 100 Beamte drängten an verschlafenen Neonazis vorbei und begannen mit der Suche. Sie beschlagnahmten unter anderem Waffen, braunes Propagandamaterial, Computer und Aufzeichnungen. Danach geschah erst einmal nichts. Fast ein Jahr lang.

Während die Staatsanwaltschaft in Dresden das beschlagnahmte Material auswertete und die Anklage vorbereitete, fühlten sich die Mitglieder der Kameradschaft wieder sicher und obenauf. Sie suchten weiter gezielt nach Opfern. So bedrohten mehrere Rechtsextremisten am 6. März 2007

Teilnehmer einer Veranstaltung in Mittweida, auf der ein Bündnis gegen rechts geschmiedet wurde. Die Rechten rasten mit einem Auto auf die jungen Leute los, die nur deswegen unverletzt blieben, weil sie geistesgegenwärtig beiseitesprangen. Als die Angegriffenen damit drohten, die Polizei zu informieren, flüchteten die Täter. Vorher schrie einer: „Ihr roten Schweine!". Ziel mehrerer Anschläge war das Büro der Linkspartei in Mittweida. Innerhalb einer Woche wurden im April 2007 zweimal nachts die Fensterscheiben mit einem Gully-Deckel eingeworfen. Im nicht weit entfernten Rochlitz erhielt eine Wohngemeinschaft alternativer Jugendlicher in der Nacht zum 15. April 2007 ungebetenen Besuch. Gegen 2.30 Uhr standen auf einmal 15 Angreifer vor der WG-Tür und bedrohten die Bewohner, die nicht wussten, mit wem sie es zu tun hatten. Die Angreifer verkündeten stolz, dass sie vom Sturm 34 seien. Sie warfen mit Zaunlatten nach ihren Opfern, einer drohte mit einem ausgerissenen Zauntor. Einem Pakistaner und einem Türken, die beide einen Dönerladen in Mittweida besitzen, wurden mehrfach die Scheiben eingeschlagen. Am 19. April 2007 hinderten sechs junge Rechtsextremisten, darunter zwei Frauen, einen 39-jährigen Mann aus Kamerun daran, mit seinem Auto von einem Parkplatz an einem Einkaufszentrum wegzufahren. Allein im Jahr 2007 gingen 70 Straftaten auf das Konto von Sturm 34, sagt Polizeisprecher Frank Fischer. „Das reichte von Körperverletzung über Bedrohung, Volksverhetzung bis hin zu Widerstand gegen die Staatsgewalt."

„Die Mitglieder von Sturm 34 besaßen seit Juli 2006 zwar nicht mehr ihre Räume in dem alten Bauhof", sagt Ralf Schreiber von der Stadtverwaltung Mittweida, „uns war aber bekannt, dass sie sich andere Treffpunkte in der Stadt ausgesucht hatten." Seit Juli 2006 wartete man im Rathaus von Mittweida darauf, dass die stadtbekannten Neonazis, die

175

nicht einmal den Versuch unternahmen, sich zu tarnen, angeklagt wurden.

Für die Staatsanwaltschaft Dresden war offensichtlich, dass hinter den einzelnen Gewalttaten in der Region eine Struktur steckt, die Straftaten plant. Verschiedene Details wiesen darauf hin, sagt Staatsanwältin Petra Frohberg. Einerseits stießen die Ermittler auf die immer gleichen Täter. „Dieser Personenkreis geht immer in ähnlicher Art und Weise vor", sagt Frohberg, „dabei waren es in Mittweida Einzelpersonen, in Rochlitz war es der alternative Jugendclub als bevorzugtes Ziel." Die systematische und regelmäßige Gewalt gegen ausgesuchte Personen und Ziele trug die Handschrift einer Organisation.

Am 26. April 2007 erfolgte der zweite Schlag gegen die Kameradschaft. Diesmal rückten etwa 200 Polizisten aus und durchsuchten zahlreiche Wohnungen. Über Stunden forsteten sie nach Beweisen für Straftaten und Hinweisen darauf, dass es sich bei Sturm 34 um eine Organisation mit festen Strukturen handelt. Den Beamten fiel erneut belastendes Material in die Hände: Schreckschusswaffen, Würgehölzer, Helme, Masken, Sturmhauben, rechte Propaganda und Computer. Die Neonazis hatten offensichtlich aus der Aktion vom Juli 2006 nichts gelernt und wiegten sich in trügerischer Sicherheit, weil die Verdächtigen bis zum Prozess weiter frei herumliefen. Der sächsische Innenminister verbot „Sturm 34" noch am Tag der Razzia. Die etwa 50 Mitglieder und rund 100 Sympathisanten hatten das Ziel, die Region Mittweida, also Westsachsen, zu einer „national befreiten Zone" zu machen, heißt es zur Begründung. Sturm 34 wird als kriminelle Vereinigung eingestuft und deswegen verboten. Die Aktivisten sind zwischen 17 und 47 Jahre alt. In Mittweida hofft man jetzt, dass die Anklage schnell erhoben wird und nicht ein weiteres Jahr vergeht, bevor der Staat Recht und Gesetz durchsetzt. Damit sich auch die wieder frei in Rochlitz und Mittweida bewegen können, die seit Monaten versuchen, den rechten Schlägern aus dem Weg zu gehen.

Sachsen hat mit dem Verbot von Sturm 34 ein weiteres Zeichen gesetzt. Die Botschaft lautet: Wir lassen nicht zu, dass Rechtsextremisten national befreite Zonen schaffen. Rechtsfreie Nischen, in denen der Stärkere Macht über Schwächere hat, werden nicht geduldet. Entscheidend ist, ob schnell Anklage gegen die Mitglieder von Sturm 34 erhoben werden kann und ob es Urteile geben wird, die signalisieren, dass systematische Gewalt kein Kavaliersdelikt ist, auch nicht für Jugendliche und junge Erwachsene. Wenn es gelingt, die Aktivitäten von Sturm 34 zu beenden, wäre das ein Teilerfolg, mehr nicht. Allein in Sachsen gibt es weiterhin mehr als 30 Kameradschaften. Viele unterscheiden sich weder in der Ideologie noch in den Zielen von Sturm 34. Der Staat kann organisierte rechte Kriminalität erfolgreich bekämpfen, wenn er bereit ist, ausreichend Personal und Zeit zu investieren. Ein Verbot macht nur Sinn, wenn es auch durchgesetzt wird. Auch das ist eine Erkenntnis aus dem mühsamen Kampf gegen die Skinheads Sächsische Schweiz, Blood and Honour oder Sturm 34: Rechtsstaat und die Sicherheit der Bürger gibt es nicht zum Schnäppchenpreis.

8. NPD – Neue Nazis hinter sozialer Maske

NPD und Kameradschaften – Arbeitsteilung und Kooperation

„Arbeit für Millionen statt Profite für Millionäre!" – zu dieser Parole marschieren am 1. Mai 2007 rund 1300 Neonazis durch Erfurt. Aufgerufen haben die NPD und so genannte „Freie Kräfte". Sie wollen am Tag der Arbeit gegen den „globalen" Kapitalismus protestieren. Auf der Webseite anti-kap.de heißt es: „In der Thüringischen Landeshauptstadt wollen wir im Rahmen nationalistischer Kapitalismuskritik auf die Ursachen des kranken Systems hinweisen..." Unterzeichnet ist der Aufruf unter anderem von Stefan Rochow, dem Bundesvorsitzenden der Jungen Nationaldemokraten. In Erfurt versammelt sich die gesamte Bandbreite der deutschen Neonazi-Szene. Denn hinter den „Freien Kräften" verbergen sich die „Freien Kameradschaften" und mit ihnen die militantesten Neonazis der Bundesrepublik. Der Konflikt zwischen militanten Neonazis und der NPD, der während des angestrebten Verbotsverfahrens ausbrach und 2001 zum NPD-Ausschluss des populären Neonazis und Kameradschaftsführers Steffen Hupka führte, scheint beigelegt zu sein, zumindest was die Zusammenarbeit bei öffentlichkeitswirksamen Auftritten angeht. Selbst Christian Worch, der sich mehrfach von der NPD distanzierte und weiterhin den Kampf auf der Straße favorisiert, schloss sich der Zusammenarbeit zwischen „Freien Kräften" und NPD an. Nichts belegt das so deutlich wie seine Absage der für den Ersten Mai geplanten Demonstration in Leipzig. Es dürfte Worch nicht leichtgefallen sein, auf den eigenen Aufmarsch zu verzichten, stand der eitle Selbstdarsteller in Leipzig doch stets unangefochten im Mittelpunkt der Aufmerksamkeit. Hinter den Kulissen muss es Absprachen gegeben haben, die eine Zersplitterung der rechten Kräfte am 1. Mai verhindern sollten. Mit Erfolg, wie sich in Erfurt und Dortmund (jeweils rund 1000 Teilnehmer) zeigte. So viele Kameraden konnte Worch in den vergangenen Jahren nicht mobilisieren. Die Demonstrationen belegen, dass die NPD eng mit der militanten, neonazistischen Szene zusammenarbeitet, die nicht nur für unzählige Übergriffe auf Andersdenkende verantwortlich ist, wie ausführlich geschildert, sondern die auch unverhohlen für die Beseitigung der parlamentarischen Demokratie eintritt, wie im Kapitel zu den Kameradschaften ausgeführt. In Erfurt waren unter anderen die „Freien Kräfte Südthüringen" präsent, die auf ihrer Webseite zum radikalen und (aus strafrechtlichen Gründen:) gewaltfreien Widerstand gegen das System aufrufen. Sie orientieren sich am Dritten Reich und sehen darin ein Vorbild für ein neues Deutschland. Da ist von „Volksgemeinschaft statt Zivilgesellschaft" die Rede, wird zum „Ende des Schuldkults" aufgerufen und eine Solidaritätsadresse an den Iran mit seinem den Holocaust leugnenden Präsidenten verfasst. Ebenfalls marschierten in Erfurt die „Freien Nationalisten Köthen-Bernburg". Deren Webadresse „Aktionsbüro Mitte" ist in der typischen Radikalität ideologisch gefestigter Kameradschaften verfasst. Der gemeinsame Auftritt zeigt: Die NPD ist der parlamentarische Arm der deutschen Neonazis, der den Kampf um die Parlamente kämpfen soll, während der Kampf um die Straße von den „Freien Kameradschaften" geführt wird. Die Zusammenarbeit erfolgt über informelle Strukturen, die bei

Großereignissen sichtbare Ergebnisse produzieren. Die NPD hält über ehemals freie Kameraden Kontakt und übt Einfluss auf die Szene aus. Mittlerweile treten NPD-Politiker und militante Neonazis in Personalunion auf. Besonders auffällig wird das bei der Jugendorganisation der NPD, den Jungen Nationaldemokraten (JN). Hier tummeln sich auch Neonazis aus der Kameradschaftsszene, die schon als Straftäter aufgefallen sind.

Ein Beispiel für einen freien Kameraden in NPD-Funktion ist Enrico Marx. Seit dem 26. März 2006 leitet Marx in Sangerhausen den Stützpunkt der JN. Gleichzeitig ging der überwiegende Teil der Kameradschaft „Ostara", als deren Führungsfigur Marx galt, zur JN über. Marx betreibt aktiv den „Barbarossa-Versand" für rechtsextreme Musik-CDs sowie einen Gasthof namens „Zum Thingplatz".[50] Bei einer polizeilichen Durchsuchung im Juni 2006 wurden mehrere rechtsextreme CDs zur Fußball-WM mit dem Titel „Zu Gast bei uns" sichergestellt. Das Gehöft von Marx taucht im aktuellen Verfassungsschutzbericht des Landes Sachsen-Anhalt als einschlägiger Szenetreffpunkt auf. Rechtsextremisten treffen sich dort zu Konzerten und anderen Veranstaltungen. Genauso regelmäßig führt die Polizei Razzien durch, gegen die Marx wiederum klagt. Seine Lebensgefährtin Judith Rothe kandidierte bei der letzten Bundes- und Landtagswahl für die NPD. Außerdem gründete sie den „Ring Nationaler Frauen" mit, die Frauenorganisation der NPD, deren Vorsitzende sie heute ist. Dass sie als Lebensgefährtin von Marx über engste Kontakte in die Kameradschaftsszene verfügt, ist offenkundig. Schließlich ist auch sie bei Treffen und Konzerten dabei, dem wichtigsten Marktplatz für rechte Kontakte und Informationen. Sebastian Striegel vom Landesvorstand der Grünen in Sachsen-Anhalt sieht in Rothe eine der „geistigen Brandstifterinnen".

Vor Ort sieht man das ein wenig anders. Der ehrenamtliche Bürgermeister von Sotterhausen, der Heimat von Enrico Marx, sagte im Jahr 2006 dem Deutschlandfunk, er sehe in Marx und Rothe ganz normale Unternehmer.[51] Nach einem Brandanschlag auf ein Asylbewerberheim in Sangerhausen am 6. Januar 2007 geriet Marx erneut in die Schlagzeilen, da die mutmaßlichen Täter zuvor eine von ihm organisierte Neonazi-Party im vier Kilometer entfernten Sotterhausen besucht haben sollen.

Dass Kameradschaften wie die „Ostara" fast geschlossen der Jugendorganisation der NPD beitreten, ist kein Einzelfall. Die Kameradschaft „Freie Nationalisten Köthen-Bernburg" ging ebenfalls zum Großteil in der JN auf, sagt Steffen Andersch vom Verein „Projekt GegenPart" in Dessau: „Hier schießen die JN-Stützpunkte momentan wie Pilze aus dem Boden." Der Verein wird vom Civitasprogramm der Bundesregierung gefördert. Andersch und seine Kollegen besitzen langjährige Erfahrungen mit der rechtsextremen Szene in Sachsen-Anhalt und genaue Kenntnisse über die Führungsfiguren. „Die militante Kameradschaftsszene und die JN sind hier aufs engste miteinander verwoben", sagt Andersch. „Der Geschäftsführer des NPD-Kreisverbandes in Wittenberg ist Christian Klimpel, ein rechtsextremer Liedermacher und gleichzeitig ein Leader der Kameradschaft Landkreis Wittenberg." Dass Rechtsextremisten immer nur materiell und geistig Benachteiligte seien, kann Steffen Andersch nicht mehr hören. Bestes Beispiel ist Philipp Valenta, Landesvorsitzender der JN in Sachsen-Anhalt, der an der Fachhochschule Bernburg studiert. „Valenta hat mit den Kameradschaften zu tun. Man kann von einer engen Zusammenarbeit in der Harzregion sprechen", sagt Andersch. Auch hier verwischen also die Grenzen zwischen JN und den sich frei nennenden Kräften. Insgesamt existieren momentan sieben JN-Stützpunkte in Sachsen-Anhalt, in einigen von ihnen schlüpfen offenbar gewaltbereite Mitglieder von Kameradschaften unter.[52] Alle JN-Büros entstanden erst gegen Ende des Jahres 2005. Für Andersch liegt auf der Hand, dass die JN-Stützpunkte nur so schnell wachsen konnten, weil sie auf die Personalressourcen der ortsansässigen Kameradschaften zurückgreifen konnten. Augenfällig wurde diese Zusammenarbeit vor den Kommunalwahlen in Sachsen-Anhalt am 22. April 2007. In vielen Orten und Kommunen waren Straßen und Plätze zugeklebt mit Wahlplakaten der NPD. Für all diese Aufsteller und Plakate brauchte die Partei viele fleißige Helfer. Wer die Wahlhelfer bei der Arbeit beobachtete, sah eindeutig, welcher Szene die jungen Männer angehören.

Die Zusammenarbeit der NPD mit gewaltbereiten Rechtsextremisten ist kein Zufall, sondern Strategie. Die NPD für diese Extremisten zu öffnen ist das politische Werk von Holger Apfel und Udo Voigt. Bis Anfang der 90er Jahre grenzte sich die NPD gegen militante Rechtsextremisten ab. Über die Motive kann man streiten. Die Angst vor einem Parteiverbot dürfte eine Rolle gespielt haben. Mitte der 70er Jahre fasste die NPD einen Beschluss, mit dem sie sich von den damals entstehenden militanten Neonazigruppen – wie beispielsweise der von Christian Worch und Michael Kühnen gegründeten „Aktionsfront Nationaler Sozialisten" (ANS) – abgrenzte. Der Vorstand stellte später eine Liste von radikalen Organisationen auf, in denen NPD- oder JN-Mitglieder nicht mitarbeiten durften.[53] Darunter fanden sich die FAP, die Nationalistische Front (NF) und die Deutsche Alternative (DA).

Anfang der 90er Jahre wurde diese Strategie verworfen. Eine Abgrenzung gegenüber militanten Gruppierungen ließ sich nicht mehr durchsetzen, wollte die NPD nicht endgültig in der Bedeutungslosigkeit versinken. Die alten Parteimitglieder, häufig Altnazis, die noch im Dritten Reich aufwuchsen, wurden immer weniger. Holger Apfel war damals Chef der Jungen Nationaldemokraten und wollte die NPD für die äußerste Rechte öffnen. Die NPD reichte den gewaltbereiten Neonazis 1993 die Hand, als die JN erstmals am Rudolf-Heß-Gedenkmarsch Seite an Seite marschierte, Apfel trat als Redner auf. Wie beschrieben, hat dieser Marsch innerhalb der rechten Szene große symbolische Bedeutung. NPD-Aussteiger Jan Zobel erinnert sich, wie er gemeinsam mit Holger Apfel und Udo Voigt das Heß-Gedenken Mitte der 90er Jahre generalstabsmäßig plante. Dass in dieser Zeit fünf militante Neonazigruppen verboten wurden, kam Apfel gelegen. Unterstützt wurde er von Udo Voigt, einem zwar grobschlächtigen, aber geschickten Organisator. Als Voigt 1996 den Parteivorsitz übernahm, wurden die Unvereinbarkeitsbeschlüsse gegenüber der militanten Neonaziszene sofort abgeschafft. Die NPD und auch die Jungen Nationaldemokraten standen ab sofort den Mitgliedern und Anhängern jener Neonazigruppen offen, die wegen ihrer Gefährlichkeit und Militanz in den Jahren zuvor verboten worden waren.

Der neue Kurs ermöglichte führenden Neonazis eine Karriere in der NPD. Das nutzten Jens Pühse, Steffen Hupka, Sascha Roßmüller, Thomas Wulff, Thorsten Heise, Christian Malcoci, Ralph Tegethoff. Die Genannten blicken durchweg auf eine Laufbahn in der radikalen Neonazi-Szene zurück. Tegethoff beispielsweise begann seine Karriere in der FAP und in der Wiking-Jugend – beide Organisationen sind mittlerweile verboten. Zur Bundestagswahl 2005 trat er für die NPD auf Listenplatz Nummer 13 an. Er ist Autor zahlreicher Aufsätze und Bücher, in denen Wehrmachts- und SS-Angehörige glorifiziert werden. Über Jens Pühse ist ausführlich berichtet worden. Er begann seine Karriere bei der JN, die er aber wegen ihres damaligen „liberalen" Kurses zugunsten der Nationalistischen Front wieder verließ, wo er zum Führungskader aufstieg, einer Organisation, die im November 1992 aufgrund ihrer aggressiv-kämpferischen Ausrichtung verboten wurde. Heute ist Pühse Produktionsleiter beim Verlag „Deutsche Stimme", dem publizistischen Organ der NPD, in deren Vorstand er sitzt. Thorsten Heise und Thomas Wulff sind Galionsfiguren der Kameradschaften, deren Aufstieg in den NPD-Bundesvorstand ein Ausrufezeichen für diejenigen setzte, die sich bis dahin von der vermeintlich allzu biederen NPD fernhielten. Heise, Ex-FAPler und Ex-Kameradschaftsführer, ist mehrfach vorbestraft, unter anderem wegen Körperverletzung und Volksverhetzung. Seinen Aufgabenbereich nennt die NPD „Verbindung zu freien Kräften". Thomas Wulff heißt in der Szene „Steiner", Vorbild für den Spitznamen ist ein SS-Mann. Wulff hat das Konzept der „Freien Nationalisten" einst mitentwickelt und ist unter anderem wegen Volksverhetzung verurteilt. Bei der NPD ist er für die „Koordination freier Kräfte" zuständig. Christian Malcoci lernte den politischen Kampf bei der 1992 verbotenen Nationalen Offensive und kandidierte später in Nordrhein-Westfalen für die NPD.

Die Aufzählung zeigt, dass die NPD mit der militanten Neonazi-Szene Hand in Hand arbeitet. Nur kurzzeitig gab sich die NPD geläutert und kroch vorübergehend in ihren Schafspelz zurück. Die Strategie von Apfel und Voigt rief den Staatsschutz auf den Plan, das Verbotsverfahren gegen die NPD wurde angestrengt. Es endete für den Staat mit der bekannten Blamage, da nicht klar wurde, wie viele V-Leute innerhalb der NPD verfassungsfeindliche Aktionen von ihren Honoraren bezahlten, die sie für Informationen aus dem Innenleben der Partei erhielten. Das drohende Verbot führte aber bis zum Jahr 2003 dazu, dass sich Voigt, Apfel und Co zumindest vorübergehend von der Kameradschaftsszene distanzierten. Damit ist schon lange wieder Schluss. Das ge-

meinsame Auftreten bei Großveranstaltungen wie dem Rudolf-Heß-Gedenkmarsch 2004 oder gemeinsame Demonstrationen wie am 1. Mai 2007 in Erfurt beweisen: Es existiert
eine enge Verflechtung zwischen den Rechtsextremisten, die
in Mecklenburg-Vorpommern und Sachsen im Parlament
sitzen, und denjenigen, die mit allen Mitteln versuchen, national befreite Zonen zu schaffen und die kulturelle Hegemonie in diversen Regionen zu erobern.

Diese unheilvolle Symbiose wird auch in Sachsen weiter
vertieft. Am 23. September 2006 wählte der sächsische Landesverband der JN einen neuen Vorstand.[54] Zwei der neuen
Vorstandsmitglieder, Thomas Rackow und Thomas Sattel-
berg, sind verurteilte Führungsfiguren der verbotenen Skinheads Sächsische Schweiz, deren erklärtes Ziel es war, die Region von Linken, „Zecken" und Ausländern zu säubern. Die
Gewalt und Brutalität der kriminellen Vereinigung produzierte schwere Körperverletzungen, manche Opfer überleb-
ten die Überfälle nur mit Glück. In der Internetmeldung zur
Vorstandswahl spricht sich die JN „für eine klare Abgrenzung
zum liberal-kapitalistischen BRD-System" aus, stattdessen
wird „Nationaler Sozialismus" propagiert.

Die Taktik im Lager der äußersten Rechten ist flexibler
geworden, die JN wird mittlerweile systematisch als legales
Dach der Bewegung genutzt. Dabei handelt es sich bei der JN
nicht um eine eigenständige Jugendorganisation. Vielmehr
ist sie laut NPD-Satzung „integraler Bestandteil" der Partei.
Der Bundesvorsitzende der JN sitzt automatisch im Vorstand
der NPD. Wenn die JN mit Kriminellen gemeinsame Sache
macht, bedeutet das: Die NPD macht mit Kriminellen gemeinsame Sache. Parallel zu der Zusammenarbeit mit der
NPD halten die Kameradschaften an ihrem Konzept der „Organisation ohne Organisation" fest. So wird in rechten Internet-Foren über die Mitglieder der sächsischen Kamerad-

schaft Sturm 34 gelästert, die im April 2007 verboten wurde und die es dem Staatsschutz durch ihr offenes Auftreten vergleichsweise leicht gemacht hat, gegen sie vorzugehen. In dem rechtsextremen Forum „Altermedia.info" ist zu lesen, dass entscheidende Fehler gemacht wurden wie „Gruppenidentifikation über einheitliche Kleidungsstücke" oder dass „es nicht auf besonders klangvolle Namen ankommt. Nur im Herzen und im Geist, wissen wir, wer wir sind, was wir wollen und wer zur Gemeinschaft gehört."

Die aktuelle Strategie zielt in zwei Richtungen. Der Kampf um die Straße und jener um die Parlamente wird in einer Mischung aus Arbeitsteilung und Kooperation geführt. Das Ziel ist identisch: der politische Umsturz in der Bundesrepublik, die Beseitigung der parlamentarischen Demokratie und der freiheitlich-demokratischen Grundordnung. Die Jungen Nationaldemokraten lassen es an erfrischender Offenheit nicht mangeln. Auf ihrer Internetseite bekennen sie ganz offen, dass sie sich als revolutionäre Bewegung verstehen. Dort heißt es unter der Überschrift „Vorwärts zur deutschen Revolution!", dass die JN keinesfalls an der Macht teilhaben möchte, solange „die herrschende Klasse nicht entmachtet und die sie tragende Ideologie nicht ein für alle Mal endgelagert ist". Das Ziel ihrer Revolution ist die Abschaffung des „herrschenden Systems". Besser kann man seine eigene Verfassungsfeindlichkeit nicht beschreiben. Kameradschaften und NPD nebst JN sind zwei Seiten derselben Medaille.

Wählerfang und wahre Absichten

Das Glück des Jan Zobel wohnt hinter einer unscheinbaren Haustür in einer Hamburger Reihenhaussiedlung. Sein kleiner Sohn sitzt bei Mama auf dem Schoß und brabbelt: „Kindergarten". Jan Zobel und seine Frau lächeln sich an, wie stolze Eltern sich anlächeln. An der Wand blühen in einem Holzrahmen riesige Sonnenblumen. Herr Zobel erschreckt mit sympathischer Harmlosigkeit. Derselbe Jan Zobel hat vor einigen Jahren in rechten Postillen wie „Einheit und Kampf" die ermordeten Solinger Türken verhöhnt und die rechtsextremistischen Täter als Märtyrer verharmlost. Derselbe Jan Zobel hat seine Hamburger und Düsseldorfer Kameradschaft mit Aufklebern, Plakaten und Ideologie gefüttert für den Kampf gegen Ausländer und Juden. Er organisierte Gedenkmärsche für Rudolf Heß und glänzte als smarter Redner auf Parteiveranstaltungen. Jan Zobel war ein Nachwuchs-Star der NPD. Von 1995 bis 1997 leitete er den Hamburger Landesverband der NPD-Jugendorganisation Junge Nationaldemokraten (JN) und war deren Bundessprecher. „Der Spiegel" nannte ihn „einen der Cleversten unter den jungen Rechtsextremisten". Zobel nimmt für sich in Anspruch, gemeinsam mit seinem Ex-Gefährten André Goertz Urheber der NPD-Strategie zu sein, die der Splitterpartei Jahre später in die Landtage von Sachsen und Mecklenburg-Vorpommern verhalf: „Kampf um die Köpfe, Kampf um die Straße, Kampf um die Parlamente." Das Prinzip Arbeitsteilung, nach der bestimmte Kameraden die Macht auf der Straße erringen und der politische Teil der NPD den Kampf um Stimmungen, Stimmen und Einfluss führen soll.

Jan Zobel ist im Mai 2001 aus der Nazi-Szene ausgestiegen, durch ein Theaterprojekt von Christoph Schlingensief. Er weiß, wie es bei der NPD hinter verschlossenen Türen zugeht. Die heutigen NPD-Größen wie Udo Voigt und Holger Apfel begleitete er bei ihrem Aufstieg. Zobel sah die NPD von innen, als sie noch weit von Wahlerfolgen entfernt war. Er kennt die Mentalität und Weltanschauung der Mitglieder. Was Zobel von seiner Zeit bei der NPD berichtet, wirft die

Frage nach einem erneuten Verbotsverfahren gegen die Partei auf.

Zobel erinnert sich an unzählige Gespräche innerhalb der NPD: „Wenn wir erst mal an der Macht sind, werden die Ausländer abgeschoben und der Zentralrat der Juden aufgelöst. Linke Parteien und Vereine: verbieten und auflösen. Das wurde nicht nur am Stammtisch erörtert. In der Führungsebene gab es durchaus konkrete Vorstellungen, man träumte vom revolutionären Umsturz." Im Klartext: Das demokratische System sollte gestürzt und durch eine völkische Diktatur ersetzt werden. Zobel besucht Treffen, wo selbst die rechten Klampfer mit ihren Gitarren von der Bühne flüchten, wenn aus Parteiveranstaltungen Hassorgien werden. In Diksmuide in Belgien beobachtet Zobel im August 1994, wie NPD-Funktionäre grölen: „Wetzt die Messer auf dem Bürgersteig, lasst die Messer flutschen in den Judenleib, Blut muss fließen knüppelhageldick, wir scheißen auf die Freiheit dieser Judenrepublik." Der Saal tobt, wie bei etlichen Veranstaltungen des NPD-Nachwuchses, die Zobel besuchte. Der Hassgesang erfüllt gleich mehrere Straftatbestände: Volksverhetzung (Freiheitsstrafe bis fünf Jahre), Anleitung zu Straftaten (Freiheitsstrafe bis drei Jahre), Aufstachelung zum Rassenhass (Freiheitsstrafe bis ein Jahr). Auch die Leugnung des Holocaust, die in Deutschland strafbar ist, gehört in der NPD zum Glaubensbekenntnis. „Holocaust? Gab es nicht. Seine Leugnung gehörte zum guten Ton", erinnert sich Zobel, „allerdings: Im Alkoholrausch gab es dann doch den Judenmord. Da beklagte man feixend, dass damals noch zu wenige vergast worden seien." Zobel erinnert sich daran, dass NPD-Mitglieder ernsthaft die Verschwörungstheorie vertraten, dass Helmut Kohl Jude sei, der Deutschland zu einer „Judenrepublik" verkommen lasse. Der Antisemitismus in der NPD trägt wahnhafte Züge. Der Gesetzesbruch war in der NPD an der Tagesordnung.

Zobel hat Kenntnis davon, dass die NPD die Verfolgung politischer Gegner systematisch betrieben hat. Missliebigen Journalisten, Politikern und Andersdenkenden wurde Mitte der 90er Jahre unverhohlen der Kampf erklärt. Die Parole lautete: Anti-Antifa. „Der Bundesvorstand der JN hat konkret aufgerufen, Adressen von Linken zu sammeln und auszuwerten", sagt Zobel, „es ist eine Datenbank entstanden, um Gewalt ausüben zu können. Seinerzeit wurde Sascha Wagner mit der Sammlung der Daten beauftragt." Derselbe Sascha Wagner, der Jahre später für die NPD in Sachsen Wahlkampf machte. Das Konzept der Anti-Antifa ist simpel. Namen und Adressen von Linken werden in rechten Schriften veröffentlicht. „Die Bloßgestellten erhalten Drohbriefe, Drohanrufe oder Besuche von besoffenen Skins", sagt Zobel, „das ist die konkrete Drohung." Juristisch ist das schwer zu ahnden, weil ja nicht direkt zu Gewalt aufgerufen wird, aber die freien Kameraden verstehen die Botschaft und schlagen zu. Innerhalb der NPD wurden also Strukturen geschaffen, die systematische Gewalt gegen politische Gegner ermöglichen.

Interessant ist auch, was Zobel über das heute so gern demonstrierte soziale Herz der NPD berichten kann. Denn bevor sich die NPD einem nationalen Sozialismus verschrieb, um in Ostdeutschland Wähler zu gewinnen, war die Partei streng anti-sozialistisch ausgerichtet. „In der NPD der 90er Jahre herrschte eine Grundstimmung: Arbeitslose sind faul, Sozialhilfeempfänger sind Schmarotzer", erinnert sich Zobel. Das dürfte für Wähler interessant sein, die sich heute von der NPD soziale Wohltaten erhoffen. Die Anti-Sozialisten von gestern geben heute die Anti-Kapitalisten. Die (national-)soziale Ausrichtung der NPD entlarvt sich damit als Mittel zum Stimmenfang. Hartz-IV-Polemik ist die emotionale Waffe, hinter der sich der Rechtsextremismus der NPD bisweilen

duckt. Die NPD hat damit ein Erfolgsrezept für die Gefühls-
lage ostdeutscher Modernisierungsverlierer entwickelt. Das
belegt die Wahlanalyse. Mit 23 Prozent wurde die NPD bei
der Landtagswahl in Mecklenburg-Vorpommern bei den
männlichen Erst- und Jungwählern zur stärksten politischen
Kraft. Wichtigste politische Waffe der NPD für den „Kampf
um die Köpfe" wurde eine rechte Sozialarbeit. Die soziale
Maske wirkt auf Unbedarfte anziehend. Vielen Müttern
scheint es nichts auszumachen, ihr Kind auf einer nationalen
Hüpfburg toben zu lassen. Die NPD gibt sowohl den Retter in
der sozialen Not vor Ort als auch den Weltretter, dem es ums
Große und Ganze geht.

„Es gibt keine gerechte Globalisierung!" – diese Parole
schreiben die meisten Bürger vermutlich der Linken zu. Ein
Irrtum. Es ist ein Slogan der NPD, der bei der Demo in Erfurt
am 1. Mai 2007 zu lesen war. Die NPD ist auf einen populären Zug aufgesprungen, das Ziel sind neue Wähler: Geschürt
wird Angst vor der Globalisierung, die von vielen als Bedrohung begriffen wird. Mit mehr als 1000 Anhängern wollte
die Partei am 2. Juni 2007 in Schwerin auftreten, um gegen
den G8-Gipfel in Heiligendamm zu protestieren. Der Gipfel,
der den bislang größten deutschen Polizeieinsatz der Nach-
kriegsgeschichte auslöste, für den um Heiligendamm eine
Sperranlage von zwölf Kilometern Länge gebaut wurde, der
ungute Erinnerungen an die Berliner Mauer weckt, ruft Glo-
balisierungsgegner von links bis rechts auf den Plan. Die
Weltpresse schaut nach Heiligendamm. Eine großartige
Plattform, um vor einem Millionenpublikum für die eigenen
Ziele zu werben. Das hat auch die NPD erkannt. Verfassungsschützer sprechen davon, dass die NPD um die Deutungshoheit im sozialen Protest an der Globalisierungsfront kämpft.[55]
Die rechtsextreme Partei geht diesen Kampf strategisch an –
analog zu linken Protestgruppen. Schon Mitte April 2007 be-

gann die Kampagne gegen den G8-Gipfel mit einem bundesweiten Aktionstag. So auf der NPD-Webseite: „NPD und Kameradschaften werden bei Informationsständen und Verteilaktionen auf unsere grundsätzliche Ablehnung der völker- und kulturvernichtenden Globalisierung aufmerksam machen (…). Echter Widerstand gegen die Globalisierung ist national!"

Die NPD setzt konsequent die Strategie fort, die ihr im sächsischen Wahlkampf 2004 neuen Erfolg brachte. Statt die Ewiggestrigen mit der Auschwitzlüge oder der Kriegsschuldfrage zu bedienen, machte sich die NPD zum Anwalt der kleinen Leute – 2004 transportierten Flugblätter, Wahlkampfplakate und Postwurfsendungen nur eine Botschaft: „Weg mit Hartz IV!" Von der PDS grenzte sie sich vor allem durch Nationalismus ab, der vielen Ostdeutschen aus der Seele spricht. Sprüche wie „Arbeit zuerst für Deutsche!" finden breiten Zuspruch. Die NPD entdeckte in der Folge den Nahkampf für sich. Empfängern von ALG II wird geholfen, sich durch den bürokratischen Dschungel zu schlagen. Kindern wird kostenlose Nachhilfe angeboten. Parteichef Voigt kündigte landesweit Bürgerbüros als „soziale Beratungsstellen" an. Pathetisch verkündete er, „die sozial Entrechteten vertreten" zu wollen. Rechte Vordenker beflügelten in einem Aufsatz mit allerhand guten Ratschlägen die Fantasie der NPD-Funktionäre:[56] „Alten Leuten kann man beim Ausfüllen von Formularen helfen, sie beim Einkauf unterstützen, man kann Babysitter bei arbeitenden Ehepaaren oder alleinstehenden Müttern spielen, man kann den Garten in Ordnung bringen, die Straßen sauber und durch regelmäßige Nachtpatrouillen sicher halten. Man kann gegen den Zuzug eines Supermarkts, die Vertreibung alteingesessener Mieter durch Miethaie, die Schließung des kleinen Eckladens, den Aufmarsch von Scheinasylanten und anderen Lichtgestalten oder den Bau einer Autobahn durch das Wohnviertel protestieren und agitieren."

Die NPD versuchte, auch im Landtagswahlkampf in Mecklenburg-Vorpommern 2006 und im Kommunalwahlkampf 2007 in Sachsen-Anhalt ein bürgerlich-soziales Gesicht zu zeigen. In Mecklenburg-Vorpommern trat NPD-Spitzenmann Udo Pastörs als Inkarnation engagierter deutscher Bürgerlichkeit auf. Seine Wahlkampfauftritte ähnelten Familienpicknicks.[57] Für junge Mütter gab es Schnuller statt Kondome. Schließlich soll sich das deutsche Volk fortpflanzen. Die Rechtsextremisten biederten mit Kaffeekränzchen und Biertischen, Kinderfesten und Radtouren. Die NPD präsentierte ihre Kandidaten als freundliche Leute aus dem Volk. Die Slogans blieben die alten: „Touristen willkommen, Asylbetrüger raus!" In Stralsund organisierte die NPD in den vergangenen Jahren zahlreiche Kinderfeste. Als der Landeselternrat in Mecklenburg-Vorpommern 2006 ankündigte, ein Volksbegehren gegen das neue Schulgesetz der SPD/PDS-Regierung zu starten, sprang die NPD sofort auf und verkündete, Unterschriften zu sammeln. Der Landeselternrat distanzierte sich. In Lübtheen, einer kleinen Stadt im Norden, sollte Braunkohle abgebaut werden. Die NPD gehörte zu den Ersten, die sich auf den Listen einer Bürgerinitiative gegen den geplanten Abbau eintrug.[58] In Schwerin engagierte sich die Frau des NPD-Vorsitzenden in einer Kinderkrabbelgruppe. Ein Malermeister, ebenfalls NPD, bot an, in einer Schule kostenlos die Klassenzimmer zu streichen. Auch in Sachsen-Anhalt wird völkische Volksnähe praktiziert. Bei Zeitz plante die NPD ein Fußballturnier unter dem Motto „Sport frei statt Drogen und Gewalt". In Thüringen mischte die NPD bei einer Initiative gegen den Bau von Windrädern in der Nähe der Wartburg mit. NPD-Stratege Jürgen Gansel nennt den national-sozialen Nahkampf „eine geräuschlose völkische Graswurzelrevolution. Mit einem moderaten Ton, zivilem Auftreten und alltagsnahen Themen gelingt es den Nationalisten vielerorts, zum integralen Bestandteil des gesellschaftlichen Lebens zu werden."[59]

In den Genuss sozialer Segnungen durch die NPD sollen natürlich nur Deutsche kommen („Politik hat in Deutschland für deutsche Menschen betrieben zu werden.") Nationaler Sozialismus ist ein Programm, das Diskriminierung zur politischen Forderung erhebt und nicht zufällig nach Nationalsozialismus klingt. Was die NPD hinter ihren lauwarmen national-sozialen Worten wirklich will, lässt sich aus einer Schrift für den internen Gebrauch ablesen: „Argumente für Kandidaten & Funktionsträger. Eine Handreichung für die öffentliche Auseinandersetzung." Was als „intellektuelle Aufrüstung" und Leitfaden gedacht ist, der NPD-Politiker um mediale Fettnäpfchen herummanövrieren soll, ist in seiner Radikalität und Menschenverachtung ein Offenbarungseid. Der NPD-Theoretiker Gansel, Mitglied eines großspurig „Dresdner Schule" genannten Kreises von NPD-Vordenkern, hat aus Bausteinen der Neuen Rechten ein Pamphlet erstellt, das sehr konkret die politischen Forderungen der rechtsextremistischen Partei benennt. Dieses politische Programm wird in der Öffentlichkeit kaum wahrgenommen, weil die Medien eher über den sozialen Popanz nationaler Bürgerfeste berichten oder NPD-Politiker als Spießer von nebenan porträtieren. Die Schrift ist vom Parteivorstand abgesegnet. Parteichef Voigt empfiehlt seinen Mitgliedern deren Argumente, um damit erfolgreich die „Wortergreifungsstrategie" umzusetzen, also „die Veranstaltungen des politischen Gegners" mit rechter Propaganda zu überziehen. Die Schrift ist sowohl taktisches Konzept als auch eine Art Glaubensbekenntnis.

Der Einzelne ist nichts für die NPD. Das Menschenbild ist abgeschrieben von neurechten Theoretikern wie Alain de Benoist, die dem Rechtsextremismus in den 80er Jahren eine neue intellektuelle Grundlage herbeiphilosophierten.[60] „Der Mensch an sich existiert nicht, deshalb sind wir nicht unterschiedslos alle Menschen", heißt es in dem NPD-Papier.[61] Das ist die neurechte Ablehnung universeller Menschenrechte. Wenn aber Menschen nicht gleichwertig sind, ist das die deutliche Absage an Paragraph 1 des Grundgesetzes: „Die Würde des Menschen ist unantastbar." Die NPD greift fundamentale Menschenrechte und damit die Grundpfeiler der Verfassung an: „Es gibt den Deutschen, den Franzosen und den Türken (…), während es den Menschen nicht gibt."[62] Wenn es den Menschen nicht gibt, kann auch die Würde des Menschen nicht geschützt sein. Das Menschenbild der NPD ist in seiner Konsequenz der Gegenentwurf zu Artikel 3, Absatz 1 des Grundgesetzes: „Alle Menschen sind vor dem Gesetz gleich." Artikel 3 verbietet auch ausdrücklich eine rechtliche Benachteiligung aufgrund der Herkunft. Eine solche verfassungswidrige Diskriminierung ist das Programm der NPD.

Der Einzelne ist bei der NPD ein entmündigtes Kollektivwesen, das sich dem Willen der „Volksgemeinschaft" unterzuordnen hat. Das „Selbstbestimmungsrecht der alteingesessenen Völker" ist der oberste Wert: „Der Mensch lebt in Völkern (…), die trotz der prinzipiellen Ungleichheit der Menschen einen konkreten Lebensverband gleichartiger Menschen darstellen."[63] Das bedeutet: Homogenität statt „Durchrassung", oder wie die Neue Rechte schon vor Jahren als Parole ausgab: „Homogene Völker in einer heterogenen Welt, nicht umgekehrt."[64] Von dieser Kombination aus neurechtem Ethnopluralismus und Befreiungsnationalismus leitet die NPD ihre politische Forderung ab, die ganz simpel und unmodern lautet: Ausländer raus. Die Ausländerfeindlichkeit der NPD unterscheidet nicht zwischen legal und illegal, integriert oder nicht. Denn wer als Ausländer einen Arbeitsplatz besitzt, ist im NPD-Jargon ein „Arbeitsplatzdieb", wer keinen hat, ein „Sozialschmarotzer".[65] In einem NPD-Regime würden Ausländer zu Staatsfeinden. „Wenn es keine Arbeit gibt, ist jeder ausländische Arbeitsplatzbesitzer und Sozialschnorrer einer zu viel. Natürlich nehmen uns die Ausländer die Arbeitsplätze weg",[66] heißt es in dem NPD-Papier. Mit radikalen Zwangsmaßnahmen („Ausländerrückführung") will die NPD ethnische Homogenität in Deutschland herbeiführen: „Deshalb sind ausländische Arbeitsplatzdiebe und Sozialschnorrer auszuweisen."

Dabei geht es der NPD nicht wie behauptet um die Entscheidung zwischen „Sozialstaat und Einwanderungsstaat", sondern darum, ein rassistisches und biologistisches Weltbild in die Tat umzusetzen. Rassenreinheit ist der NPD alles, das Zusammenleben von Menschen unterschiedlicher Herkunft ist dagegen die Todsünde der Völker-Vermischung: „Masseneinwanderung ist deshalb eine schleichende Form des Völkermords."[67] Auch das ist gedankliches Diebesgut aus dem Fundus der Neuen Rechten. Die NPD propagiert das Blutsrecht. „Angehörige anderer Rassen bleiben deshalb körperlich, geistig und seelisch immer Fremdkörper, gleich, wie lange sie in Deutschland leben", fabuliert das NPD-Papier, „Deutsche afrikanischer Herkunft (Afro-Deutsche) kann es gar nicht geben." Rassismus in Reinform. „Ein Afrikaner, Asiate oder Orientale wird nie Deutscher werden können, weil die Verleihung bedruckten Papiers (BRD-Passes) ja nicht die biologischen Erbanlagen verändert."[68] So erklären sich auch die NPD-Attacken gegen den schwarzen Fußball-Nationalspieler Gerald Asamoah. („Weiß – nicht nur eine Trikotfarbe – für eine echte Nationalmannschaft.") Für die ethnische Säuberung Deutschlands, die ja zur Schaffung eines reinrassigen Deutschlands notwendig wäre, setzt die NPD auf den Volkszorn. Stratege Gansel formuliert unverhohlene Drohungen: „Bei den hauptsächlich abzuschiebenden Einwanderungsgruppen kommt es also (noch) vergleichsweise selten zu Mischlingen. Die Mischlinge, die deutsch-nicht-europäischen Beziehungen entstammen, werden das sich renationalisierende Deutschland über kurz oder lang freiwillig verlassen, weil ihnen der nationale Klimawandel nicht passt."[69] Eine zynische verbale Brandstiftung, angesichts von jährlich über 1000 rechtsextremen Gewalttaten, vor allem gegen Ausländer und Dunkelhäutige. In der rechtsextremen Arbeitsteilung liefert die NPD die Theorie, die auf der Straße in die Tat umgesetzt wird. Als abschreckendes Beispiel einer liberalen Gesellschaft werden die USA verteufelt, „wo der ethno-kulturell kastrierte Einheitsmensch ohne Identität und Heimat wie Unkraut gedeiht".[70] Vor der NPD hat bereits der Neurechte Hennig Eichberg in den 70er Jahren seinen rechten Sozialismus mit derbem Antiamerikanismus ausgeschmückt.[71] Menschen wie Unkraut. Eine solch unheilvolle Sprache gab es schon einmal in Deutschland. In Verbindung mit der Forderung „Deutschland den Deutschen"[72] wird daraus politischer Sprengstoff. Verfassungsschützer erkennen in dem „völkischen Kollektivismus" der NPD „einen Angriff auf demokratische Strukturen, individuelle Rechte und gesellschaftlichen Pluralismus".

Neben der Hetze gegen „geduldete Asylbetrüger" und „fremdvölkische Passdeutsche", die alle zusammen „Völkermord an den Einheimischen" betreiben, soll auch die parlamentarische Demokratie abgeschafft und durch ein „plebiszitäres Präsidialsystem" ersetzt werden. Die Parteien sollen entmachtet werden: „Wir wollen das Parteienregime – ganz demokratisch – durch ein neues Gemeinwesen mit einem volksgewählten Präsidenten (...) ablösen."[73] Die parlamentarische Demokratie, die als „Schacher- und Kompromissobjekt" denunziert wird, soll dem autoritären Staat weichen. Am Ziel, die bestehende politische Ordnung zu überwinden, lässt auch der stellvertretende NPD-Vorsitzende Holger Apfel keinen Zweifel: „Wir sind nicht der Reparaturbetrieb eines untergehenden Systems. Unser Kampf gilt der Demokratie im Sinne einer Herrschaft des Volkes und nicht der z. Zt. bestehenden parlamentarischen Demokratie, die nur noch eine Karikatur des volksherrschaftlichen Gedankens darstellt."[74] Parteichef Voigt wird noch deutlicher: „Wir hingegen halten das liberal-kapitalistische System für gescheitert, wir wollen es weder stützen noch reformieren, wir wollen es ablösen."[75] Partei-Vize Apfel räumte bereits im Mai 2000, beim „2. Tag des Nationalen Widerstands", jeden Zweifel über die Absichten der NPD aus: „Ja, wir sind eine verfassungswidrige Partei. Ja, wir arbeiten mit verfassungswidrigen Organisationen zusammen."[76] Angesichts dessen, was die Partei schwarz auf weiß als Ziele ausgibt oder durch ihr Personal auch öffentlich verkündet, stellt sich die Frage, wofür es so vieler V-Männer des Verfassungsschutzes in Reihen der NPD bedarf, die ein wesentliches Hindernis beim gescheiterten Verbotsverfahren vor dem Bundesverfassungsgericht darstellten.

Es lohnt sich, den Demokratiebegriff der NPD genauer unter die Lupe zu nehmen. Was ist damit gemeint, wenn die NPD den vermeintlich abgewirtschafteten Parlamentarismus durch eine andere Form der Demokratie ersetzen will? Der im NPD-Kandidatenpapier zitierte Staatsrechtler Carl Schmitt legitimierte mit seinem Wort von der „Identität von Regierten und Regierenden" schon das nationalsozialistische Führerprinzip. Wo der Führer nämlich den unausgesprochenen Willen des Volkes verkörpert, muss das Volk seinen Führer gar nicht wählen. „Die organisatorische Durchführung des Führergedankens erfordert zunächst negativ, dass alle der liberal-demokratischen Denkungsart wesensgemäßen Methoden entfallen", schrieb Schmitt 1933, „die Wahl von unten mit sämtlichen Residuen bisheriger Wählerei hört auf."[77] Der Bezug auf Carl Schmitt ist ein verräterischer Hinweis darauf, was die NPD von demokratischen Wahlen hält. Wenn die NPD den Begriff Demokratie verwendet, will sie beschwichtigen und davon ablenken, dass sie die Demokratie, wie sie existiert, abschaffen will.[78]

Ihre Sympathie für den Nationalsozialismus versucht die NPD gar nicht erst zu verbergen: „Die Waffen-SS (…) war eine Elite-Formation, deren Tapferkeit und Ritterlichkeit selbst von vielen Kriegsgegnern immer wieder betont wurde." Und allgemeiner: „Nur weil es etwas schon im Dritten Reich gegeben hat, muss es nicht automatisch schlecht sein."[79] Das sind die Argumente, mit denen NPD-Politiker von ihrer Führung für den politischen Kampf munitioniert werden.

Die Haltung zum Nationalsozialismus ist und bleibt für die NPD das Thema, mit dem sie sich regelmäßig demaskiert. Die NPD-Führung warnt zwar davor, in diese Falle zu tappen: „Auf den Themenkomplex Holocaust, Kriegsschuldfrage 1939 und Nationalsozialismus sollte sich (…) niemand festnageln lassen."[80] Aber selbst die Partei-Größen verstoßen gegen die auferlegte taktische Zurückhaltung und lassen sich immer wieder aufgrund ihrer Ideologie zu eindeutigen Entgleisungen hinreißen. So nannte Parteichef Voigt in einem Interview mit der „Jungen Freiheit" Adolf Hitler einen „großen deutschen Staatsmann".[81] Der „Welt" sagte Voigt: „Hitler hat natürlich Phantastisches geschaffen. Er hat die Arbeitslosigkeit innerhalb von wenigen Jahren beseitigt."[82] Auf einer Parteiveranstaltung im bayerischen Senden sprach Voigt über das Mahnmal für die ermordeten Juden in Berlin: „Wir bedanken uns dafür, dass man uns dort jetzt schon die Fundamente der neuen deutschen Reichskanzlei geschaffen hat."[83]

Eine ungeheuerliche Verhöhnung der NS-Opfer. Die Reichs-kanzlei symbolisiert zugleich die angestrebte politische Ord-nung. Eine neue Reichskanzlei bräuchte doch wohl allenfalls ein neuer Führer. Aus der Republik soll wieder ein Reich wer-den. „Unser Ziel ist deshalb die Wiederherstellung der vollen Handlungsfähigkeit des Deutschen Reiches", heißt es dazu im NPD-Kandidatenpapier. Die JN sagt in einem Thesenpapier, wie dieses Reich aussehen soll: „Alles, was jedoch den Bestand des Reiches und der deutschen Volksgemeinschaft betrifft, bleibt in den festen Händen der Zentralgewalt." Im Parteiprogramm von 1920 forderte die NSDAP eine starke Zentralgewalt mit Autorität „über das gesamte Reich und seine Organisationen".[84] Die Ähnlichkeit ist offensichtlich.

Bewunderung für Adolf Hitler äußert nicht nur Partei-chef Voigt, sondern auch der NPD-Spitzenkandidat von Mecklenburg-Vorpommern, Udo Pastörs: „Er ist ja ein Phänomen gewesen, dieser Mann, militärisch, sozial, öko-nomisch – er hat ja wahnsinnige Pflöcke eingerammt, auf fast allen Gebieten." So fiel der sächsische NPD-Landtagsab-geordnete Klaus-Jürgen Menzel nur durch seine direkte Wortwahl aus dem Rahmen, als er vor den Kameras des ARD-Magazins Kontraste erklärte: „Ich halte den Führer nach wie vor für einen großen Staatsmann, vielleicht den größten, den wir je gehabt haben. Dazu stehe ich."[85] NPD-Aussteiger Jan Zobel urteilt: „Es gibt keinen Grund, in der Auseinander-setzung mit der NPD zurückhaltend von Rechten, Rechtsradi-kalen oder Rechtsextremen zu sprechen. Das sind Neonazis."

Inhaltlich hat die NPD im Zuge der Diskussionen um Hartz IV die sozialrevolutionäre und antikapitalistische Pose betont. Ihre Grundüberzeugungen aus radikaler Ausländer-feindlichkeit, Antisemitismus, Ablehnung der westlichen Demokratie, biologischem Rassismus und verbaler und in-haltlicher Nähe zum Nationalsozialismus sind allerdings die gleichen geblieben. Die Wahlerfolge in Sachsen (9,2 Prozent) und Mecklenburg-Vorpommern (7,3 Prozent) gehen einher mit einem Mitgliederzuwachs. Von 3500 im Jahr 1996 auf weit über 6000 im Jahr 2006. Die immer noch überschaubare Mitgliederzahl verschleiert jedoch eher die Bedeutung der Partei. „Die NPD hat sich zum Gravitationsfeld im Rechtsextremismus entwickelt", urteilt der Verfassungsschutz, „der NPD ist es in beträchtlichem Maße gelungen, andere Rechtsextremisten in einer Art ‚rechter Volksfront' an sich zu binden, ohne diese immer formal in die Partei zu integrieren."[86] Die NPD ist, zumal nach dem Bündnis mit der DVU vom 23. Juni 2004, im rechten Lager zum wichtigsten politischen Akteur aufgestiegen. Die Öffnung für freie Kameraden hat den Einfluss der NPD auf der Straße erhöht. Viele Kameraden erkennen die NPD bei aller Kritik und Rivalität als den derzeit relevanten politischen Arm der Bewegung an und unterstützen die Partei im Wahlkampf. Zugleich ist die NPD durch Freizeitangebote und rechte Sozialarbeit den Menschen in einigen ostdeutschen Regionen so nah gekommen, dass für die erschreckend hohen Landtagswahlergebnisse in Sachsen und Mecklenburg-Vorpommern der Radikalismus nicht abgemildert werden musste. Die Rechtsextremisten mussten keine Kreide fressen.

Das ist das Gefährliche an den Erfolgen der NPD. Sie hat mit der national-sozialen Frage ein Erfolgsrezept für gefühlte Verlierer im Osten gefunden und kann zugleich ihre Verfassungsfeindlichkeit ausleben, ohne dass sie damit in Teilen Ostdeutschlands die Wähler verschrecken würde. Im Gegenteil: In der Gemeinde Postlow in Mecklenburg-Vorpommern stimmten bei der letzten Landtagswahl mehr als 30 Prozent für die NPD. Solche Wahlergebnisse sind mit Protest allein nicht zu erklären. Es spricht viel dafür, dass die NPD im Nordosten nicht trotz, sondern wegen der radikalen Inhalte Erfolg hatte. Ausländerfeindlichkeit wird in Mecklenburg-Vorpommern nach einer aktuellen Studie von 34,5 Prozent der Befragten vertreten. Jeder Fünfte wünscht sich danach eine Diktatur.[87] So gesehen hat die NPD mit 7,3 Prozent bei der letzten Landtagswahl ihr Potenzial in Mecklenburg-Vorpommern noch längst nicht ausgeschöpft. In Schleswig-Holstein scheiterte die NPD hingegen bei der Landtagswahl 2005 und landete bei mageren 1,9 Prozent. Das national-soziale Erfolgsrezept Ost war im Westen ein Rohrkrepierer. Allerdings hat die NPD auch während ihrer national-sozialen Wahlkämpfe im Osten nie aufgehört, eine Weltanschauungspartei zu sein. Das Konzept des Kampfes um Köpfe, Straße und Parlament verordnet taktisches Verhalten. Für Arbeitslose gibt es Streicheleinheiten, für Kameraden die Aufmärsche. Das läuft parallel. Schwerpunkte im Wahlkampf bedeuten nicht, dass sich die NPD grundlegend neu ausrichtet. Der rechtsextreme Kern bleibt konstant, die Taktik wechselt. Entscheidend ist der grundlegende Wandel von einer „eher systemkonform agierenden zu einer überwiegend neonazistischen systemfeindlichen Partei"[88] (Richard Stöss), den Parteichef Voigt nach 1996 durchgesetzt hat.

Nirgendwo entlarvt sich die NPD so schön wie in der politischen Praxis. Die sächsische Landtagsfraktion, die sich nach ihrem Wahlerfolg im Herbst 2004 mit 9,2 Prozent zum Dresdner Brückenkopf ausrief und als zweite Macht neben der Berliner Parteiführung aufspielte, plante den großen medialen Paukenschlag. Am 21. Januar 2005 ließ sie den Abgeordneten Jürgen Gansel im Sächsischen Landtag über die Luftangriffe der Briten sprechen, die 60 Jahre zuvor Dresden zerstört hatten. Gansel nannte die Angriffe „Bombenholocaust" und setzte sie damit gleich mit dem millionenfachen Mord an den Juden: „Der Bombenholocaust steht ursächlich weder im Zusammenhang mit dem 1. September 1939 noch mit dem 30. Januar 1933. Die Pläne zur Vernichtung des Deutschen Reiches existierten nämlich schon lange, bevor in Versailles der erste Nationalsozialist geboren wurde." Die Empörung war kalkuliert und funktionierte weltweit. Nur bewirkte sie das Gegenteil dessen, was sich die NPD erhofft hatte. Unter den Dresdnern wuchs die Sensibilität dafür, sich in ihrem Gedenken nicht von geschichtsklitternden Neonazis vereinnahmen zu lassen. „Das Wort vom Bombenholocaust war ein Wendepunkt", sagt Nora Goldenbogen vom jüdischen Verein Hatikva, „danach haben viele Dresdner gesagt: Was die NPD macht, das wollen wir nicht, das geht zu weit." Die NPD, die vielerorts bereits als normale Partei angesehen wird, katapultierte sich mit einem Wort wieder in die bereits überwunden geglaubte Isolation.

In der Landtagsfraktion der NPD war das Thema heftig umstritten. Die West-Importe um Holger Apfel verteidigten die Bomben-Holocaust-Debatte. Unter den ostdeutschen Fraktionsmitgliedern wuchs jedoch das Unbehagen. Ohnehin litten sie darunter, dass sie im Landtag demonstrativ gemieden und mit Verachtung gestraft wurden. Sie waren bereit, rechte Politik zu betreiben. Aber als Nazis wollten sie nicht dastehen. Der Konflikt zwischen Ost- und Westdeutschen verschärfte sich in den kommenden Monaten weiter. Auf dem Landesparteitag am 5. März in Wiesa beschwerten sich Mitglieder der Kreisverbände lautstark darüber, dass sie von dem Landtags-Wahlerfolg finanziell nicht profitierten. Zudem prangerten sie den saarländischen NPD-Funktionär Peter Marx an, der zur Oberbürgermeisterwahl in Leipzig antreten wollte. Ein ebenso kostspieliges wie aussichtsloses Unterfangen. Als schleichende Übernahme empfanden die Einheimischen auch, dass die Zentrale der Landes-NPD von Leipzig nach Dresden verlegt werden sollte, wo der ehrgeizige Westdeutsche Holger Apfel die Strippen als Fraktionschef zieht. Im Dezember 2005 zogen drei Landtagsabgeordnete die Konsequenzen: Jürgen Schön, Klaus Baier und Mirko Schmidt traten aus Partei und Fraktion der NPD aus. Nicht ohne kräftig nachzutreten. Der Vorwurf der Aussteiger: Die NPD agiere nationalsozialistisch. Die Parteispitze betreibe „Hitlerismus". Jürgen Schön forderte sogar, die NPD zu verbieten. Der Scherbenhaufen des so groß gefeierten Wahlerfolgs vom Herbst 2004 erinnerte an das Desaster der DVU im Landtag von Sachsen-Anhalt, wo die Fraktion ebenfalls nach kurzer Zeit zerbröselte.

Für die NPD in Sachsen war der Tiefpunkt jedoch längst nicht erreicht. Die Landtagsfraktion demonstrierte ihre Vorstellung von nationalem Sozialismus, indem sie zwei Mercedes-Dienstwagen leaste. Die Parole „Grenze dicht für Lohndrücker" sollte allerdings nur für andere gelten. Die NPD ließ Ausgaben der Parteizeitung „Deutsche Stimme" in Polen drucken. Im November 2006 durchsuchte die Polizei dann die Wohnung des NPD-Abgeordneten Mattias Paul, eines schmalen, 29-jährigen Stahlbetonarbeiters, und stellte Dokumente sicher. Seither steht Paul unter Verdacht, Kinderpornos gehortet zu haben. Er schied ebenfalls aus der Fraktion aus. Peinlich für die Partei, die für Kinderschänder die Todesstrafe fordert. Im November 2006 trennte sich die NPD von Klaus-Jürgen Menzel. Der 66-jährige Landwirt, der sich gern mal mit den Worten „trinkfest, führertreu und arbeitsscheu" vorstellte, wurde immer mehr zur peinlichen Belastung. Menzel war vor Jahren bereits wegen Untreue zu zwei Jahren Haft auf Bewährung verurteilt worden. Anfang der 90er Jahre hatte er sich Stilllegungsprämien für landwirtschaftliche Flächen erschlichen, die weiter genutzt wurden. Jetzt sollte er eine alte Dame um 6000 Euro geprellt haben. Menzel erklärte, dass die 80-jährige „schon nicht verhungern" werde. In einer Erklärung an die Kameraden rechtfertigten Landes-

Vorsitzender Petzold und Fraktionschef Apfel den Ausschluss Menzels mit dem Hinweis auf Schulden und Subventionsbetrug.[89] Kein Wort findet sich in der Erklärung zu Menzels verbalen Entgleisungen. Vor Kameras hatte Menzel ja erklärt, er stehe nach wie vor zum Führer. Vier Wochen nach seinem Ausschluss versuchte Menzel, einen Revolver in den sächsischen Landtag zu schmuggeln. Menzel hatte die Waffe vom Kaliber 38 einem Besucher mitgegeben, der sie auf die Besuchertribüne schmuggeln sollte. Bei einer Routinekontrolle am Eingang wurde die Waffe, die mit Schreckschussmunition geladen war, entdeckt. Die Polizeidirektion Dresden stellte jedoch fest, dass mit der Waffe auch scharfe Munition verschossen werden konnte. Am 17. November 2006 hatte Menzel bereits zwei Gewehrpatronen mit in den Landtag gebracht, um zu zeigen, wie mit Kinderschändern zu verfahren sei. Von den zwölf Abgeordneten, mit denen die NPD-Fraktion Ende 2004 gestartet war, waren nach zwei Jahren nur noch sechs übrig. Eindrucksvoller können sich völkische Volksvertreter nicht demontieren.

Fragwürdiges Personal gehört bei der NPD seit Jahren zur Grundausstattung. So beschäftigte Menzel den verurteilten Rechts-Terroristen Peter Naumann als Mitarbeiter in seinem Wahlkreis. Naumann war 1988 vom Oberlandesgericht Frankfurt/Main zu einer Freiheitsstrafe von viereinhalb Jahren verurteilt worden, weil er einen Anschlag auf eine Gedenkstätte für die Opfer einer Geiselerschießung durch die Nazis im Jahr 1944 in der Nähe von Rom verübt hatte. Im Jahr 1997 zog die NPD im mecklenburgischen Stralsund mit Manfred Roeder in den Bundestagswahlkampf. Roeder war vor Jahren für einen Brandanschlag, bei dem zwei Vietnamesen starben, zu 13 Jahren Freiheitsstrafe verurteilt worden. NPD-Aussteiger Jan Zobel nennt den Kontakt der NPD zu Straftätern und Gewaltverbrechern „nicht atypisch, sondern symptomatisch". So residierte der NPD-Verlag „Deutsche Stimme" bis zum Umzug ins sächsische Riesa auf einem Grundstück im bayerischen Dorf Sinnig. Vermieter war Anton Pfahler, bei dem die Polizei im Zuge einer Razzia Maschinenpistolen und Handgranaten fand. Pfahler wurde im Jahr 1999 vom Landgericht Ingolstadt wegen Verstößen gegen das Kriegswaffenkontrollgesetz verurteilt. Aussteiger Zobel warnt davor, die NPD zu verharmlosen: „Keiner sagt, ihr habt Umgang mit Kriminellen. Ihr habt Kontakt zu Leuten, die Bomben bauen."

Der Zerfall der sächsischen NPD-Fraktion und der Blick auf das armselige Personal sind kein Grund, Entwarnung zu geben. Im Gegenteil: Offenbar benötigen rechtsextreme Parteien, um in ostdeutsche Landtage einzuziehen, keine kompetenten Politiker. Sie müssen weder auf rechtsextreme Ideologie verzichten noch auf verbale Entgleisungen. Die NPD braucht sich auch nicht vor dem Staat, den sie so verachtet, zu fürchten. Verfassungsschützer urteilen zwar eindeutig: „Die NPD strebt die Abschaffung der freiheitlichen demokratischen Grundordnung an und lehnt den demokratischen Rechtsstaat ab."[90] Verfassungsfeindliche Ziele, NS-verherrlichende Zitate, Zusammenarbeit mit vorbestraften Kriminellen und Verbindungen zur gewaltbereiten Kameradschaftsszene sind eindeutig und belegt. Trotzdem wird es wohl auf absehbare Zeit kein neues Verbotsverfahren geben. Neben den hohen Anforderungen für ein Verbot, die das Bundesverfassungsgericht formuliert hat, und der leidigen Frage der V-Leute gibt es durchaus auch ein praktisches Argument gegen ein Verbot: Wie könnte der Staat das Verbot einer Partei mit über 6000 Mitgliedern und noch mehr Sympathisanten durchsetzen? Eine andere Frage ist aber mindestens ebenso berechtigt: Darf eine Demokratie eine Partei dulden, die das Ende der Demokratie herbeiführen will?

9. Machtlos?

Erst loderten Feuer, um Menschen darin zu ermorden, dann brannten die Lichter der Scham. Rostock-Lichtenhagen, Hoyerswerda, Mölln und Solingen sind die Namen der ersten, mörderischen Welle rechtsextremistischer Gewalt im vereinigten Deutschland Anfang der 90er Jahre. Die sichtbarste Reaktion der Gesellschaft waren Lichterketten, die bisweilen als folgenloses Gutmenschentum verspottet wurden, aber doch eine sehr konkrete demokratische Wirkung zeigten. Es ging darum, den Rechtsextremisten nicht die Straße zu überlassen. Das Aufbegehren der Demokraten war ein Grund für das Abebben der zum Teil pogromartigen Übergriffe auf Menschenleben. Der Staat antwortete mit Verboten rechtsextremistischer Organisationen wie Nationalistische Front und FAP, wodurch die Neonazi-Szene gezwungen war, sich neu zu organisieren. Vor Ort führte jedoch eine allzu verstehende Sozialarbeit zu der beschriebenen „Glatzenpflege auf Staatskosten", die demokratischen Defizite gerade in Ostdeutschland wurden vernachlässigt. In diesen Lücken der Demokratie wuchert heute der Rechtsextremismus. Die Hoffnung, das Phänomen sei ausschließlich ein Reflex auf die Unsicherheit der Zeit nach der Wende und werde sich im vereinigten Deutschland schon legen, war ein Kurzschluss. Rechtsextremismus ist eben weit mehr als spontane Wut über soziale Verhältnisse, sondern besteht aus festen Ideologie-Bausteinen.

Es ist eine nüchterne Tatsache, dass die neue Welle rechtsextremer Gewalt nicht zu einem Aufschrei führt. Schröders Wort vom „Aufstand der Anständigen" folgten zwar viele engagierte Menschen in Bürgerinitiativen und Vereinen, aber die Mehrheitsgesellschaft reagiert merkwürdig teilnahmslos. Das Jahr 2006 brachte einen neuen Rekord von rechtsextremen Straf- und Gewalttaten, aber neue Lichterketten waren nirgends zu sehen. Das hat Gründe. Das Problem mit dem neuen, taktisch modernisierten Rechtsextremismus ist zuallererst eins der Wahrnehmung. Ein Zusammengeschlagener mit schwarzer Hautfarbe ist weniger spektakulär als ein brennendes Asylbewerber-Heim. Der Schwarze gibt kein Bild für eine Nachrichtensendung ab. Das mag zynisch klingen, ist aber die professionelle Logik, der die Medien folgen. Medien brauchen Bilder, und sie brauchen die Sensation, um ein Thema aufzugreifen. Wenn rechtsextreme Gewalt zwar massiv und häufiger als je zuvor ausgeübt wird, aber zugleich subtiler und versteckter auftritt, haben die Medien bei der Vermittlung ein strukturelles Problem. Die Orientierung an der Sensation hat aber fatale Folgen. Opfer müssen ein bestimmtes Bild erfüllen, um überhaupt für die Berichterstattung attraktiv zu sein. Auf keinen Fall dürfen sie getrunken haben, schlecht ist auch, wenn sie Asylbewerber sind. Die Berliner Opferberaterin Sabine Seyb spricht deshalb von einer „Hierarchie der Opfer". Die weniger attraktiven Opfer finden den Weg nicht in die Zeitungen, Magazine und TV-Sendungen.

Die zyklische Konjunktur des Themas Rechtsextremismus, die sich an der Sensation etwa von NPD-Wahlerfolgen orientiert, hat zur Folge, dass es lange Phasen gibt, in denen diesbezüglich Schweigen im Blätterwald herrscht. In diesen Phasen gilt das Thema Ressortleitern in Redaktionen als „nicht sexy" und als „bekanntes Ost-Problem". Beunruhigende Zustände bleiben auf diese Weise dem öffentlichen Diskurs vorenthalten: ein großes Potenzial rechtsextremer Einstellungen in Ost und West. Und eine systematische rechtsextreme Gewalt, die in einigen Regionen dabei ist, die Alltagsmacht zu erobern. Was beim Beobachter bleibt, ist der Eindruck von zwar schockierenden, aber doch einzelnen rechten Vorkommnissen, die aus dem Nichts heraus entstehen, wie z. B. der Überfall auf ein Schauspiel-Ensemble in Halberstadt. Mit der Wirklichkeit hat dieses nichts aber nichts zu tun: Die Zustände sind bezogen auf die rechtsextreme Alltagsmacht permanent inakzeptabel, auch in den medialen schwarzen Löchern.

Auch Politiker haben ein Wahrnehmungsproblem. Selten erleben sie Rechtsextremismus so hautnah wie Franz Müntefering (SPD) im Jahr 2002, als er im Wahlkampf durch Pirna, die Hochburg der Skinheads Sächsische Schweiz (SSS), einen Spaziergang machen wollte. Rechte Kameraden hatten sich an neuralgischen Punkten versammelt und ließen nur noch ausgewählte Personen passieren. Der Staatsschutz konnte die Sicherheit Münteferings nicht mehr garantieren und riet diesem, seinen Rundgang zu beenden. Der massive Eingriff in seine Bewegungsfreiheit veranlasste Müntefering damals, sich vehement für die weitere Förderung der Projekte gegen rechts einzusetzen. Den meisten Politikern fehlt die Erfahrung, dass Rechtsextremismus in Deutschland spürbar geworden ist. Hinzu kommen ideologische Scheuklappen. Vor allem bei Unionspolitikern gehört es zum Standard-Repertoire, reflexhaft vor den Gefahren des Linksextremismus zu warnen, wenn Rechtsextremismus das Thema ist. Auch wenn derzeit drei Mal mehr Straftaten von Rechtsextremisten verübt werden als von Linksextremisten. Es ist eine Zumutung, diese ideologisch motivierte Nebelwerferei überhaupt bloßstellen zu müssen: Rechtsextremismus ist kein allgemeines Problem eines gewalttätigen Extremismus. Rechtsextremismus ist eine ganz bestimmte menschenverachtende Ideologie, aus der sich gewalttätiges Handeln ergibt. Da soll das Wohnhaus oder die Stadt ausländer- und „zeckenfrei" gemacht werden. Ethnische Säuberungen durch Rechtsextremisten in Deutschland gehen bis zum Mord. Wer Rechtsextremismus nur im Zusammenhang mit dem Linksextremismus diskutiert, verwischt das Ausmaß des Problems und drückt sich um die Bekämpfung der Ursachen.

Deutschland hat sich an seinen Rechtsextremismus gewöhnt. Zur deutschen Normalität gehören jährlich über 18 000 rechtsextremistische Straftaten und 1 100 Gewaltakte. Angesichts des traurigen Personals rechter Parteien und der wirtschaftlichen Lage steht auf absehbare Zeit nicht zu befürchten, dass etwa die NPD in irgendeinem Landesparlament in die Nähe von Mehrheiten vorstößt. Vom Bundestag ganz zu schweigen. Aber die Rechtsextremisten greifen nach Macht und Einfluss in Schulen, Feuerwehren und Fußballvereinen. Wer da ethnische Reinheit und Gleichschaltung im Kleinen verhindern will, muss zunächst mal eingestehen, dass es überhaupt ein Problem gibt. Wahrnehmung ist das eine. Aber kann die Gesellschaft auch etwas gegen den rechten Vormarsch tun?

Der renommierte Berliner Extremismus-Forscher Richard Stöss reagierte mit spöttischer Heiterkeit, als er bei einer Fachtagung in Bautzen nach den Stellschrauben im Kampf gegen den Rechtsextremismus gefragt wurde. Ganz so, als habe man ihn gebeten, ein Patentrezept gegen Naturkatastrophen aus dem Ärmel zu schütteln. Wenn schon ein scharfsinniger Analytiker wie Stöss ratlos ist, ist dann die gesellschaftliche Gewöhnung an den Rechtsextremismus nicht einfach das gelassene Eingeständnis fehlender Mittel? Rechtsextremismus ist keine Naturkatastrophe, und wie viel Extremismus eine Gesellschaft zur politischen Normalität erklärt, definiert sie durchaus selbst. Auf der Ebene der Zivilgesellschaft lässt sich belegen, was gut ist gegen rechts und was eher nur gut gemeint. Sinn machen langfristige Projekte von Akteuren, die über ein großes Wissen über modernen Rechtsextremismus verfügen, Erfahrung bei der Bewältigung von Konflikten haben und in den Kommunen so bekannt und fest verankert sind, dass sie nicht als Eindringlinge betrachtet werden, die bei Krisen eingreifen und bei Lösungen helfen können. Wer diesen Projekten das Geld streichen will, muss sich fragen lassen, ob er erstens die Lage in den Orten überhaupt kennt und zweitens tatsächlich Rechtsextremismus bekämpfen oder nur Symbolpolitik betreiben will.

Der Erfolg von Sozialarbeit gegen rechts ist schwer messbar. Entscheidendes Kriterium muss sein, ob ein Projekt sinnvoll ist oder nicht. Wenn etwa in der Provinz die Gegenspieler, die für Alternativen zur braunen Alltagskultur kämpfen, ausgetrocknet werden, haben die Kameraden im Kampf um die kulturelle Hegemonie freie Bahn. Die Berichte etwa aus Schulen belegen eindeutig: Der organisierte Rechtsextremismus rekrutiert aggressiv Nachwuchs. Die Gesellschaft muss dagegenhalten. Sie muss um die große Gruppe Anfälliger und Unentschlossener kämpfen. Dazu braucht es Haltung. Es geht nicht um Indoktrination, sondern um aktive Erziehung zur Demokratie. Es geht darum, Kindern und Jugendlichen Mindeststandards für ein Zusammenleben zu vermitteln und zu zeigen, wo Toleranz aufhört. Das sollte Konsens sein. Nach diesem Konsens wird aber längst nicht überall gehandelt, auch aus Angst, damit selbst politisch zu agitieren oder gar zu manipulieren. Wenn Lehrer in deutschen Problemzonen überfordert sind, müssen Sozialarbeiter in die Schulen. Werterelativismus und Beliebigkeit sind Futter für Neonazis. Dass eine demokratische Haltung sich nicht in Schönrederei erschöpfen muss, sondern ganz handfeste Konsequenzen haben kann, zeigen Beispiele aus der Wirtschaft. Schon 1996 rang der Betriebsrat dem Vorstand der ThyssenKrupp Stahl AG gegen große Widerstände eine Betriebsvereinbarung ab, die allen Mitarbeitern gleiche Rechte und Chancen zubilligt, unabhängig von ihrer Herkunft. Diese Vereinbarung war die erste Regelung, mit der sowohl Diskriminierung durch das Unternehmen als auch Ausländerfeindlichkeit von Angestellten durch interne Regeln sanktioniert werden konnten. Seither sind viele renommierte Unternehmen dem Beispiel gefolgt. Der Kern dieser Vereinbarungen lässt sich auf einen einfachen Nenner bringen: Aktive Rassisten und Ausländerfeinde fliegen raus. Mit anderen Worten: Rechtsextremismus am Arbeitsplatz kann den Job kosten. In der Betriebsvereinbarung der Adam Opel AG heißt es: „Rassismus, Extremismus und Fremdenfeindlichkeit gleich welcher Form und Ausprägung werden in unserem Unternehmen nicht geduldet (…). Auf jeden Verstoß gegen die genannten Grundsätze wird mit allen zur Verfügung stehenden Mitteln, insbesondere auch arbeitsrechtlich relevanten (wie Abmahnungen, Versetzungen oder Kündigungen), reagiert."[91]

Auch der Staat ist nicht machtlos. Die Diskussion über Repressalien erschöpft sich immer wieder in einem möglichen neuen Verbotsverfahren gegen die NPD. Das ist aber nur eine Möglichkeit. Auf die tägliche Gewalt von Rechtsextremisten muss der Staat mit anderer Repression reagieren. Wenn rechte Gewalttäter für ihre Angriffe gegen Ausländer oder Andersdenkende den „Schutzraum Kameradschaft" nutzen, wie der Dresdner Oberstaatsanwalt Jürgen Schär analysiert, dann muss der Staat gegen diese Horte für Straftäter vorgehen. Das häufig vorgebrachte Argument, die vorhandenen Gesetze seien stumpfe Waffen gegen eher lockere rechte Strukturen, wird von Praktikern der Strafverfolgung nicht geteilt. Selbst hochkonspirativen Kameradschaften wie den Skinheads Sächsische Schweiz konnte durch Anwendung des Paragraphen 129 des Strafgesetzbuches nachgewiesen werden, dass die Organisation dazu diente, Straftaten zu begehen, also eine kriminelle Vereinigung war. „Der Gesetzgeber hat alle Voraussetzungen geschaffen. Wir müssen nur genügend Ressourcen haben, um diesen Straftatbestand konsequent anwenden zu können", sagt Oberstaatsanwalt Schär. Kameradschaften verfügen als Nachfolger verbotener Neonazi-Organisationen bewusst über lockere Strukturen, aber sie verfügen über Strukturen, in denen Straftaten begangen werden. Der Staat darf deswegen nicht untätig bleiben, nur weil der Aufwand hoch ist.

Das bedeutet, dass die Länder genügend Staatsanwälte und Kriminalpolizisten aufbieten müssen, um systematische rechtsextreme Gewalt auch systematisch verfolgen zu können und nicht nur die einzelnen Straftaten, hinter denen die Strukturen oft genug unsichtbar bleiben. Die Personalstärke der Staatsschutzkammern und Staatsanwaltschaften ist kein Naturgesetz, sie muss sich nach der realen rechtsextremen Bedrohung richten. Mit rechtsextremen Straftaten ist es nicht anders als etwa mit der Korruption: Wo intensiv ermittelt wird, gibt es mehr gerichtsrelevante Ergebnisse. Razzien, Telefonüberwachungen und Observationen kosten Geld. Bei gewalttätigem Rechtsextremismus kann sich der Staat aber weniger als bei anderen Delikten eine Dunkelziffer leisten. Nicht die vermeintlichen Sachzwänge durch leere Kassen dürfen bestimmen, wie viel Gesetzesbruch durch Neonazis ohne angemessene Strafverfolgung bleibt. Wenn systematische rechtsextreme Gewalt durch das Organisationsstrafrecht sichtbar gemacht wird, können sich auch Gerichte weniger als bisher in der Analyse von Ursache und Wirkung verheddern. Dann würde in manchem Verfahren der Alkoholkonsum vom „Hauptschuldigen" zum wohl kalkulierten Auslöser für rechte Gewalt herabsinken, weil die Hintergründe rechter Gewalt sichtbar würden.

Ein weiteres nicht zu unterschätzendes Problem ist der Stau vor den Richtertischen. Es ist für die Opfer, aber auch für die Gesellschaft unzumutbar, wenn Verfahren gegen rechte Schläger mehrere Jahre lang auf Eis liegen, weil die Gerichte überlastet sind, wie das etwa im sächsischen Pirna der Fall ist. Die fatale Folge ist, dass der Angeklagte, der ein Recht auf ein rasches Verfahren hat, allein dadurch zu einem milden Urteil kommt, weil er lange auf seinen Prozess warten darf. Gewalttätige Rechtsextremisten müssen sich durch dieses staatliche Versagen bestätigt fühlen: Wenn schwere Körperverletzungen nicht schnell und hart bestraft werden, warum sollten die Schläger künftig darauf verzichten? Wenn die Politik wirklich gegen rechtsextreme Gewalt vorgehen will, dann muss sie den juristischen Apparat flottmachen. Ohne Staatsanwalt keine Anklage, ohne Richter kein Urteil. So einfach ist das.

Angesichts von weit über 1000 rechtsextremen Gewaltdelikten pro Jahr und eines Alltags, in dem Menschen sich ängstlich aus dem öffentlichen Leben zurückziehen, muss der Staat handeln. Es geht um weit mehr als persönlich erlittene körperliche Gewalt, was schlimm genug ist. Opfer werden an der „Ausübung ihrer verfassungsmäßigen Rechte gehindert", wie Oberstaatsanwalt Schär formuliert. „Ein demokratischer Rechtsstaat in Europa darf weder No-go-Areas noch Gated Communities zulassen", schreibt der SPD-Stratege Erhard Eppler. „Wo der Staat dazu nicht mehr die Kraft – und die Mittel – hat, muss Politik sie ihm wieder verschaffen: Dazu ist sie da." Das ist nicht der Ruf nach einem starken, aber doch nach einem konsequent handlungsfähigen Staat, der die Verfassung und seine Gesetze gegen Angreifer umsetzt. Der Staat ist nach Eppler zuallererst dazu da, die Schwachen, die es nicht selbst vermögen, zu schützen.[92] Genau das ist die erste und wichtigste Aufgabe im Kampf gegen den Rechtsextremismus. Oberstaatsanwalt Schär spricht angesichts der systematischen Gewalt rechter Kameradschaften von „einem permanenten Angriff auf den Verfassungszustand". Der erste Satz aus Artikel 1 des Grundgesetzes ist ein Klassiker in Sonntagsreden geworden: „Die Würde des Menschen ist unantastbar." Der zweite Satz ist nicht so populär und eignet sich weniger für folgenlos schöne Worte als vielmehr für Taten: „Sie zu achten und zu schützen ist Verpflichtung aller staatlichen Gewalt."

Anmerkungen

[1] Pressemitteilung des DFB vom 31.10.2006

[2] Vgl. Deutsche Welle vom 16.10.2006

[3] Vgl. Der Tagesspiegel vom 9.12.2006

[4] Interview in: Der Spiegel vom 26.7.2007

[5] Gunter A. Pilz u. a., Wandlungen des Zuschauerverhaltens im Profi-Fußball – Notwendigkeiten, Möglichkeiten und Grenzen gesellschaftlicher Reaktion, Schorndorf, 2006

[6] Oliver Decker/Elmar Brähler, Vom Rand zur Mitte – Rechtsextreme Einstellungen und ihre Einflussfaktoren in Deutschland, Berlin, 2006

[7] Wilhelm Heitmeyer, Deutsche Zustände, Folge 5, Frankfurt a. M., 2007

[8] Vgl. Chronik unter www.mut-gegen-rechte-gewalt.de oder www.opfer-rechter-gewalt.de

[9] Siehe Zweiter Periodischer Sicherheitsbericht des Bundesministeriums des Innern vom 7.11.2006

[10] Broschüre: Angriffsziel Imbiss – Rechte Gewalt gegen Imbissbetreiber mit Migrationshintergrund, herausgegeben von Opferperspektive e. V., Potsdam, 2005

[11] Bundesministerium des Innern, 2007

[12] Brief des Mobilen Beratungsteams und der Opferberatungsstelle Dresden an die Stadtverwaltung Großenhain vom 29.9.2006

[13] Siehe Sächsische Zeitung vom 5.5.2007

[14] Der Tagespiegel vom 25.9.2006

[15] Vgl. Der Tagesspiegel vom 2.3.2007

[16] Rechtsextremistische Musik, Lockmittel und Szenekitt, Sächsisches Landesamt für Verfassungsschutz, Oktober 2005, Seite 1

215

[17] Zur juristischen Problematik des Landser-Prozesses siehe: Neue Juristische Wochenschrift vom 6.6.2005

[18] Vgl. Rechtsextremistische Musik, Sächsisches Landesamt für Verfassungsschutz, Oktober 2005, Seite 2

[19] Vgl. Der rechte Rand, Nr. 105, März/April 2007

[20] Vgl. Frankfurter Allgemeine Sonntagszeitung vom 19.02.2006

[21] Vgl. Andrea Röpke in: Blick nach Rechts vom 2.3.2007

[22] Rechtsextremistische Musik – Lockmittel und Szenekitt, a.a.O., Seite 6

[23] Klaus Schroeder u.a., Rechtsextremismus und Jugendgewalt in Deutschland. Ein Ost-West-Vergleich, Paderborn 2004

[24] Brähler/Decker, a.a.O.

[25] Mit Hakenkreuz und Totenkopf – Wie sich Rechtsextremisten zu erkennen geben, Sächsisches Landesamt für Verfassungsschutz, Juli 2005, Seite 5

[26] Berliner Zeitung vom 26.4.2006

[27] Vgl. TAZ vom 1.3.2006

[28] Bundesagentur für Arbeit im Mai 2007

[29] Siehe Statistisches Bundesamt

[30] Brähler/Decker, a.a.O., Seite 43f

[31] Ebd.

[32] Ebd., Seite 38

[33] Ebd., Seite 41

[34] Siehe Richard Schröder, Die wichtigsten Irrtümer über die deutsche Einheit, Freiburg, 2007

[35] Brähler/Decker, a.a.O., Seite 35f

[36] Ebd., Seite 51f

[37] Ebd., Seite 45f

[38] Fichter/Stöss/Zeuner, Gewerkschaften und Rechtsextremismus, Berlin, 2005

[39] Stöss u.a., Ausgewählte Ergebnisse des Forschungsprojekts „Gewerkschaften und Rechtsextremismus", Berlin, 2005, Seite 1

[40] Ebd., Seite 3

[41] Brähler/Decker, a.a.O., Seite 85ff

[42] Wilhelm Heitmeyer, a.a.O., Seite 27ff

[43] Vgl. Rainer Erb in: „Moderner Rechtsextremismus in Deutschland" Andreas Klärner/Michael Kohlstruck (Hg.), Hamburger Edition 2006

[44] Sächsischer Verfassungsschutzbericht 2005, Seite 20 f

[45] Bundesamt für Verfassungsschutz 2005

[46] Siehe Sächsischer Verfassungsschutzbericht 2005

[47] Name geändert

[48] Vgl. Andrea Röpke, Andreas Speit (Hg.) Braune Kameradschaften – Die militanten Neonazis im Schatten der NPD Christoph Links Verlag 2005

[49] alle Namen der Beamten und Verdächtigen im Zusammenhang mit der Soko Rex und Blood and Honour geändert

[50] TAZ vom 09.01.2007

[51] Ebd.

[52] Magdeburger Volksstimme vom 06.03.2007

[53] Vgl. Toralf Staud, Moderne Nazis, 2005, Köln, Seiten 48 ff.

[54] Vgl. Sächsisches Landesamt für Verfassungsschutz, Kurzinformationen über Ereignisse und Aktivitäten extremistischer Organisationen im Monat September 2006, S. 4 f

[55] Tagesspiegel vom 18.04.2007

[56] Zitiert nach Toralf Staud, Die netten Nazis von nebenan in: Hetzer, Schläger Demagogen, herausgegeben vom SPD-Parteivorstand, Berlin, Juni 2006

[57] Süddeutsche Zeitung vom 19.09.2007

[58] Frankfurter Rundschau vom 27.03.2006

[59] Zit. nach Bundesamt für Verfassungsschutz, Die NPD als Gravitationsfeld des Rechtsextremismus

[60] „Es gibt keinen Menschen an sich" heißt es etwa bei: Alain de Benoist, Gleichheitsleere, Weltanschauung und Moral – Die Auseinandersetzung von Nominalismus und Universalismus in: Pierre Krebs (Hg.), Das unvergängliche Erbe, Alternativen zum Prinzip der Gleichheit, Tübingen, 1981, Seite 87

[61] NPD-Parteivorstand, Argumente für Kandidaten und Funktionsträger – Eine Handreichung für die öffentliche Auseinandersetzung, 2. Auflage, Juni 2006, Seite 14

[62] Ebd.

[63] Ebd., Seite 12

[64] Die oft zitierte Parole der Neuen Rechten stammt von: Pierre Krebs, Mut zur Identität, Alternativen zum Prinzip der Gleichheit, Struckum, 1988, Seite 7

[65] NPD-Parteivorstand, a. a. O., Seite 29

[66] Ebd., Seite 6

[67] Ebd., Seite 7

[68] Ebd., Seite 12

[69] Ebd., Seite 9

[70] Ebd.

[71] Siehe Henning Eichberg, Nationale Identität, Entfremdung und nationale Frage in der Industriegesellschaft, München/Wien, 1978

[72] NPD-Parteivorstand, a. a. O., Seite 28

[73] Ebd., Seite 32

[74] Sächsischer Verfassungsschutzbericht 2005, Seite 29

[75] Deutsche Stimme Nr. 2/2002

[76] Zit. nach: Richard Stöss, Die NPD – Kristallisationspunkt des neuen Rechtsextremismus, in: Hetzer, Schläger, Demagogen, a. a. O.

[77] Zit. nach: Walther Hofer, Der Nationalsozialismus – Dokumente, S. 36 f.

[78] Verfassungsschützer teilen diese Bewertung, etwa in: Sächsischer Verfassungsschutzbericht 2005, Seite 31

[79] NPD-Parteivorstand, a. a. O., Seite 32

[80] Ebd., Seite 34

[81] Junge Freiheit vom 24. 9. 2004

[82] Interview in: Die Welt vom 12. 2. 2005

[83] Siehe Verfassungsschutzbericht 2004, Seite 72

[84] Vgl. Sächsischer Verfassungsschutzbericht 2005, Seite 30

[85] Im ARD-Magazin Kontraste am 22. 10. 2005

[86] Bundesamt für Verfassungsschutz, Die NPD als Gravitationsfeld im Rechtsextremismus, Seite 5

[87] Brähler/Decker, Rechtsextreme Einstellungen in Deutschland, a. a. O.

[88] Richard Stöss, Die NPD – Kristallisationspunkt des neuen Rechtsextremismus, in: Hetzer, Schläger, Demagogen, a. a. O.

[89] Mitgliederrundschreiben der NPD Sachsen vom 17.11.2006

[90] Vgl. Sächsischer Verfassungsschutzbericht 2005, Verfassungsschutzbericht 2005 des Bundesamtes für Verfassungsschutz

[91] Betriebsvereinbarung der Adam Opel AG vom Juni 2001

[92] Erhard Eppler, Auslaufmodell Staat, Frankfurt am Main 2005